湖北省“十三五”优势特色学科群，“体育教育与健康促进”资助项目成果

我国青少年男子网球运动员竞技能力综合评价体系研究

柯勇 著

WUHAN UNIVERSITY PRESS
武汉大学出版社

图书在版编目(CIP)数据

我国青少年男子网球运动员竞技能力综合评价体系研究/柯勇著.—武汉：武汉大学出版社,2020.9
ISBN 978-7-307-21808-6

Ⅰ.我…　Ⅱ.柯…　Ⅲ.青少年—男子项目—网球运动—运动员—竞技状态—评价—中国　Ⅳ.G845.25

中国版本图书馆 CIP 数据核字(2020)第 184590 号

责任编辑:黄金涛　　责任校对:李孟潇　　版式设计:马　佳

出版发行：**武汉大学出版社**　(430072　武昌　珞珈山)
(电子邮箱：cbs22@whu.edu.cn　网址：www.wdp.com.cn)
印刷:广东虎彩云印刷有限公司
开本:720×1000　1/16　印张:21.75　字数:302 千字　插页:1
版次:2020 年 9 月第 1 版　2020 年 9 月第 1 次印刷
ISBN 978-7-307-21808-6　定价:60.00 元

前 言

国务院办公厅印发的《体育强国建设纲要》明确提出：实施青少年体育发展促进工程，积极推进青少年体育相关事业发展。青少年体育在体育强国建设中属于战略性、基础性位置。随着我国网球改革的不断深化，网球运动正通过发挥独特价值和多元功能助力体育强国建设。青少年网球运动员作为竞技网球运动的“基石”，是我国网球后备人才的重要来源，其培养规模和质量直接影响我国竞技网球运动的发展效益。良好的竞技能力不仅是运动员取得优异成绩的关键，也是体现运动员较高培养质量的重要指标。当前我国男子网球尚未刺破世界 Top100 的藩篱，国内优秀网球运动员与世界网球“先进团体”仍有一定程度的差距。因此，我国网球运动若要日益走进世界网坛“舞台”的中央，就必须高度重视青少年网球运动员的培养与选拔，从而不断提高我国网球运动员竞技水平，促进我国网球运动的可持续发展。基于此，本书在调研考察、文献分析及逻辑思辨的基础上，采用问卷调查法、专家访谈法、实验法及数理统计法等对我国 110 名青少年网球男子运动员进行研究，筛选出反映我国青少年男子网球运动员竞技能力的各项指标，在此基础上计算我国青少年男子网球运动员竞技能力评价指标权重，从而构建我国青少年男子网球运动员竞技能力综合评价体系，最后对我国青少年男子网球运动员竞技能力综合评价体系进行验证，旨在为促进我国网球运动后备人才的可持续发展提供学理上的参考及实践上的依据。

本书共包括八个章节内容，可分为研究理论基础、研究主体内容以及研究结论三部分。

研究理论基础　包括第一、二、三章。

第一章简要叙述了问题的提出以及相关领域专家学者对运动员各项竞技能力(体能、技术能力、战术能力、心理能力以及运动智能等)的研究进展。同时厘清相关概念，指出研究中的不足。并简要介绍了研究意义、目标、拟解决的问题以及技术路线。第二章介绍本书所采用的研究方法。第三章首先从心理学、历史时代以及不同学科领域三个维度明确了“青少年期”的概念，而后对网球“青少年”的年龄以及网球运动员“竞技能力”的概念进行界定。

研究主体内容　包括第四章至第八章。

第四章基于我国优秀男子网球运动员的训练内容现状，从专项力量、速度、耐力、柔韧及灵敏等方面分析我国优秀男子网球运动员在训练方法、训练手段以及训练内容中存在的问题，为不同等级青少年网球男子运动员体能训练计划的制订提供借鉴。第五章列出了不同等级青少年男子网球运动员专项体能要素选择的理论依据以及选取原则。理论依据包括：功能性训练理论、周期训练理论、系统训练理论、板块结构理论、超量恢复理论以及生物适应理论；选取原则包括：科学性训练原则、可测性训练原则、相对独立性原则、客观性训练原则、简捷性训练原则以及实用性训练原则。随后对不同等级青少年男子网球运动员的身体形态、身体素质、身体机能、技战术、心理以及智能等多项指标进行选择、分析及统计优化，从而为竞技能力评价体系的构建提供依据。

第六章依据科学性、相对完整性、相对独立性、可操作性、间接性及突出专项性等原则筛选指标，并给出指标筛选依据及过程，最终构建青少年男子网球运动员竞技能力结构模型。第七章首先运用五级评分法和百分位数法建立单项指标评分标准，其次依据全样本各典型指标测试数据，按单项评分标准对各指标进行分等和评分，建立运动员竞技能力综合评价标准，并进行回代检验。第八章依据上述构建的青少年男子网球运动员竞技能力评价标准抽取 12 名运动员(一级、二级和三级运动员各4名)进行竞技能力综合评价，并分别制订青少年男子网球运动员体能、技战术、心理能力及运动智能的针对性提高训练计划，进行为期两个月的实验后重新测试12名运动员的竞技能力指标，以此验证该竞技能力评价模型的科学性及可行性。

研究结论　综合以上内容得出本书的研究结论。

本书以网球运动员竞技能力为切入点，将一级、二级、三级青少年男子网球运动员的竞技能力划分为身体形态、身体素质、身体机能、技战术、运动智能5项一级指标，经过专家问卷调查、指标测试以及统计软件分析等步骤，筛选出不同等级青少年男子网球运动员在身体形态、身体机能、身体素质、技战术以及运动智能等方面具有显著性差异的指标，从而构建了不同等级青少年男子网球运动员竞技能力特征的指标评价体系。

通过因子载荷矩阵对青少年男子网球运动员竞技能力各要素指标进行分析，计算出各级指标权重，构建出具有可操作性及科学性的青少年男子网球运动员竞技能力评价模型。

根据上述构建的青少年男子网球运动员竞技能力综合评价体系，从体能、技战术、心理能力及运动智能四个方面制订了不同等级青少年网球运动员具体的训练计划和内容。经实践证明该评价体系合理、可靠、有效且可操作性强，符合测量学有效性、准确性和适用性的要求。能对影响我国青少年男子网球运动员竞技能力的各类、各项价值因素进行实时监控、诊断及评价。同时，作为一种辅助手段，可以帮助教练员及时调整训练施控因素，对运动训练过程实施科学调控，以期促进我国青少年男子网球运动员竞技能力各构成因素的全面、均衡、协调发展。

目　录

第一章　导论

第一节　问题的提出

二十年来，我国网球事业的改革获得了社会各界的认可。竞技网球进步带来的激励效应迅速而显著，女子球员的历史性突破刺激着各类人群纷纷投入，网球运动呈现“大跃进”式的快速扩张，各类赛事应运而生，各地场馆建设如火如荼，网球人口不断扩大，网球从业人员快速增长。但改革的阶段性成果并不能改变我国职业网球发展仍处于起步阶段这一事实。中国男子球员始终难以突破世界排名 Top100 的现实困境，始终牵绊着竞技网球运动的发展进程。网球运动是一项系统工程，青少年时期的训练尤为关键，该时期是保障球员后续各项能力提升的重要阶段，也是球员职业化发展进程中的基础环节。因此，以青少年男子网球运动员为视角研究其竞技能力特征，建立综合竞技能力评价体系是一项关系到竞技网球未来发展的重要课题。

运动员的技术水平来自于运动训练，而运动训练的主要目的是通过发展运动员的身体素质，提高运动员的技战术水平和心理承受能力实现运动成绩提高。而运动员的成绩受诸多因素影响，其包括运动员自身的竞技能力、对手的竞技能力以及临场发挥的情况，而教练员对运动员运动成绩所能施加的直接影响是改善运功员的竞技能力。诚然，研究青少年网球运动员的竞技能力结构特征，剖析其竞技能力的构成要素、内部关系、影响因素对提高青少年网球运动员成绩具有重要作用。

近年来，国内外有关专家针对运动训练学开展了大量研究工作，运动训练理论得到较快发展。然而，全面检查、评定运动员竞技能力的研究还较薄弱。目前，有关竞技体育综合评价方面的研究集中在对单个运动项目某个方面或单个技术动作的评价，或者仅仅单一的罗列网球运动员竞技能力的构成与重要性且都是定性描述。以评论和思辨居多，缺乏整体性、系统性、科学性和可行性，对一些根本的共性问题研究不够充分。迄今为止，尚未检索到有关我国省、自治区、直辖市各网项群类运动员竞技能力特征与评价研究文献，因此无论从理论还是从实践角度而言，这都是一个未开发的领域，有必要进行深入探讨。对青少年男子网球运动员竞技能力进行深入彻底的研究分析，对于加快网球训练科学化进程、保障球员的科学选材、加强训练工作管理及促进运动训练学的应用和发展都具有十分重要的意义。

网球作为一项技能主导类隔网对抗性项目。依据比赛的制胜因素与规律对网球运动员体能、技能、心理、智能提出了不同其他球类项目更高的要求。所有球类比赛中网球比赛平均用时最长，因此要求运动员有充沛的体能做保证。其次网球技战术运用复杂多变，对运动员在竞技训练中掌握多种击球方式提出了更高要求，此外，网球比赛中教练员不能直接参与指导(团体除外)，因此对网球运动员独立思考、解读比赛的能力以及对智力和心理提出了更高的要求。所以在以往研究基础上加强对网球运动员竞技能力中的智力与心理能力具有重要现实意义。

运动训练的过程，实际上是改变、巩固和提高运动员竞技能力的训练过程，也是科学实现运动员竞技能力的现时状态向特定目标的转变过程。在网球的教学和训练过程中，全方位地了解有关网球运动员的竞技能力，能帮助教练员为球员制订针对性训练计划、采取个性化手段和方式开展训练工作。因此，在网球运动训练过程中对运动员竞技能力的现实状态进行诊断和检测，对提高运动员训练科学化水平及实现“奥运争光计划”具有重要意义。

科学的评价体系可以反映体育的发展情况和相关政策的实施效果，使人们可以随时掌握体育的发展进程。这些信息的反馈使政策制订者和决策者能及时评估政策的正确性及有效性，进而加以改进或调整。在早期网球教学训练工作中，教练员仅根据自己的经验和主观判断制订球员训练计划，其科学性及有效性亟待检验。因此，采用定量化的数学模型描述网球运动员竞技能力，能帮助教练员制订针对性训练目标，调整阶段性训练计划，指导球员明确掌握训练内容。因此通过深入分析青少年网球运动员的竞技能力，建立相对应的评价体系，对于指导网球运动员进行科学、系统训练具有重要的理论和实践意义。

第二节　研究现状

一、运动员竞技能力理论的研究进展

(一)相关概念的界定

相关学者对运动员竞技能力的概念和内涵进行了界定和研究。在不同时期，对竞技能力一词的表述存在差异。在 80 年代初的参考文献中，均使用“训练水平”一词来表达“竞技能力”的含义。1984 年，部分学者逐渐厘清竞技能力、训练水平和运动成绩之间的关系与区别，并对运动员的竞技能力概念进行了界定。从 1986 年开始，运动训练学教材中开始使用“竞技能力”一词，这一概念的形成具有里程碑式的意义。1999 年，田麦久教授主持编著的《运动训练学词典》将“竞技能力”的概念进行了完善，他认为，竞技能力主要是指运动员的参赛能力，它由具有不同形式和不同作用的体能、技能、战术能力、运动智能和心理能力构成，并综合地表现于专项竞技过程之中。2000 年出版的全国体育院校通用教材《运动训练学》也认可了这一定义，在此基础上，他还对“竞技能力”和“训练水平” 两个易混的概念运动进行了明确划分。其中“竞技

能力”是指运动员在竞技运动中的能力。而“训练水平”则是指运动员竞技能力的发展水平。

通过以上学者对“竞技能力”相关概念的研究，本书分析认为，运动员“竞技能力”一词比“训练水平”更为准确，竞技能力涵盖了运动员训练和比赛的综合能力，是集运动员体能、技能、智能和心理能力为一体的综合能力。

（二）运动员竞技能力及其构成要素

查阅相关文献资料，不同学者对运动员竞技能力的构成要素持不同观点。其中，四要素说、七要素说、六要素说、三要素说和五要素说等观点影响较大。过家兴在四要素说中认为竞技能力是由体能、技能、智能和心理能力构成的；七要素说中，周西宽指出竞技能力是由机能、形态、素质、战术、技术、心理能力和智能构成的；徐本力提出了六要素说，他认为体能、技能、战术能力、智能、心理能力和思想作风能力是构成竞技能力的要素；田麦久则先后提出了以体能、技能和心理能力为主的三要素说和以体能、技能、战术能力、运动智能以及心理能力为主的五要素说。

从相关学者对运动员竞技能力构成要素的研究可以看出，竞技能力主要包括体能、技能和心理能力等要素，本书试图以前人的研究成果为基础，根据网球项目的特点，细化青少年网球运动员竞技能力构成要素。竞技能力作为运动员运动训练追求的直接目标，也是构建运动训练学框架的理论支柱。目前运动员竞技能力构成要素未有统一观点，相对而言，田麦久较为全面系统地阐述了竞技能力的构成要素及在各项群中的作用，勾画出运动员竞技能力的构成系统（如图 1-1，表 1-1）。为此，本书将青少年网球运动员的竞技能力构成要素也划分为七要素，即形态因素、素质因素、机能因素、技术因素、战术因素、心理因素和智能因素等。

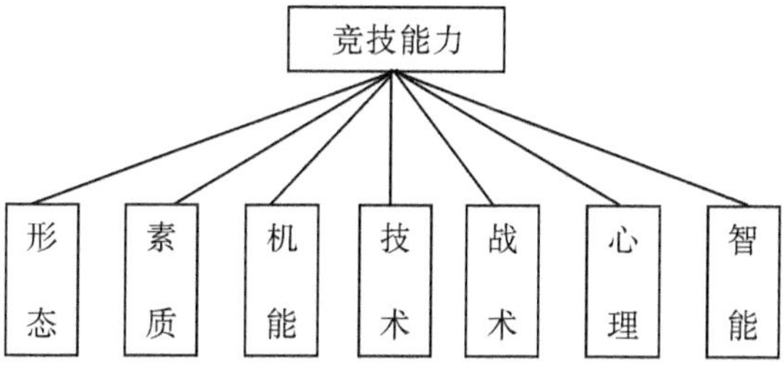

图 1-1　运动员竞技能力构成七要素

表 1-1　**不同项群运动员竞技能力各决定因素作用的等级判别**

项群	体能类					技能类		
因素	快速			表现性		对抗性		
	力量性	速度性	耐力性	难度	准确	隔网	同场	格斗
形态	△△	△△	△△	△△	△	△△	△△	△△
机能	△△△	△△△	△△△	△△	△△	△△	△△	△△
素质	△△△	△△△	△△△	△△	△△	△△△	△△△	△△△
技术	△	△	△△	△△△	△△△	△△△	△△△	△△△
战术	△	△	△△	△	△	△△△	△△△	△△△
心理	△△	△△	△△	△△△	△△△	△△	△△△	△△
智能	△	△	△	△	△	△△	△△	△△

注：△△△决定性作用；△△主要作用；△基础作用

(三)运动员竞技能力模型研究

竞技能力结构可以反映运动员竞技能力构成要素之间的相互关系，而竞技能力模型则是研究运动员竞技能力结构的重要方法。通过建模，以系统化的方式研究运动员竞技能力结构特征，理清各组成结构的特点，综合了解运动员的竞技能力。所谓模型就是运用科学抽象的方法，在把握对象基本框架的基础上，对其结构的主要部分和过程的主要环节及这些部分、环节和有关因素之间关系的简单化描述。通过描述我们将事物的重要因素、关系、状态、过程、突出地展现出来，便于人民进行观察、试验、调查、和理论分析。因此，提出竞技能力模型这一概念并建立竞技能力模型，也就是对运动员竞技能力各构成要素信息加以系统化和模式化。

目前针对运动员竞技能力模型的研究较多，多数是以体能、技能、战术能力、心理能力和运动智能这五种能力所构成的竞技能力模型，其中，田麦久教授对于优秀运动员竞技能力结构模型进行了概述，他认为优秀运动员竞技能力结构模型能够反映竞技能力构成的共性，并以概括、归纳和抽象的方式反映着竞技能力内部各要素之间的本质特征。“水桶模型”和“积木模型”分别以不同的视角描述了运动员竞技能力结构特征。“水桶模型”由日本学者根本勇提出，他指出，水桶的高度代表了运动员的竞技能力，各个木片的长度则代表了运动员的子能力。在这一模型中，木桶里盛水的多少取决于最短木片的长度。因此，要提高运动员的竞技能力，应首先发展最差的子能力，促进各子能力的均衡发展，才能提高运动员的综合竞技能力。“积木模型”则是由我国学者刘大庆提出的，他认为，运动员的竞技能力结构中，各能力之间存在差异。要提高运动员的综合竞技能力，可以发挥运动员的优势能力。这两种模型，可以认为一个是补短，一个是扬长，代表着我们发展综合竞技能力可以考虑的两种方式，但这两种模型是相互依存，相互补充的，共同反映了运动员综合竞技能力的结构状态。

就具体建立模型的方法而言，用数学语言描述的模型在理论概括和实践应用上较为理想。但并非所有的客观事物都可以被概括为数学模型，也正因为这一客观存在的原因，决定了模型表达的多样性。同样优秀运动员的竞技能力结构模型也存在多种表达形式与建模方法。我国学者徐本力教授将常用的建立优秀运动员竞技能力模型的方法分为五种：经验分析模型法、均数与百分率建模法、级差建模法、系数建模法和回归方程法。田麦久教授也提出：根据模型中影响因数的多少将竞技能力决定因数的特征模型分为：单因素的特征模型、多因素的组合模型和全面的总体特征模型。

二、网球运动员体能的研究

(一)运动员体能的研究

目前有关体能的研究较多，德国训练学专家 Hartmarm① 从能量的角度阐述体能，他认为运动过程中能量的供给、转移和利用的整合能力在一定程度上决定了体能的高低。香港学者钟伯光②博士主要从“适能”的概念来解释体能的概念，将“适能”解释为身体的适应能力，其中包括身体和心理两方面适能，而身体方面的适能又叫体适能，又称为体能；其中体适能分为两类，一类是健康方面体适能，另外一类是竞技能力方面的体适能；在体适能中将身体素质定义为：运动员通过先天遗传和后天运动训练所获得的运动能力，其主要是通过运动员体型、调节、结构、功能等方面表现出来的。王兴③认为体能是体力与专项运动能力的合称。

田麦久④对体能也进行了界定，他认为，体能由身体形态、身体机能和运动素质构成，它是运动员竞技能力的重要构成部分之一。2002年体育院校函授教材编写的《运动训练学》⑤也指出，体能由身体形态、身体机能、身体健康和运动素质组成，是运动员为提高运动技战术水平

① Hartmarm, the return of serve, ITF coaching & sport science review, 9th year issue 24. July 1996

② 钟伯光：《运动员体能结构特征分析》，《南京体育学院学报》2007 年第 2 期。

③ 王兴：《论体能类项目优秀运动员体能模型的理论架构》，《广州体育学院学报》2001 年第 5 期。

④ 田麦久：《运动训练学》，人民体育出版社 2000 年版，第 295 页。

⑤ 体育院校成人教育协作研究组：《运动训练学》，人民体育出版社 2002 年版。

和创造优异运动成绩所必需的各种身体运动能力综合。

蓝荣①认为体能是人们的身体机能状态以及对外界的适应能力，是在日常训练和竞技比赛中所需要储备的基本能力和对外界基本生存、日常生活和体育锻炼的高级适应。

李之文②主要是从力量、速度、灵敏、耐力和柔韧五种素质的角度对体能进行研究。李强，范洪彬③认为体能有广义和狭义上之分，广义上的体能主要是指身体能力，细化为身体形态、身体机能状态、身体运动能力、身体素质、社会适应能力和心理等方面；狭义上的体能是指运动员的专项能力或比赛中的运动能力。

熊斗寅④教授从概念解释方面将体能分为大体能和小体能，大体能是指宏观的体能，小体能是指狭义的体能；大体能主要包括运动员的身体形态、身体机能和运动能力；而小体能主要是指运动员本身的运动能力，主要是指运动员为了达到某种竞技能力自身所需要的具备的力量、速度、耐力、灵敏和柔韧度。

随着体育学科方面的研究不断深入，关于体能的概念也在发生变化，其所包含的内容也更加丰富，综观以上观点，学者专家们对体能的概念表述有所不同，但对体能的理解大致是一样的，他们大致认为体能是与运动员身体素质相关的重要概念。

（二）网球运动员专项体能的研究

袁运平⑤指出专项体能主要是通过时间的范围性、评价的真实性、

① 蓝荣：《体育运动领域中“体适能”概念的产生及其影响》，《广州体育学院学报》2004 年第 24 期。

② 李之文：《体能概念探讨》，《解放军体育学院学报》2001 年第 3 期。

③ 李强、范洪彬：《浅析当前我国竞技运动项目体能训练中的几个热点问题》，《体育科技文献通报》2006 年第 18 期。

④ 熊斗寅：《浅析体能概念》，《解放军体育学院学报》2000 年第 1 期。

⑤ 袁运平：《运动员体能与专项体能特征的研究》，《体育科学》2004 年第 24 期。

每个项目的专业性和平衡性以及互补性所展示出来，他们之间相互依存，其特征主要是内部特征和外界环境特征两种形式，综合表现出运动员专项运动中的体能水平。

杨世勇①指出运动员在从事某项运动过程中所展现出来的运动能力称为专项体能，它的获取途径可以通过先天的遗传，遗传因素也是专项体能发展的一个因素之一，但其不是主要因素；其次它的获取途径是通过后天训练所获得的，运动员科学的训练获取专项运动的能力，后天科学训的练计划和实施也是提高运动员专项体能的一项重要因素，也是运动员获取得优异运动成绩的主要因素之一；同时，他还对专项体能的训练安排提出了一些建议，在专项体能训练的过程中，应注重小肌肉群的平衡发展，在生理供能方面，应注重发展运动员 ATP-CP 系统的供能训练和糖酵解供能训练等。

王海明②指出在网球比赛中运动员需要良好的体能做基础，因为在比赛过程中，急停、急跳以及短距离的移动较为频繁，若想获得比赛的胜利，不仅需要良好的智能、技术以及心理素质，还需要拥有良好的体能做储备。由于网球比赛规则要求，专业的网球比赛大多采用三盘两胜制，而四大公开赛中男子单打比赛为五盘三胜制，两种形式的比赛，都会消耗较长时间，同时运动员在每一分的争夺中需要高度专注、快速的移动到位，并且展现出合理高效的技战术能力，这些都需要消耗到运动员的体能，因此，在一场完整的网球比赛中，运动员要想有出色的发挥，体能至关重要。

目前在网球比赛中，球员的技战术运用一般以底线型为主，分为防守反击打法和进攻打法，每 1 分的争夺之间会出现多个回合，运动员回合球相持中会完成较多的跑动动作和起跳动作，这要求运动员具备良好

① 杨世勇、李遵、唐照华：《浅体能训练学》，四川科学技术出版社 2002 年版。

② 王海明：《女子网球后备队员体能诊断指标体系的构建与实证研究》，《武汉体育学院学报》2010 年第 2 期。

的预判能力、移动能力、击球力量和耐力等身体素质。

综合相关学者对网球运动员专项体能的研究，我们可以认为，专项体能是通过先天遗传、后天网球训练和外界环境结合所表现出来的综合能力；其次网球专项体能可以分为身体形态、身体机能和身体素质。另外体能是潜在能力与外在表现相结合的综合能力。在网球运动员竞技能力构成的要素当中，占据核心作用。

(三)有关专项体能训练的概念研究

钟伯光①认为专项体能训练在运动员成长过程中具有非常重要的意义。对于不同运动项目，所采取的体能训练手段也有所不同，但是目的一致，都是通过有效的方法和手段增强运动员的专项体能、发展各项身体素质的能力，最终达到提高运动成绩的目的。

寇恒②通过发展专项体能来提高运动员的运动成绩，所采用的手段一般是与本专项有密切相关的专门身体练习，通过专门性的练习保证运动员在比赛中有更好的发挥，帮助运动员取得优异成绩。

甄新喜③等在《竞技网球运动项目体能训练特征研究》一文中提出，体能分为一般体能和专项体能两个方面，运动员运动的基础是一般体能，而运动员要想取得优异的运动成绩，则专项体能是其中的关键因素之一，运动员在特定负荷下结合专门的身体练习，尽可能增强自身克服负荷的能力，提高运动成绩。专项体能训练的开展包括各项运动素质训练、环境适应性训练和核心力量训练，其中各项身体素质从力量、速度、耐力、灵敏和柔韧素质方面进行训练，并结合网球专项特征的需

① 钟伯光：《运动员体能结构特征分析》，《南京体育学院学报》2007 年第 2 期。

② 寇恒：《网球运动员体能训练方法及手段的研究》，《山西体育科技》2010 年第 3 期。

③ 甄新喜、李竹青：《竞技网球运动项目体能训练特征研究》，《广州体育学院学报》2010 年第 1 期。

要，采用与网球项目具有密切相关的专项体能训练手段，达到提高网球成绩目的。

陈新蕊①指出目前在专项体能训练中存在的一些误区，首先在思想方面没有充分认识到体能训练在网球项目中的重要性；其次没有区分好网球专项技术训练和专项体能训练之间的关系，在训练中只有将两者有机结合，才能取得良好的训练效果，不仅能提高技战术水平，同时也增强了运动员的运动素质水平。

（四）网球运动员体能训练方面的研究

随着竞技体育的快速发展，运动员的竞技水平逐渐提高，竞技体育的竞争也是越来越激烈了，运动员想取得比赛的胜利要从多方面因素来进行综合考虑，不能单从技战术方面进行单一研究，同时要考虑到运动员的体能现状水平，在技战术相当的情况下，体能是运动员获取比赛胜利的关键因素。

李庆友②对体能训练在网球比赛和训练过程中的重要性做出讲解，提出了网球运动员不仅仅要进行网球的专业内容训练，在体能方面也要进行训练，从运动训练学的角度对训练的相关内容提出要求，其中有一项内容是对训练原则进行了描述，里面涉及了时空性这一概念，将体能训练通过具体例子解释说明，就是存在的某一物质的特定的活动，时间周期特性表现为横向无限延长；在空间上的特性表现为一个纵向的拉长，这一内容是通过特定的训练方法和内容完成的，体能训练的主要目的是将运动员时间和空间的训练内容进行合理的处理。

① 陈新蕊：《网球体能训练重点的决策研究》，《广州体育学院学报》2015 年第 2 期

② 李庆有、俞继英、叶飞：《网球运动员体能训练若干理论问题的探讨》，《武汉体育学院学报》2006 年第 10 期。

姜斌①对体能训练与网球运动员之间的关系进行阐述，他的观点是，体能训练是网球训练中的一项必备内容，根据赛程的需要，运动员需要训练自己的体能来跟进自己的专业水平，同时，这也在一定程度上锻炼了网球参赛选手的意志力和身体素质，让他们不断地调整自己的心理状况，发挥更好的比赛状态，在训练或比赛时也不会因为体能上的缺乏而造成失误，良好的体能训练对运动员生涯的延续有一定的帮助。

王兴通②(2008)强调了网球运动员体能对于赢得比赛的重要性，不仅能够配合和促进专业水平的提升，而且还可以在训练过程和比赛途中预防肌肉损伤等身体机能出现的问题，在体能训练的安排上，分别从基础、专业、和综合方面对体能提出了要求。

矫莉华③(2010)对网球体能训练进行了更进一步的思考和研究，提出了《当代网球体能训练理念与方法思考》，该文中讲述了进行体能训练的原因，以及提出对不同层次水平的运动员给予针对性及个性化训练，对于他们日常的专业训练内容给出更好的体能训练安排，并且进行连续性的体能训练，划分好每一个阶段的训练内容和强度，教练和相关后勤人员要密切关注各个赛事，在体能训练中做好体能适应训练。

(五)网球运动员体能训练的特点与主要供能特征

在运动项群训练理论中，网球项目属于技能主导类中的隔网对抗型项目，该项目的运动形式导致运动员在从事该项运动时所要具备的能力，即需要具备较好的体能做基础，因为在该项目中运动员需要大范围移动，并且随着球速的快慢，运动员要迅速调整自己的位置，这就需要

① 姜斌、白侠：《浅谈网球运动的体能训练》，《北京体育大学学报》2007年第1期。

② 王兴通、郭培民：《论网球运动与体能训练》，《吉林体育学院学报》2008年第3期。

③ 骄莉华：《当代网球训练理念与方法思考》，《南京体育学院学报(自然科学版)》2010年第9期。

运动员具有较好的移动和判断能力，其中速度和灵敏素质是关键的因素，其中速度素质主要分为移动速度、反应速度和动作速度；其中反应速度主要与运动员的神经反应系统有关系，位移速度主要与运动员的肌肉耐力、力量有关系，而动作速度主要取决于运动员的运动技术的熟练程度和身体平衡能力。取决于神经系统的控制和协调能力。运动速度的决定因素由肌肉力量、运动熟练程度、身体平衡能力等因素决定。位移速度由身体敏感度、肌肉力量等因素决定。国内外的体能专家一直认为根据网球项目的运动特点，即强度大、间歇时间短和变化性强，运动员网球进行网球运动比赛时，都需要有良好的体能做支撑，其供能形式是有氧和无氧相结合，以有氧为主，在短距离跑动时以无氧为主，运动员在比赛中心率可以达到200b/min，有数据统计在一场完整的比赛中运动员有氧和无氧供能的比例为3∶1，在每一分的争夺之间，会出现多拍相持阶段，在此过程中，运动员的供能模式是有氧供能，运动员需要调整好呼吸节奏，来为机体充分供氧；而在运动员在向球的位置加速奔跑时，在此过程中运动员处于无氧供能阶段，属于无氧供能。采用跟踪测试法对捷克斯洛伐克的16名网球运动员在比赛中的供能方式进行研究，设计室内10分钟的比赛，研究结果表明，网球单打是一种中高强度的活动，其中有氧能量代谢和无氧能量代谢的占比分别是88%和12%①。

（六）网球项目的比赛特征研究

网球项目是一项复杂的运动，它属于非周期性运动，在网球比赛中，运动员不仅需要拥有良好的技术动作，还需要拥有良好的身体素质。网球项目属于一种隔网对抗的运动，运动员之间没有身体对抗，主要是技战术之间的对抗，运动员需要根据对方来球的变化，快速移动到

① Seliger V，Ejem M，Pauer M. Energy ："metabolism in tennis"，*Internationale Zeitschrift fur Angewandte Physiologie* ，Vol. 31，pp. 333-340.

合理的位置进行击球，形成之间的对抗形式；同时网球比赛中形式主要是间歇型，这是由于在网球比赛的过程中，每一分之间的较量之后，都会重新进行发球，网球规则规定发球时间不能超过九十秒，在这九十秒中，接发运动员处于间歇状态；同样运动员在单数局交换场地时，双方运动员都处于间歇的状态，按照这个比例，运动员在球场上真正的打球时间占整个比赛时间的20%～30%，剩下的70%～80%时间处于间歇状态，例如，在一场一小时的比赛中，15～20分钟是实际打球时间，此段时间运动员处在快速移动、急停变相、冲刺跑的对抗性状态，剩下的时间运动员处于走动或休息的非对抗性状态。

虽然从比赛时间和休息时间的分配来看，大部分时间里运动员均处于非对抗性状态，但他们大幅度的运动强度是在每一分的争夺对抗中出现的。Hartmarm 等(1996)①对运动员比赛时的心率进行了研究，发现网球运动员在比赛时的，他们的平均心率一般为最大心率的80%，Vescovi J. D 等(2017)②对不同的网球比赛类型进行研究，网球比赛类型有单打比赛和双打比赛两种形式，研究发现：运动员在单打比赛中运动员的平均心率 137.2b/min—171.2b/min，在双打比赛中运动员的平均心率为 113.4b/min—146.6b/min，双打比赛和单打比赛平均心率是有所不同的，相对与最大心率的占比也是有所不同的，分别占最大心率的82%和69%，因为在单打比赛中运动员需要单独完成比赛，在每一分的争夺时，运动员都需要快速的移动到击球位置，快速挥拍，急跳急停来完成每一次击球，而双打比赛中需要两个人的配合来完成比赛，在每一回合中两位运动员之间只需一人击球，另外一名网球前运动员需观察场上局势，做好抢网准备，移动范围较小，基本上处于间歇状态，因此在单打比赛中平均心率会高于双打比赛的平均心率。但是无论是在单

① Hartmarm, "the return of serve", ITF coaching & sport science review., 9th year issue 24. July 1996.

② Vescovi J D, "Acute: chronic training loads in tennis: which metrics should we monitor", *British Journal of Sports Medicine*, Vol 51, No. 18, 2007, pp. 45-48.

打比赛还是在双打比赛中，由于网球比赛时间长、球速快等特点，都需要网球运动员具备有良好的耐力、速度、力量、灵敏和协调素质做基础，同时还需具有坚强的意志品质、灵活的头脑和精神高度的集中才能取得良好的运动成绩。

（七）网球运动的供能特点研究

网球运动的供能特点与其他项目的供能特点有所不同，其供能形式一般分为三种类型，分别为 ATP-CP、糖酵解和有氧氧化，此三种供能方式之间相互关联，目前关于供能的比例还存在一些争议，随着运动员运动训练水平的逐渐提高，运动员之间的技术水平相互接近，每一分之间的争夺越来越激烈，对体能的要求越来越高，逐渐肯定了运动员比赛中糖酵解和有氧氧化能力决定体能能力的说法。

（1）ATP-CP 供能系统，又称磷酸原供能系统。在网球比赛中，每个回合的对抗时间在 6~10 秒或更长时间，在每一个回合过程中，运动员自身要完成一系列击球动作，如突然起跳和左右跑动等，在此阶段运动员的能量是由 ATP-CP 系统提供。ATP-CP 系统的供能特点是时间短和效率高，因为网球比赛的特殊性，在奇偶比赛局数之间都会有一定的间歇时间，此段时间会进行能量再生成，为机体进行供能，研究资料表明，在网球比赛中 90% 的能量供应来源于磷酸原供能系统。

（2）糖酵解供能系统，又称无氧供能系统，在网球比赛中，每一分之间的争夺时间在十秒钟以上一分钟之下时，此阶段运动员的供能方式是糖酵解供能系统，在此过程中，会有乳酸的产生，在一个回合与下个回合的间歇时间里，由于机体供氧充分，此时乳酸会不断被分解利用，在一场比赛结束时，运动员血液里的血乳酸含量不高，主要是因为乳酸边形成也在边分解，磷酸原供能系统供能时间短，机体的供能模式一般是通过糖酵解系统和磷酸原系统供能一起来完成的，

Gillet B 和 Begon M(2001)①两位专家用实验跟踪的方式，对运动员糖酵解供能系统进行研究，主要是通过测取运动员在比赛和训练时期乳酸值的大小来衡量糖酵解系统在不同时期的贡献率，运动员检测到的最高乳酸值是 7.5mmol/L，在比赛前和比赛中和比赛后分别测试乳酸的大小，计算出其平均乳酸的水平为 3mmol/L，同样测取出运动员在训练前训练中和训练后乳酸值的大小，计算出在训练时乳酸值水平大致在 2mmol/L 左右，由此发现在实际竞争中的糖酵解系统和训练时糖酵解供能系统是不同的。通过对比研究发现：糖酵解能源供应系统在实际竞争中和训练状态中糖酵解贡献比例为 2∶1。

(3)有氧氧化供能系统。有氧氧化供能系统是为运动员长时间进行身体练习时提供能量的一种方式，有氧供能能力的增强可以提高运动员的糖原储备能力，同时良好的有氧能力可以帮助运动员消除无氧供能时产生的乳酸，有助于延缓运动疲劳的产生，学者 Rich R. L 等人②(1973)对有氧供能系统在网球比赛中的贡献率做了相关的研究，利用遥感跟踪技术，对 16 名优秀网球运动员在比赛期间的机体供能监测指标进行测试，结果发现能量代谢 12%来自无氧供能，88%来自有氧供能，但是此项实验距离现在已有很长一段时间，将近 40 年之久，当时运动员的技术水平和运动能力与现在的运动员相比不可一概而论，因为赛制在不断改革、运动员的竞技水平在不断提高以及训练水平和生活水平都有所变化，所以这项实验与今天运动员竞技情况相比具有一定的差异。随着科技不断的进步、场地和器材不断的改良，要求运动员具有良好的身体素质做基础，同时供能的能力需要不断的增强，所以运动员的

① Gillet B, Begon M, Sevrez V, et al, "Research on energy supply system of high level tennis players" *Journal of Athletic Training*, Vol. 52, No. 2, 2018, pp. 62-65.

② Rich R L, Struminger A H, Tucker W S, et al, "Research on energy metabolic system in Tennis Players" *Journal of Athletic Training*, Vol. 51, No. 1, 2017, pp. 47-49.

供能的比例也在发生改变。在现代竞技网球运动中，运动员选择尽快结束每一分，目的是为后面比赛节省体力，这样情况下机体的供能模式主要是磷酸原供能系统；但是还会有糖酵解供能系统和有氧供能系统，此三大供能模式之间的贡献率分别是：70%、20%和 10%；很多国外著名体能教练①认为：在过去运动员只要拥有良好的有氧供能能力，就可以以有氧运动供能代替无氧运动供能，而现在的网球比赛要求运动员快速的移动和、击球力量更强，运动强度更大，因此教练员要改变之前的思想，由原来的注重有氧训练转变为注重无氧训练。

综上所述，现代网球运动员在比赛中不仅需要有很强的爆发力，还需要具备一定的对抗能力（糖酵解系统供能能力），在时间较长的比赛中，也需要运动员具备长时间持续运动的能力（有氧氧化系统供能能力）。

（八）网球运动员身体形态的研究

人体自内而外呈现出来的形状叫做身体形态。田麦久教授的《运动训练学》中详细的对网球运动员的身体形状进行了叙述：身体壮实匀称，拥有较长的跟腱，臂长肌肉发达，骨盆小。教练在进行挑选运动员时，很大程度上会根据该运动员的身体形状特征进行判断，然后在进行专项内容的测评。调查发现，很多职业的网球运动员都十分年轻，男生一般 18 岁左右，女生一般 14 岁左右。对所有的网球运动员进行分析又可查知，优秀的男子职业网球运动员的年龄平均在 21 岁左右，而女子一般在 18 岁左右，各自达到最佳的竞技状态以后，都还有 6~7 年的职业生涯寿命，具体的还要视个体情况而定，现已有报告对运动员的身体形态做出了研究，但是有很多的与成绩相关的身体指数内容还没有具体的研究说明，这是网球科研项目中最难的一项内容。对于一般人而

① Cunha J, Ú Martins, Gomes D, et al, "Characteristics of Energy Metabolism in Modern Tennis Matches : case report". *British Journal of Sports Medicine*, Vol. 5, No. 1, 2016, pp. 56-57.

言，从身体形态上不能反映出什么，而在研究网球运动员的身体形态过程中，我们可以通过该运动员相关的身体机能水平、肌肉发育水平、竞技比赛水平等对运动员身体形态进行了解，而对于其他项目比赛的运动员，其要求具备不同特征的身体形态，一旦发现该运动员的身体形态不符合所参赛项目要求，就需要进行额外的锻炼补充，更严重的情况则是取消该运动员的比赛资格，运动员身体形态的重要性不言而喻。

目前关于优秀网球运动员身体形态特征的研究有：田丰①等运用文献资料、数理统计、对比分析方法，对世界优秀女子网球运动员 5 项基本指标进行分析，结果表明：世界优秀女子网球单、双打运动员在身高、体重、年龄、克托莱指数上不存在显著性差异（$P>0.05$），但从统计的数据上看，女子单打运动员的身体形态比双打运动员的身体形态更合理、科学；双打运动员与单打运动员的年龄不存在显著性差异（$P>0.05$），均数上双打运动员的年龄大于单打运动员，球龄存在显著性差异（$P<0.05$），即双打运动更加注重经验、配合。世界优秀女子网球运动员除球龄、年龄、体重不具有正态分布效果外，其余 2 项结构特征正态分布效果均较好，说明世界优秀女子网球运动员身高、克托莱指数都已经形成了相对稳定的显著特征。郭立亚等对国内外的优秀女子网球运动员进行数据分析，得出结果是国际赛事中国外的女子网球运动员表现出来的身体形态和其他方面的内容大体上比国内的运动员要好，而且很多国外的女子在身高等方面有天然的优势，体重也控制得比较好，各项特征内容较为成熟稳定。一般国际优秀的网球运动员的职业生涯越长，年龄也相应更大。而这个研究结果放在国内而言，不成立，女子网球运动员年龄较高者，职业生涯年限会更短。还有学者对国内外的女子运动员的身体形态方面做了研究，其中就身高体重进行了数学模型的构建，分析结果为今后教练在选人和训练的时提供理论参考依据。

① 田丰：《优秀网球运动员身体形态特征的研究》，《沈阳体育学院学报》2004 年第 2 期。

从这些研究结果来看，学者们得出的一致结论体现在总体身体形态方面，世界优秀女子网球运动员各项参数均高于中国女子网球运动员，国外运动员身高体重比例恰当，即对从事竞技网球项目的运动员来说良好的身高及各要素恰当的比例是一个重要条件。总体来看，学者们对优秀网球运动员的外部形态的描述性研究，实政研究较少，且研究结果大多是对国内女子网球运动员与国外运动员进行比较性研究，对国内男子运动员身体形态实证研究少。

(九)网球运动员身体机能的研究

身体机能是指人的整体及其组成的各器官，系统所表现出的生命活力。青少年网球比赛时常一般在 1~2 小时，甚至更长时间，这就需要运动员在身体各项机能，例如呼吸机能、循环机能、神经机能上都具有较高的水平。

宋礼栋①在其硕士论文《山东省专业男子网球运动员冬训期间身体机能状况的分析研究》中以山东省网球队冬训期间专业男子网球运动员为研究对象，对其在冬训期间的血红蛋白、红细胞计数、红细胞压积、血清肌酸激酶以及血尿素氮五种生理指标进行了分析研究并指出：根据测得的各项生理生化血液指标监控数据，应及时调整训练计划配合合理的营养食谱，对帮助运动员保持高水平的身体机能状态，提高训练成绩，争夺比赛优胜做出了贡献。

(十)网球运动员运动素质的研究

运动素质主要是指在运动时所表现出来的能力，通常包力量、速度、耐力、灵敏、协调、平衡和柔韧等基本素质。竞技网球对抗时间长，在高强度激烈比赛中有良好的身体素才能更好地发挥自己的技战术

① 宋礼栋：《山东省专业男子网球运动员冬训期间身体机能状况的分析研究》，硕士学位论文，山东体育学院，2014 年。

水平，因此网球运动对人体各项素质要求都很高。

陈国平①运用文献资料、专家访谈、测试法、逻辑分析、数理统计等研究方法对青少年女子网球运动员专项体能评价指标体系进行构建，并将各项身体素质指标进行了细化，将速度素质分为绝对速度和相对速度，选取了30米跑和扇形跑进行测试，将力量素质分为了绝对力量、专项力量、爆发力，分别选取了卧推、网球掷远、立定跳远作为测试指标，将柔韧素质细分为一般柔韧素质和专项柔韧素质，分别选取了前屈摸深和左右劈腿来衡量柔韧素质的好坏。将协调素质的测试指标选取了双摇跳绳。

张志华②等提出网球运动员需要在训练中发展速度、力量、耐力以及灵敏、协调性等身体素质，同时还需要在训练中提高意志品质和技能。他在对我国青少年网球运动员身体素质指标测试中选取了五级蛙跳、网球掷远、左右劈腿、立定三级跳远、双摇跳绳、扇形跑、体前屈等八项指标来代表运动员的身体素质。黄刚强在对我国优秀青少年男子网球运动员身体素质训练水平综合评价研究中依据专家对各初选指标影响运动素质强弱程度的量化赋值最终筛选确定了10项身体素质指标(60米跑、“8”字曲线疾跑、“米”字曲线疾跑、5次左右两侧移动、一分钟单摇跳绳、一分钟仰卧起坐、原地足球掷远、握力、立定跳远、3000米)笔者将运动员身体素质代表性指标归纳为五类：速度灵敏类—五次左右两侧移动；爆发力类—足球掷远；力量耐力：一分钟单摇跳绳；绝对力量—握力；有氧耐力—3000米。

李靖③在《少年女子网球运动员身体素质训练探讨》的文章中说到，

---

① 陈国平：《我国青少年女子网球运动员身体素质评价指标体系的构建》，《首都体育学院学报》2010年第5期。

② 张志华、周建梅、黄香伯：《我国青少年网球运动员身体素质特征研究》，《北京体育大学学报》2009年第12期。

③ 李靖：《少年女子网球运动员身体素质训练探索》，《湖北体育科技》2008年第1期。

加强青少年女子网球运动员的身体素质训练尤为重要，进行全面的身体素质训练对网球各项技术、战术起到重要作用，对提高意志品质、预防不必要的受伤事故和延长运动寿命、不断提高专项水平起着决定性的作用。

于辉①在《网球运动员专项身体素质训练浅析》中谈到，良好的身体素质是保证网球运动员在比赛中充分发挥技术的基础，一名运动员必须具备较强的速度、力量、耐力和灵敏性等专项身体素质，并列举了力量素质的练习方法。但是比较简单，没有完整的力量训练体系。

师长清②在《对速度力量训练的基本方法和手段的探讨》中谈到，速度力量是运动员掌握技术，提高运动成绩的关键要素，是评定身体训练水平的重要指标。文中谈到了速度力量的训练方法和手段，在进行速度力量的练习持续时间上，一次不宜过长，因为该类练习对动作速度和中枢神经系统兴奋性要求较高，并提出结合个项目的特点采用实用有效的科学训练方法和手段就能提高运动员身体训练水平。决定速度力量水平的发展因素是肌内协调和运动单位的快速收缩。

1. 对网球运动员力量素质的研究

科学上将力量分为绝对和相对两种，前者指的是人体所能承受的最大重量，而后者则是人体单位面积的承重量。对于不同项目的竞技赛事，对这两种力量的训练强度也不尽相同，需要有投掷内容的运动对于运动员绝对力量的要求较高，而对于本书网球运动员的研究中，既要求其具备良好的相对力量又要求能具备较好的绝对力量，前者主要是让运动员获得更好的移动速度，后者针对能让运动员在击球时产生更大力量。

姜川指出在体能训练过程中要具有专项针对性，如击球接球的专项

① 于辉：《网球运动员专项身体素质训练浅析》，《内蒙古体育科技》2006 年第 2 期。

② 师长清：《对速度力量训练的基本方法与手段的探讨》，《西安体育学院学报》2002 年特刊第一期。

训练，提高正手击球力量也是提高击球时的速度。训练要适应不同形式和速度力量的要求，对运动员的全面发展采用多方位的训练手段。他对于训练时的强度和量的内容给出了明确建议：一次训练时间应严格限定在半小时之内；最好保证每个动作练习低于10秒，每组动作做3到8次；一组动作做完后可以适当休息，时间不超过5分钟。

马顺江①在关于网球发球速度力量练习研究中给出了他的建议，提高网球运动员的发球速度，需要在日常活动中对运动员的绝对力量进行加强训练，同时也要对整个身体的体能和素质进行训练。他运用研究出的十几项单个训练作业，采用科学的方法进行合理的结合，每个动作在训练时都要进行循环往复，其中包括20次负重杠铃转体以及20次哑铃屈腕等专项训练，能很好地提高发球速度。

张小军②在他的硕士论文中对网球运动员各个部分的肌肉锻炼手段提出了自己的见解，从训练方向和整体内容进行把控，通过先对一些大的肌肉群和衔接部分的关键部位进行训练，然后再关注一些小的肌肉群的锻炼。

网球运动已经引起了全国关注热潮，对于运动员的专业素质也有了更高的要求。其中对发球和正手击球的速度提出了更高的要求，这就让教练在运动员的日常力量训练着重加强了整体爆发力和速度的训练，对于核心腹部力量的要求也更加严格，上下肢的力量也需要同时进行锻炼，避免在比赛过程中接发球失误和移动速度不够的失误情况，腹部核心力量是对上下肢力量的一个传导，如果上下肢力量足够强，而缺乏腹部的力量，那么很容易造成传导失误，对人体造成损害。在进行体能的训练时，对于身体的用力要合理的把控，要确保训练时身体姿势的正确。网球运动员需要动用到很多的小肌肉群，因此训练时锻炼手腕、踝

① 马顺江：《网球发球速度力量练习方法的研究》，硕士学位论文，华中师范大学，2008年。

② 张小军：《对我国优秀女子网球运动员力量训练的探讨》，硕士学位论文，北京体育大学，2006年。

关节等的肌肉组织也尤其重要，进行锻炼能增强整体力量以及击球稳定性，对于运动损伤也有很好的防范作用。

2. 网球运动速度素质的研究

速度是运动员完成某项技术动作的一项非常重要的素质，并且能够提高运动员的运动能力，对于速度素质的定义为人体以最快速度完成某一项运动的能力，换句话说就是完成一项运动所需的最短时间。在网球中将速度素质分为3种：分别是移动、动作、反应速度。网球运动员在比赛的时候要根据对手的击球来判断网球即将降落的位置和方向，以最快的速度移动到落球点，准备好正确姿势击球。反应速度应该是每个球员所具备的技能，反应速度对于球员来说至关重要，快速的反应速度可以节省更多的时间来移动位置，有充足的时间准备击球，假如反应速度慢，对方回球过快难以应对，很可能就会造成击球失败。训练反应速度其中的一种方法就是信号刺激法，教练员设定规定的动作，运动员通过教练的动作信号做出相反的动作，也就是运动员随着教练给出信号的变化，做出相应的相反动作。比如教练到说蹲下，运动员就要迅速站立起来，教练说向左转，运动员就要立刻向右转，喊出向右转运动员就要马上向左转。

周晨、朱杰①对江苏省网球女子队针对移动、反应、挥拍速度指标做了实践证明，训练实践长达三个月，训练的项目有跑步、蹲跳、深蹲、摸线折法跑等其他相关运动，通过这些训练提高了他们的移动速度；而击球速度的提高可以通过训练举哑铃、实心球训练来增强他们的臂力，击球的力量和速度也会随之提高；而运动员的反应速度就要通过训练运动员的手眼脚协调的快速配合能力，使运动员的眼手脚能够达到高度一致。

经过研究得出结论，网球运动员的反应速度是测量运动员速度素质

① 周晨、朱杰：《青少年女子网球运动员体能训练的实践》，《南京体育学院学报（自然科学版）》2007年第2期。

的一项重要指标，反应速度就是运动员在赛场上能够根据对手击球的动作，以及预判球的落地点做出快速的反应所用的最少时间，根据球的位置来调整自身的起跑动作。

网球运动中的动作速度就是运动员挥拍和击球的速度，所以挥拍和击球的速度一定要快，速度直接决定击球的成败，速度也会影响到击球和挥拍的力量，力量相对来说也会大，击球成功的几率也会就会增大，能够在最快的时间里完成规定动作，留给对手反应的时间减少，留给自己的反应时间增长。而运动员自身的能力，打网球的熟练度，以及挥拍击球速度都是直接影响动作速度，如果运动员熟练度很高，相应的动作完成时间会短一些。选择合适的时间训练运动员也是非常重要的，如果运动员情绪不高，直接影响到训练的质量，所以要在运动员情绪高涨、比较兴奋的时进行速度训练，而且速度训练要优先进行，训练的时长也要合理规划，不可以过长或者过短，过长运动员的运动会从无氧运动调节到有氧运动，但是有氧运动并不有利于提高运动速度。训练强度要按照比赛的强度进行，只有这样才能提高运动员的速度。

移动速度的训练就是训练运动员的移动频率和移动幅度，一般只要控制好移动频率和幅度就可以提高移动速度，运动员在赛场上预判出落球点，通过快速的移动，在时间上占据了一定优势，再通过移动幅度将其转化成空间优势提高胜率。

3. 对网球运动员耐力素质的研究

人在保持特定的运动负荷和运动量所能达到的最常时间称为耐力素质。耐力素质包括有氧、无氧耐力。按照运动专项的分类可以分为一般、专项耐力。专项耐力训练之前都会进行一般耐力训练，因为一般耐力训练相对来说更简单一点，也是专项耐力训练的基础。网球运动的时间是由运动员比赛进程决定的，并不能规定具体的时间，一场比赛下来可能在一到三个小时之间，所以对于运动来说，一直处于高强度集中和高强度的运动需要较强的耐力，没有较强的耐力就不能坚持一场完整的比赛。耐力训练就说训练运动员的速度和力量的结合，运动员大部分都掌握了一般耐力，但是专项耐力并不是很好，一般正常比赛都可以坚持下来，但是并不能保证全场比赛都能发挥出最好的效果。这就说明了专项耐力不够。专项耐力应该是教练以及运动员都比较注重的一部分，无球和有球都要进行练习，也要将两者结合一起训练，保证运动员在比赛当中能够取得优异的成绩。

郭仲熙①等人通过研究发现专项耐力需要包括三个方面的耐力，第一个方面，要坚持一场完整的比赛耐力，有些比赛需要进行多个回合，需要长时间的耐力坚持；第二个方面，能够坚持在一个回合里来回大幅度的跑动；第三个方面，能够坚持参加多场比赛的耐力，因为比赛是连续的。提升第一个方面的耐力可以通过多球训练，也可以通过补球几个回合对打来提升耐力；提升第二个方面的耐力就是坚持跑步，可以进行30秒，40秒以及30分钟的不同程度的跑步方式；提升第三方面的耐力就是加强运动员的恢复能力，而规律的作息和饮食都会影响到恢复能力。专项耐力的理解和掌握，他们都是比较在行的，经过实践可以得出正确的结论，以上的有效训练可以提高运动员的某些方面的能力。

通过该部分文献资料可以看出，学者们在素质测试指标的选取上差异较大，特别是在速度素质和力量素质的选取上有所区别，反映出对网球运动员的专项运动素质特征认识不够。可见，我们对网球运动员的专项身体素质认识还不够清楚，由此可能会导致在训练方法和手段的选择上“错位”。在一定程度上使得实际训练中一般身体素质与专项身体素质不分，导致训练的针对性和训练效果不佳影响网球运动员竞技能力水平。

(十一)网球运动员体能训练方法和手段的移植

刘祖辉②将体育运动视为一个体系，因为体育中涉及很多其他科学

① 郭仲熙、张瑛秋：《中国优秀青少年乒乓球运动员身体素质训练水平综合评价研究》，《体育科学》2004年第5期。

② 刘祖辉、刘同为：《递进加难创新法在武术套路难度动作创新中的运用研究》，《中国体育科技》2005年第3期。

领域，体育行业内的各项运动也存在联系，每项运动之间都有相同点，存在共性，但是又各有各的特点，并不是完全相同，所以体育运动之间的训练方法以及技巧在某些方面可以通用、借鉴和移植。其中训练方法的移植从根本上改变了原理和理论、结构、方法的载体，使创新发明跃入新的领域，涉及其他的领域时，将几项事物相互借鉴融合，增加了解决问题方法。

教练选择训练方法是有原则的，不能盲目选择训练方式，只有有效的训练方法才能起到效果，如果盲目选择训练方式，会起到不宜的效果。体育不断发展，所以现在有很多训练方法，某项运动的训练不能仅仅运用一种方法，应该多种方法相结合，共同运用，才能创造不一样的训练效果，有效的训练需要一套完整的训练体系，训练方法并非一成不变，而是根据发展需要进行不断调整和更新。运动员所取得的优异的成绩有一部分的原因是训练方法的不断更新，教练必须都要掌握基本的训练方法，才能根据已有的方法再进行更新和调整，对运动员而言有效的训练方法是他们提高能力的重要途径，训练的方法虽然说表面上看起来简单，但是要合理的运用确非常困难。

所谓网球运动技能的移植，实际上就是将其他运动方面的运动训练方法运用到网球的训练方法之中，但是也不是完全照搬，毕竟不同的运动之间还是有一定的区别，还是需要经过专业教练人员的改进，成为一个适合网球训练的方法才可以运用到训练之中。方法及手段移植是专业人员通过多场运动训练所得出的结论，根据已有的专项训练，经过实践对比得出来的训练方法。

运动训练方法的移植研究具有重要意义，不仅丰富了网球的运动训练方法，而且对于其他运动而言，也是训练技术上的一种指导，能够帮助运动体能相对较弱的运动员，也可以增加教练的训练方法。

（十二）运动员体能状态的诊断和检测研究

在 20 世纪 50 年代时，我国开启了运动员体能状态方面的诊断以及检测研究，在那一时期我国从事体育科技的相关工作者主要是通过医务监督的方式对运动员的生理情况以及生理机能进行监测和评价，不过在此过程中限制条件较多，因此在这一工作开展时其工作内容较为单一，随着对于体育事业的不断重视和发展，我国对优秀运动员队伍扩充的需求也愈加强烈，我国对于运动员体能状态的诊断和检测的研究逐渐得到提升，同时也有了多种理论对其进行验证。

在 1985 年，刑文华①编著了《体育测量与评价》一书，这本书后来成为了我国体育高等教育的重要参考书，这本书对当时世界上发达国家的体育测量和评价的理论以及方式进行了总结，也涵盖了我国当时广泛应用的体育测量和评价方法。在 1988 年，田麦久②编著了《运动训练科学化探索》一书，这本书在我国体育界可以算作是一本具有创新性意义的著作。本书所提出的运动员诊断的相关理论和基本方法给日后运动员体能状态诊断和检测打下了坚实的基础。

在世界范围内，许多相关学者都从各个角度对运动员体能状态和检测的进行了分析和研究，并通过实际的试验和应用对其进行完善。与此同时，在相关文献当中对运动员体能状态和检测的系统专著也有很多，例如美国的《体育测量与评价》、苏联的《运动计量学》都系统对运动员竞技状态与能力的检测和诊断进行了介绍。

（十三）现代美国体能训练研究

1. 专门的体能教练员培训结构，如美国体能协会（NSCA）

在美国，体能协会是一家专门培训运动员体能教育机构，机构主要负责教练的培训和考核。在美国体能协会当中，教练员要想获得教练员资格证必须通过以下四个方面的考核：一是体能训练计划设计，二是练习计划操作，三是体能测试和评价，四是训练组织及其管理。一般情况

① 刑文华：《体育测量与评价》，北京体育出版社 1985 年版。
② 田麦久：《运动训练科学化探索》，人民体育出版社 1988 年版。

下，每年美国体能协会都会在全世界范围内召集体能训练领域的相关专家学者参加体能训练年会，针对体能训练领域当中的最尖端内容进行研讨。而我国尚没有建立这样一个专门研究运动员体能的组织和协会，仅在上海设有地方级别的体能协会。为了进一步提升我国运动员的体能训练效果，应当建设国家级体能训练机构，既便于向体育界输送更多优秀人才，也可以有效地给各个领域的专家提供进一步提升运动员体能的发展方案。

2. 专一化训练研究室

美国的专一化训练研究室数量较多，而且他们的研究方向一旦确定后就不会更改，从而保证其专一性和专业性。这些研究室的划分十分细致，例如有针对网球运动员肩关节伤病的研究室。通过这种研究室的研究，可以让相关研究人员对该项运动的所有细节得到充分的了解，结合运动员在训练过程当中的运动特点选择较为针对性的方向来研究，利用这种研究模式可以让运动员的体能训练和相关疾病的诊断和治疗充分结合，既提升了训练的效率，又能大幅度减少诊疗周期，这一内容是我国应当学习的部分。我国就青少年网球专一化训练内容上的研究还比较少，无法充分满足当代青少年就体育训练方面的需求，因此我国应当加大这方面的投入力度，让更多的专家学者投入到这方面的研究当中。

3. 运动队配备专门的体能教练

在美国几乎所有的职业运动员团队都会配有专门的体能教练，无论是专业体育运动队还是大学运动队，这些体能教练一般都通过了美国体能协会的测试，并获得了体能教练的职业资格认证，一些较为出色的体能教练还有机会加入职业队当中，这些体能教练根据主教练的目标会有针对性的对运动员的体能进行训练，在此之前需要抓住当前体能训练的要点，解决运动员体能周期的问题，从而制订科学合理的训练计划方案。利用专业的体能训练教练有十分重要的意义，一方面体能教练能够合理支配运动员体能消耗，降低运动员伤病风险，另一方面体能教练可以在运动员康复期帮助其复健，有效降低运动队战力流失的风险。据媒体报道，在克林斯曼担任德国队主教练期间曾要求从美国聘请专业的体能教练组，尽管很多人认为德国队体能在全世界首屈一指，无需体能教练的聘请，但克林斯曼却坚持这一观点，而后在世界杯上德国队的运动员体能状态极佳，鲜有伤病事件发生，根据后续的采访中德国队运动员称，正是由于克林斯曼对美国专业体能教练的使用，德国队运动员体能才得到了合理运用。在我国网球协会举办体能教练培训时，就聘请了来自南非的国家队教练理查德，而后我国网球教练培训时也将体能训练加入其中，此后我国的网球运动成绩有了较为明显的上升，因此我国也应当在青少年的体育学习和训练当中增设体能训练项目。

4. 现代美国体能训练特点

目前，美国的体能训练主要有以下三个方面的特点：第一，运动量较大的体能训练始终贯穿于每一个专项训练当中；第二，教练对力量训练的重视程度较高；第三，将力量训练与传统的体育训练结合，从而产生新的体能训练理论。美国队的运动员一般对体能训练的要求较高，时间较长，在体能训练方面的耗时要占到总训练时间的三分之一以上。通常情况下运动员的体能训练以力量训练为主，但力量训练的强度也要因人而异，充分结合每个人不同的体质和生理结构，并制订了一套力量训练的基本理念：核心力量—控制力量—反应力量。

三、网球运动员运动技术的研究

(一)网球运动员运动技术分析研究

运动技术是指各项体育运动动作的总称。对于运动技术的研究主要是为使其能最大限度符合运动生物力学原理，发挥运动员的潜力而产生最大的运动效果。对于每一项运动都有符合其专项运动特点的运动技术。

网球技术较为复杂，动作变化多样。一般可以分为发球技术，接发球技术，底线抽球技术，截击技术，高压球技术，挑高球技术，放小球技术等。发球技术可以分为发上旋球、下旋球和平击球三种；底线正手击球技术按握拍方式可以分为东方式正手击球、半西方式击球，西方式击球等；截击又可以分为网前截击、中场截击和后场截击等。网球运动运动场地大，来球速度快，击球力量大，需要运动员具有较好的速度、力量、判断能力，因此对于初学者来说网球运动技术掌握起来相对较难。国内外对于网球技术的研究较为丰富，但对于运动员整体技术能力的评价以及评价标准的研究方面还不是很深入。

在发球技术方面，李唤春①在《网球技术体系之构建研究》中得出结论：网球技术体系大致由两个部分与三个层次所构成。第一部分为无球技术，包含握拍法与步法等基础技术，是该体系的第一层；第二部分为有球技术，由第二层的抽击、高击、撞击等基本击球技术以及第三层的运用技法或所谓的小技术所组成，是网球技术体系的主体部分。杨骐玮②通过文献资料法、观察统计法、比较分析法、专家访谈法、逻辑推理法等研究方法对 2010 年澳网男子 8 强和 32 位种子选手技术指标进行比较分析。结果发现：其一，在发球成功率上八强与 32 位种子选手均不存在显著性差异。通过对比其发球速度，八强的发球最快速度虽然没有 32 位种子选手快，但他们的发球稳定性以及平均发球速度均高于种子选手，经常通过发球深，角度大，加速旋转来制约对手。其二，八强和 32 位种子选手在接发球得分率以及破发球成功率上不具备显著性差异。分析其原因，接发球要求迅速作出判断，击球快、变、准，给对方造成心理压力攻其锐气，从而占有主动。其三，在主动得分指标中，32 位种子选手的主动得分率差不多是八强选手的两倍，说明优秀运动员的

① 李唤春、和向东：《网球技术体系之构建研究》，《玉溪师范学院学报》2009 年第 8 期。

② 杨骐玮：《对网球优秀男子选手技术指标的比较分析》，《体育成人教育学刊》2010 年第 6 期。

主动得分欲望要明显高于其他运动员。其四，在非受迫性失误上，八强要明显高于种子选手。过多的失误不仅使自己主动进攻失去信心，也给对手增加信心。欧超①曾经对2006年对法网公开赛中法国女子八强运动员第四轮的比赛和中国6名运动员总共11场的比赛进行对比分析发现，中国运动员普遍存在发球力度不够，没有变化，主动进攻少，非受迫性失误较多，打法单调等问题。蒋中伟②运用计算机模型对网球在空气中的受力情况进行分析，得出球的运动方程从而求解不同初始条件下网球发球飞行的轨迹，改变初始条件分析网球飞行轨迹的变换规律，找到提高发球成功率的方法。国内对于发球的生物力学上的分析研究还很少，大多局限于对发球技术动作定性的分析上。LTA③(1995)认为，发球动作是一个协调链。对网球运动员发球的基本动作进行力学分析可以发现，运动员在发球中，最先受力部位是脚和腿。发球力量来源于发球中膝部的屈伸动作，通过膝关节的屈伸动作将力量自下而上传递到髋，通过转髋转体带动手臂饶肩做绕环动作，最后肘部伸展，小臂外旋转腕鞭打击球，并随挥入场。整个击球动作连贯流畅，发力顺序自下而上，使发球动作合理化，达到最佳的发球效果。

在接发球方面，有研究表明，一般较快的球从对手球拍击球以后到球飞行到本方场地需要0.4秒的时间，而运动员需要0.22秒的时间进行预判并根据球的落点移动到相应的位置，但运动员完成击球动作需要0.3秒的时间。由此Paul Dent认为，顶级运动员在接发球时，当运动员的球拍刚刚接触到球的一瞬间，运动员对球的方位和落点就有一个预判过程。如果没有预判，运动员在0.4秒内是不可能接好发球的。

① 欧超、吴宁霜：《2006年法网中外女子网球运动员比赛技术统计分析与评价》2007年第3期。

② 蒋中伟：《关于提高网球平击发球成功率的研究》，《体育科学》2000年第7期。

③ LTA，"Cutoff criteria for fit indexes in covariance structure analysis：Conventional crlterla versus new alternatives Structural Equation Modeling"，1995.

Heinz Kleinoder的研究表明：高水平网球运动员的接发球判断时间非常短，要想提高运动员的接发球能力必须尽可能地提高运动员的预判能力。主要改进的方法有控制球拍击球的位置，减少引拍的时间，注意力集中，根据对手的发球习惯预判发球轨迹等。

对正手击球方面，Rafael Bahamonde① 博士运用生物力学原理对网球运动员正手击球动作做分析并得出了一些非常重要的结论。他认为正手击球如果想击出强有力的球，击球方向和用力过程必须符合生物力学特点，击球的过程中最好采用关闭式步法，不仅有利于产生较好的线速度和角动量，还可以增加击球的准确性。在引拍的时候最好使用平稳小幅度的环式后摆动作，保持整个击球动作的完整性，避免力量的损失，另外运动员要根据自身的特点选择适合自己的击球方式，注意转腰转体的重要性。

对反手击球方面，Machar Reid② 对单手和双手反手击球动作进行了研究，对于双手反拍的运动员击球动作更加稳定，反手有利于初学者学习，但对于不同的运动员，由于其身体素质、协调能力的不同，在选择单反或在双反时可以根据自己的实际情况进行选择，教练员要根据运动员各自的特点选择更适合他们的反手击球动作。Groppel，J. L. ③ 对单手反手以及双手反手击球动作进行了对比分析认为，双手反拍是通过转腰和转肩带动手臂挥拍，力量来源于从脚下向上传导的转腰和转肩动作，双手反拍相对于单手反拍要更加稳定。而单手反拍是身体多个部位包括脚、腿、髋、腰、肩、上臂、前臂、手以及球拍通过身体的运动非常协调的完成的一连串动作技术链。Elliott，B. C.，Marsh，A. P. 和

---

① Rafael Bahamonde, "Biomechanics of the forehand stroke", ITF coaching & sport science review, 9th year issue 24.

② Machar Reid, Sportmotorische Fahigkeiten. Willimczik K, Roth K. Rewegungslehre. Reinbek, 1983, pp. 56-89.

③ Groppel, J. L. " Biomechanical similarities and differences of A. Agassi'S first and second services" Biomechanics in sports XI, 1993.

Overheu，P. R.（1989）对反手上旋击球动作做了生物力学分析，结果表明：跑动中的击球要比静止的击球身体趋于垂直；反手击直线球时要比反手击小斜线球手腕以及肩关节的活动角度更大，拍子更靠前。

在对截击技术研究方面，Jack Groppel①对通过生物力学分析认为无论是正手截击还是反手截击，都需要把拍面打开一点。对于反手截击，腰转动的幅度要小一点，拍面打开的角度也好小一点；对于正手截击，在进行引拍的过程中身体引拍转动的幅度要大一点。

Elliott，B. C.，Marsh，A. P. 和 Overheu，P. R. ②曾对截击动作进行分析发现：运动员在后场截击时球拍的后摆动作要比在前场截击时更靠后，几乎在截击侧肩的前面。在反手位的截击，后摆动作幅度要大于正手截击的后摆幅度。对于高水平运动员而言，其截击球拍的挥动速度要明显快于一般选手，而且高水平运动员在截击触球后球拍会继续向前下挥，保持截击击球的随挥动作的完整性。

Van Ghelywe，B. 和 Hebbelinck，M.（1986）③对正手截击动作的肌肉力量活动情况进行了分析，认为截击时通过转体转腰，身体前倾，拍面打开击球，手臂基本上没有挥动，所以肘关节也不存在屈伸动作。而对于截击动作的加速阶段，除了肱三头肌和桡肌外其他肌肉均表现较强的活性。

对随球上网击球动作技术，Marsh，T 和 Elliott，B. C. ④对正手和反手击球上网动作进行了分析，正手击球和反手击球在准备动作中基本

① Jack Groppel，ITF coaching & sport science review. 9th year issue 24，July 2001.

② Elliott B & Marsh T，"A Three Dimensional Cinematographic Analysis of the Tennis Serve "International Journal of Sport Biomechanics，No. 2，1986，pp. 260-271.

③ Van Ghelywe，B，Hebbelinck，M，"Die Bewegungseigenschaften und ihre Komplexitat. "Theor. Prax. Korperkult，No. 14，1986，pp. 481-495.

④ Elliott. B. C. Marsh. A. P. & Overheu. P. R（1987），"the mechanics of the lendl and conventional tennis forehands：a coach's perspective sport coach"，October-December. 4-8.

一致，击下旋球动作上肢是作为一个整体在起作用，后摆幅度要小，随挥动作球拍继续向下，让后挥向上方，而击上旋球更多是单个部分来发挥作用，击球动作更为连贯，击球后随挥球拍继续向上挥动，在肩上结束，整个击球速度较快，给对手的反应时间短。

(二)网球运动员运动技术的生物力学研究

赵伟科①对网球运动员正手击球肌肉用力表面肌电特征做了实验分析，研究结果发现正手击球动作最先发力的肌肉是斜方肌胫骨前肌和腓肠肌三块肌肉，三角肌前部、腓肠肌、胫骨前肌和斜方肌用力时间比其他肌肉长，主要用力肌肉是肱二头肌、斜方肌、三角肌前部、肱桡肌以及胸大肌。研究结果表明表面肌电测试分析技术可以用于诊断网球击球动作合理性。

陈石②以北京体育大学网球专项 7 名二级运动正手击球时下肢发力情况作为研究对象，采用 QualisyS 红外高速摄像摄像系统、KIStler 测力台和 Mega 表面肌电仪进行测试，记录下肢的运动学、动力学和表面肌电数据，并对各数据进行软件分析计算发现，运动员在起始位置到最佳的击球准备位置脚与地面的相互作用力过程是不相同的。表现为在越远的地方，脚与地面的作用过程产生的垂直反作用力越大。运动员从起始位置移动到击球点的位置，运动员都会采用较为平缓的着地模式。

田建伟③对网球无下摆引拍发球技术特点研究表明，无下摆发球技术的击球点更靠近场地内侧，与发球方向以及人体伸展用力方向更为接近，有利于运动员力量的传递，蹬地发力迅速，重心起动速度更快。但

① 赵伟科：《网球运动员正手击球肌肉用力表面肌电特征研究》，《中国体育科技》2003 年第 5 期。

② 陈石：《网球正手击球动作下肢的生物力学特征分析》，硕士毕业论文，北京体育大学，2010 年。

③ 田建伟：《网球无下引拍发球技术特点的研究》，硕士学位论文，苏州大学，2008 年。

有下摆的发球技术在引拍身体扭转幅度上比较大，有利于腰腹肌群力量的发挥，同时有下摆发球技术对拍头的做功距离会高于无下摆发球技术，因此在发球挥拍的拍头速度上要快，发球更具爆发性。

胡启权①采用三维录像系统对柏衔和陈册正手大力击上旋球动作进行了生物力学分析，发现现在网球运动员的正手大力发球的发力方式是以躯干为轴进行类似鞭打的击球发力，在击球过程中，在球拍触及到球以前是完全的鞭打动作，但肘关节和腕关节保留了部分的力量便于在击球中控制球的方向和力度，同时在接球的时候手腕和肘关节协同用力对于加快球速具有重要作用。大力击球引拍过程中，我国的青少年网球运动员的正手引拍后摆动作不是直线加速，而是接触球前有一个明显的减速调整过程，主要是为了调整身体、胳膊以及拍面的位置，使其处于最佳生物力学发力位置。

1982 年 Elllot、Grabiner、Missavage② 学者运动生物力学原理研究了握拍力度与击球成功率的关系进行了解释，认为运动员在击反弹球时与运动员的握拍力度没有关系。1983 年 Elliot 和 Wood③ 曾指出不同的发球会产生不同的动力学特征。

四、网球运动员运动战术的研究

战术本身是一个军事术语，原指取得小规模胜利或实现小规模优化的技术。随着现代竞技体育的兴起和发展，这个军事术语转移到运动竞赛中。运动训练中的竞赛战术是指运动员和教练员为了在比赛中表现高超的竞技水平，发挥自己的特长，而在比赛中根据比赛中的实际情况，

---

① 胡启权：《我国优秀青年网球选手正手大力击上旋球动作的生物力学分析》，硕士毕业论文，北京体育大学，2007 年。

② Elllot，Grabiner，Missavage. “Sportwissenschaftliches Lexikon. 5”，neu bearbeitete Auflage. Schorndorf，1982.

③ Elliott B，Wood GA，“The Biomechanics of the Foot-up and Foot-back Tennis Serve Techniques”，Australian Journal of Sports Science，No. 2，1983.

采用合理战胜对手的计策和行动。从以上定义中不同侧面反映了竞技战术的本质特点：第一，为了战胜对手或表现出理想的竞技水平，这是目的；第二是合理的方案；第三，是行动和计谋合理的技巧性，即斗智。因此竞赛战术的定义是：在运动竞赛中为战胜对手或表现出理想的竞技水平而采取的计谋和行动。

Austin，D. A(1980)①在研究单打的技战术方面，对单独的策略进行了研究，研究结果表明在单打比赛中，最终的胜利者并不一定是具有较好击球技术的运动员，运动员的战术或者比赛计划在整个比赛中起着非常重要的作用。运动员在比赛的热身阶段比赛计划都已经制订好，根据比赛计划完成整场比赛，因此，制订好的比赛计划对于整场的比赛胜负具有重要的意义，同时它不仅反映了自己的比赛优势还分析了对手的弱势。在制订计划的过程中要对比赛双方的竞技能力具有客观的评价。

Hughes，M. 和 Clarke，S.(1995)②曾对不同场地(草地和硬地)因素对发球的影响进行了研究，发现运动员发球的落点在草地和硬地上并没有太大的差异。但就技战术打法上看，草地上的比赛运动员上网比较多，来回击球回合较少，而硬地上比赛运动员多相持在底线进攻和防守。就发球和接发球的影响而言，在草地上的制胜发球比较多，而在硬地场地中接发球的成功率比较高，因此对于不同的场地运动员，可以根据自身在技战术上的优势合理利用场地条件，有效地控制发球和接发球。

在对底线打法战术研究中 Darren Cabill③ 认为，比赛中移动速度快的运动员重视每一分的得失，充分利用移动较快的优势奋力拼抢每一个球，在保证尽量少失误的情况下寻找机会调动对手，使其暴露移动慢的

① Austin. D. A，“developing an winning singles strategy scholastic coach”，1980 February pp. 96-101.

② Hughes. M. & Clarke. S. surface effect on elite tennis strategy，1995.

③ Darrem Cabill，Tactics of the baseline player. coaching & sport science review. 10th year issue 27. August 2002.

缺点，造成对手回球成功率降低。对于移动速度较慢的运动员大多在技术和战术稳定性上较为突出，一般通过控制比赛的节奏，调动对手全场移动消耗其体力并找到突破口打出制胜球。对于优秀的底线型选手在掌握一个球的比赛节奏后一般不会放弃对这一分的控制，稳步逼近直到结束这一分。在相关技战术的总体研究方面：首先认为发球局是男子网球运动员利用发球争取主动的最好时机，在发球中要体现球的速度、角度和深度三要素。运动员可以充分利用高质量的发球直接得分或者发球上网给对手造成压力迫使对手处于被动防守，争取比赛主动性。其次稳定有力的正手是决定比赛成败的关键，在进攻和防守中都显得格外重要。第三，选择合理的上网时机对于寻找制胜球时机具有重要的作用。Sven Groeneveld（Netberlands）①曾经在研究网球运动员技战术策略中对发球上网战术做了总结，主要归纳了运动员上网的时机，如何运用组合技术创造机会上网，如何接发球上网，上网的步法及要求以及在比赛比分落后或者领先的情况下运用上网技术。

Craig Tiley（South Africa）②分析了全能型运动员的比赛战术特点，并根据全能型选手在身体素质、技术、心理方面的特点提出了针对发球上网型运动员以及网前截击运动员的实战打法，并针对底线型选手提出了如何对付进攻型选手和防守型选手的战术策略。

Antonio Martinez Cascales（Spain）③对高水平选手红土球场战术进行了独到的分析，他认为随着网球技以及运动员身体素质的不断发展，运动员越来越趋向于底线全能型选手方向发展。红土场更有利于运动员的发展，使运动员尽快适应红土场的快节奏，发展成为全能型选手。

---

① Sven Groeneveld, The net rusher and serve volleyer—a dying breed of big point opportunists. 10th year issue 27.

② Craig Tiley. A winning game plan for all-court players. 10th year issue 27. August 2002.

③ Antonio Martinez Cascales.，"Tactics for advanced clay court tennis"，10th year issue 27. August 2002.

对于战术结构和能力的研究，运动训练学专家刘大庆①将战术结构分为战术观念、战术指导思想、战术意识、战术知识、战术行动和战术形式等几个方面。战术观念是对战术的看法，战术指导思想是战术制订的出发点，战术意识是运动员具备的战术想法和冲动，战术知识是对战术规律以及战术形态内容的知识储备，战术行为是战术的实施过程，战术形式则是战术的实施以何种方式表达出来。从这几点充分论述了战术的运行实施要素。好的战术需要运动员去表达，可以说运动员战术能力是影响好的战术能否取得既定效果的关键因素。目前国内对于网球运动员战术能力的研究较薄弱。

（一）运动员战术能力评价的研究

孙平②等采用问卷调查、实验测试等方法从技战术、身体素质等方面对体院排球专项运动员进行一级水平的测试。王君③等通过专家咨询法，采用平均分的综合评价方法，对足球队技战术训练课质量进行了综合评价研究。刘晋④等根据模糊系统分析与评判的方法，对篮球战术考试评分进行了初步尝试。程云峰⑤等则把 FUZZY 综合评判方法应用于乒乓球技术教学技评过程中。陈章云⑥等对《篮球意识的几个问题的探讨》一文中，介绍了评定法、里克特方法伴之统计学处理的方法以及计

① 刘大庆：《运动员竞技能力结构特点与基础训练方法》，北京体育大学出版社 2006 年版。

② 孙平等：《体院排球专项一级运动员水平的测评》，《北京体育师范学院学报》1993 年第 1 期。

③ 王君等：《我国 u-23 岁足球队技战术训练质量综合评价的研究》，《西安体院学报》1999 年第 1 期

④ 刘晋等：《FUZZY 综合评价在篮球战术评分中的应用》，《天津体院学报》1992 年第 4 期。

⑤ 程云峰等：《乒乓球技术教学的 FUZZY 综合评判》，《哈尔滨体院学报》1995 年第 3 期。

⑥ 陈章云等：《篮球意识的几个问题的探讨》，《体育科学》，1996. 4

算机模拟三种测定方法。佘敏克①通过专家问卷、"情景模拟法"及数理统计等多种方法，对我国女排二传队员分球战术判断能力进行了实验观测。

穆亮②等在《中国轮椅冰壶队战术能力综合评价》一文中通过数理统计法等对年残冬奥会轮椅冰壶比赛前四名队伍的技战术能力进行了比较研究 。

(二) 网球运动员战术行动的研究

金胜真③在《第六届城市运动会男子网球运动员单打战术分析》一文中得出以下结论：青少年网球队员之间技战术水平差异较大，参赛水平低，出国学习锻炼机会少。青年选手大多数是偏底线型综合打法的选手，大多数选手仍然需要增加自己的得分手段和制胜方法，不断提高各种战术运用能力，形成特长技术。运动员在防守中反进攻战术意识有显著差异。应提高运动员在比赛或训练中把握机会、创造机会，以及防守反击的能力。李克明④等在《男子网球双打比赛中战术运用探析》中认为网球双打比赛中的战术运用包括：站位、发球、接发球、网前技术、抢网与补位等多项战术以及和搭档的技战术配合，综合运用好这些因素才是比赛成功的关键，双打战术的临场运用不仅是战术意识的体现，更是技术上的取长补短，这也是一个优秀男子双打网球运动员必备的基本素质。

---

① 佘敏克：《女排二传队员分球战术判断能力测评方法的研究》，《体育科学》1990 年第 2 期。

② 穆亮、张强：《中国轮椅冰壶队战术能力综合评价》，《体育文化导刊》2015 年第 4 期。

③ 金胜真：《第六届城市运动会男子网球运动员单打战术分析》，《体育成人教育学刊》2010 年第 2 期。

④ 林克明、张恒睿：《男子网球双打比赛中战术运用探析》，《体育世界(学术版)》2018 年第 11 期。

(三)网球运动员战术意识的研究

余红亮①在《对网球运动战术意识培养策略的探讨》的硕士论文中提出：战术意识必须通过战术行动才能体现出来，战术意识的培养贯穿于整个训练过程，只有加强训练压力提高网球运动员文化素质从而增强网球运动员观察能力进而提高运动员的战术意识。王海明②在《网球双打运动员战术意识诊断指标体系的构建》一文中得出网球战术是特指网球运动员在比赛中为战胜对手或为赢得比赛胜利而采取的计谋和行动。他指出，合理、正确的网球战术的运用可以减少体能消耗，争取比赛胜利。通过遵循科学性原则、有效性原则、可操作性原则和重点性原则构建网球双打运动员战术意识诊断指标体系。

从以上学者们对“战术”研究来看，对战术的概念、战术的结构特点等做了一定范围的归纳和总结。各项目的战术诊断评价方法均存在着指标选取随意性较大、评价标准不够统一、缺少大赛的实践检验、难以进行可比性研究等弱点。他们大多数是对网球战术水平、战术意识在理论上和经验上经行评价“好”与“坏”，很少结合网球运动战术特点对网球战术效果进行战术诊断与评价，部分战术意识评价体系的构建也只是建立在双打层面，没有全局性的把握。虽有许多理论却不知如何综合运用，或者往哪个地方用，可见对网球战术整体上把握不够。

五、网球运动员运动心理的研究

运动员心理能力是指运动员与训练竞赛有关的个性心理特征，以及根据训练竞赛的需要把握和调整心理过程的能力，是运动员竞技能力的重要组成部分。每一项运动项目要求运动员在比赛中表现出各自不同的

① 余红亮：《对网球运动战术意识培养策略的探讨》，硕士毕业论文，四川师范大学2009年。

② 王海明：《网球双打运动员战术意识诊断指标体系的构建》，《武汉体育学院学报》2011年第3期。

个性心理特征来调节和应对比赛中出现的各种复杂情况。在竞技训练与竞赛中运动员的各项竞技能力都只有在其心理能力参与和配合下才能得到充分的体现，因此良好的心理控制能力和个性心理特征是运动员在竞技比赛中充分发挥竞技能力的一个重要因素。

（一）网球运动员心理过程的研究

刘煜①在《我国少年网球运动员心理控制能力指标构建与评价》硕士论文中对我国151名少年网球运动员为对象，运用测量法对少年网球运动员心理控制能力进行测试，制订少年心理控制能力评价标准。结果表明：我国少年网球运动员的心理控制能力由竞赛策略、运动自信、注意力、心理调控、竞赛状态5个因子组成。通过调查测量研究得出各因子的重要程度依次为运动自信因子、竞赛策略因子、心理状态控制因子、注意力因子、竞赛状态因子。覃朝玲②等将不同水平网球运动员为研究对象，采用实验法对两个不同组别的运动员的反应时和反应准确度做了实验比较，得出结论：专业网球运动员和业余网球运动员在反应时方面没有明显差异，但在反应准确度和信心程度上专业运动员高于业余运动员。另外左强势手运动员的反应时、反应准确度和信心程度略高于右强势手运动员，反应时与反应准确度的相关关系大于反应时与信心程度的相关关系。

（二）网球运动员个性心理的研究

陈建萍③对于参加2009年全国青少年网球比赛的各个年龄段不同

---

① 刘煜：《我国少年网球运动员心理控制能力指标构建与评价》，硕士毕业论文，吉林大学，2009年。

② 覃朝玲：《职业网球运动员与业余网球运动员心理能力研究分析》，《武汉体育学院学报》1996年第6期。

③ 陈建萍：《2009年全国青少年网球比赛运动员年龄特征分析》，《中国体育科技》2009年第16期。

性别不同等级的运动员共207人为研究对象，采用心理测量法、实地考察法、数理统计法、比较分析法对网球运动员的人格类型和心境状态与表现情况做了不同类别的分析。结果显示：不同性别、不同等级、主力与非主力运动员的人格特征没有显著差异。但不同年龄运动员的人格特征精神质纬度有显著差异。运动员在心境状态的表现方面不具备显著性差异。但在慌乱围度中不同等级的的运网球运动员之间存在明显的差异。不同性别、主力与非主力运动员之间的运动表现没有显著性差异，但不同年龄和不同运动等级的运动员在方案的实施/执行和有效战术两个维度上存在显著性差异。高龄运动员比低龄运动员更容易有效执行比赛战术与方案。Bandura①于1986年所作的研究表明，建立自信心最好的办法就是表现成就。Albert Ellis 提出，通常消极暗示的中心是不理智信念。

可见，从以上关于网球运动员心理研究的文献来看，可以对笔者的研究做以下归纳：笔者们从影响网球运动员的心理要素做了比较全面的分析，构建了心理控制能力指标的理论体系以及贡献率，对不同等级、不同年龄、不同水平运动员的个性心理特征做了类别比较分析。虽然在研究方法上主要是运用量表和各种心理测量仪器经行了定量分析研究，但在研究对象分类选择标准上随意性较大，有的按运动等级，有的按运动名次，有的按运动年限等，致使研究成果的参照性较差。因为选取方法相同但标准不同可能导致在实践运用中的差异结果不符合实际。

六、网球运动员运动智能的研究

运动智能是智能中的一种，是指运动员以一般智能为基础，运用包括体育理论在内的多学科知识，参加运动训练和运动比赛的能力。网球

① Bandura, "Systembeziehungen korperlicher Fahigkeiten und Fertigkeiten." Theorie und Praxis der Korperkult, No. 17, 1996, pp. 32-38.

是一方运动员限制对方有效回球的一项斗智斗勇的技能主导类隔网对抗性项目。网球运动不只是一种反应的较量，而是包括预判和智慧的活动，因此从网球技术与战术的融合来看，网球不仅仅是简单的把球打过网或发球、截击而已。诚然，两名运动员在高强度的激烈对抗中，在技战术、身体素质、心理势均力敌差距不明显的情况下，运动员的智能往往在关键球(局点破发点方面)技战术的运用上起着决定性的成败因素。世界球王桑普拉斯在一次新闻发布会曾这样评说："要成为一名优秀的顶尖网球运动员，除了具备的已有的各种技战术和能力以外还需要知识"，因为只有知识才会让你在赛场上去处理各种情况。显然知识可以使网球运动员更聪明，提高运动员的文化素养，捕捉科学的网球技战术理论及技术原理生理机制才能更好地适应比赛，提高运动成绩。系统的文化学习可以提高运动员解读比赛的能力，控制自己的情绪和正确看待比赛的得失，对比赛和训练有积极的促进作用。

七、运动员竞技能力状态的诊断和检测研究

国内有关运动员竞技能力状态的诊断和检测研究，始于 20 世纪 50 年代。当时，体育科技人员主要是从医务监督的角度对运动动员的身体机能进行检查与评定。由于各种条件的限制，这种早期的检查与评定工作相对单一和专一。随着我国竞技体育的不断发展、优秀运动员队伍的壮大、人们对运动员竞技能力认识的深入、运动训练实践的迫切需要、体育科技水平的提高，等等，我国体育科技人员在运动员竞技能力状态诊断和监测方面进行了相应的多方位理论和实践探索。

刑文化①等于 1985 年编著《体育测量与评价》，作为我国体育院、系教学参考书，系统总结了苏联、美国、日本等国有关体育测量与评价的基本理论与方法，并吸收了我国当时的有关研究成果。书中涉及了运

① 刑文化：《体育测量与评价》，人民体育出版社 1985 年版。

动员训练水平测量与评价的理论和实用方法。之后，田麦久①等编著的《运动训练科学化探索》一书于1988年出版，该书是我国体育科研的一项重大成果。书中多出介绍了有关运动员竞技能力状态诊断的基本宏观理论和部分基本方法，为以后进行运动员竞技能力状态的诊断和和监测提供了参考依据。

卓建南②等在《基于可拓评价方法的运动员竞技能力状态诊断——以羽毛球优秀运动员为例》一文中引入可拓集合中的关联函数与关联度，通过关联度的大小对羽毛球专项运动员竞技状态进行了分析评价并得出结论：该方法能有效确定运动员当前状态和目标状态的关联度，并可以通过各分项指标的关联函数探索影响运动员竞技状态的主要因素，从而进行合理的诊断。

王举涛③在其博士论文《中国优秀男子举重运动员核心竞技能力评价与诊断体系的研究》中，通过对我国部分优秀男子举重运动员竞技能力量化评价与诊断，清晰直观地揭示出了举重运动员竞技能力各个子能力间的相互关系及优劣势，增加了训练的针对性，明确了运动员训练的主导方向。

国际上，文献中有很多从不同层次和不同学科方面探讨运动员竞技能力状态与检测的研究结果或介绍。其中，运动训练学、运动医学、运动生物力学、运动生理学、运动生物化学、运动心理学、体育教育学等学科上大量的研究结果，相对比较成熟和具有实践应用意义，文献中也有较为系统的相关研究专著。例如，苏联的《运动计量学》、美国等有关《体育测量与评价》的研究结果等等都涉及如何对运动员竞技能力状

① 田麦久、武福权等：《运动训练科学化探索》，人民体育出版社1988年版。

② 卓建南、尹少丰：《基于可拓评价方法的运动员竞技能力状态诊断——以羽毛球优秀运动员为例》，《体育学刊》2013年第6期。

③ 王举涛：《中国优秀男子举重运动员核心竞技能力评价与诊断体系的研究》，博士学位论文，山西大学，2012年。

态进行诊断的部分方法及问题。

八、已有研究的不足

纵观上述研究成果，尽管研究所涉及的面较广，但绝大多数研究多为局部的单一研究，理论和方法都还不太成熟，研究方法与手段单一，对研究对象的把握不清晰，实证研究不够深入，可操作性较差；评价特性的研究尚浅，缺乏整体性和系统性，科学性和可行性结合不够紧密；对一些根本性的共性问题研究不够充分，在总体上缺乏方向性的理论指导和完整理论体系的支持；特别是在运动员竞技能力监控和评价方面，到目前为止研究较少，这就从根本上限制了此类研究的深入。因此，本书研究从这一视角出发，在全面分析与把握网球运动员竞技能力评价特殊性的基础上，展开对运动员竞技能力实时监控和实效性评价研究，以此来切实有效地推进和提高运动队训练的科学化水平。

第三节　研究意义、目标、解决的关键问题及技术路线

一、研究意义

随着网球运动在国内外全面开展，网球器材的改进与现代科学技术在网球领域广泛的渗透与移植，网球运动员的竞技水平也在不断提高，优秀网球运动员的竞技能力特征与评价标准也在发生相应变化。对网球运动员竞技能力特征与评价标准进行持续性的研究，可丰富我国网球训练理论，为网球运动动员的选材，训练监控以及对体育院校、网球学校招生、教学等提供理论参考依据。

二、研究目标

本书研究目标有以下四点。

(1)丰富网球运动员竞技能力理论体系，实现理论与实践有机结合，本书采用文献资料、专家调查、案例分析、数理统计相结合的方法，从训练学、生理学、心理学、测量评价学等层面全方位系统解析网球运动员竞技能力特征。

(2)本书根据网球项目的专项特点，结合网球技术特征，构建网球运动员竞技能力特征的理论体系和评价体系，从而实现网球运动员训练科学化。

(3)从系统论、整体论、协同论的角度建立起数据测试与运动成绩相匹配的网球运动员竞技能力各要素的结构特征和评价指标体系及评价标准，为教练员实时对运动员竞技能力训练进行监控，实现理论研究和实践研究有机结合。

(4)在构建网球运动员竞技能力特征指标体系的基础上，建立网球运动员竞技能力状态诊断标准，包括竞技能力各项指标，如身体形态、机能、素质、技术、战术以及心智能力各方面的评价模型以及评价标准，从而制订相对应的训练计划以提高青少年网球运动员的成绩。

三、研究任务

(1)对涉及网球专项特征与训练理论、网球运动员竞技能力、运动员竞技能力测试及评价标准等国内外相关文献进行综述，借鉴有价值的研究观点和研究思路及方法，指导本研究及作为研究的理论基础。

(2)深刻理解运动员竞技能力的内涵和特征，从运动训练学、道德学、心理学等基础知识对网球运动员竞技能力特征进行系统的宏观分析。

(3)对我国部分省市网球运动员竞技能力各因素指标进行测试，运用专家调查法和统计学方法，确定网球运动员竞技能力的一级指标、二级指标、三级指标以及权重系数，构建网球运动员竞技能力理论体系、评价指标体系和评价模型。

四、拟解决的关键问题

本书研究拟解决的关键问题主要包括以下几方面。

(一)网球运动员竞技能力结构模型及评价标准制订方法选择

对于网球运动员竞技能力的结构模型的建立以及评价标准的制订在目前的相关研究还很少，大多局限于对运动员竞技能力中各个因素的模型构建。对于评价标准也主要从定性的角度加以概述。本书要寻找一个能够从定性和定量上都能解释的评价标准系统必须采用科学有效的方法对构成网球运动员竞技能力的各个因素以及反映各因素的特征指标加以区分和筛选。同时对于评价标准的制订，需要在尽可能反应竞技能力特征的基础上，采用合理的方法划分各指标标准的划分区间，使其能够真实反映运动员的竞技能力水平等级。

(二)运动员竞技能力结构构成模型的构建

运动员竞技能力构成要素较多，且各要素之间相互作用，相互联系，甚至相互制约。首先，我们对运动员竞技能力的构成要素进行界定，分为体能、技能、战术能力、心理能力和运动智能这五个要素。其次，这五要素又涵盖了大量的子因素。如体能要素又可以细分为身体形态、身体机能和身体素质这些影响因素，同时这些因素还可以继续进行细化。因此影响运动员竞技能力的因素众多，结构和层次也比较复杂。最后，我们要从众多的竞技能力构成要素中筛选出具有显著性差异和具有代表性的指标，全面、客观地反映网球运动员的竞技能力。建构青少年网球运动员竞技能力模型，可以系统化地反映网球运动员的能力，也可以清晰地看出该运动员优势和弱势，这些都能成为促进网球运动员可持续发展的可操性指标。

(三)单因素发展水平模型的建立

影响网球运动员竞技能力是运动员在体能，技术，战术，心理和智能等多个方面能力的综合体现。运动员的体能、技术能力、战术能力、心理能力以及运动智能对于综合反映运动员的参赛能力是一个整体系统，相互依存，相互牵制。同时它们各自也有相对独立的特征。本书拟在建立青少年男子网球运动员综合竞技能力评价模型的过程中建立运动员单个因素的发展模型，方便运动员和教练员在训练和比赛中了解运动员在单个因素如体能、战术或者技术上的缺点和优点，更有效的指导网球训练。

(四)运动员竞技能力综合评价数学模型的构建

青少年男子网球运动员竞技能力的各评价指标对运动员竞技能力的影响程度是不一样的。在建立运动员竞技能力综合评价数学模型时要充分考虑各个指标在影响网球运动员竞技能力上的重要程度、对竞技能力的贡献率等，因此有必要构建运动员竞技能力分析评价数学模型，实现对运动员竞技能力的准确的综合评价。

(五)运动员竞技能力综合评价标准的检验

竞技能力评价标准的建立同样需要进行实际检验，通过挑取 12 名运动员，针对评价标准制订的训练计划进行为期两个月的训练。针对性的训练计划实施结束以后对 12 名运动员进行测试、数据分析及效果分析。根据测试结果与原先的测试结果进行对比，比较其各个指标的变化情况，得出相应的结论。

五、技术路线

本书在研究青少年男子网球运动员竞技能力评价体系及建立评价标准的过程中，首先通过查阅国内外相关运动员竞技能力以及构成因素方面的文献、期刊及著作，分析运动员竞技能力的构成因素以及表现形式，在前人研究成果的基础上结合运动员选材学以及运动员竞赛理论初步拟定展现网球运动员竞技能力的初选指标，并根据竞技能力的相关因素构建初选指标体系。然后由初选指标体系进行专家咨询修正，筛选出评定网球运动员竞技能力的测试指标体系。对测试指标体系进行样本测试和分析，得到测试指标的原始数据。运用统计方法和逻辑推理法再次筛选在不同等级运动员中具有显著性差异的特征指标体系，对这些特征指标进行分析、加权并建立竞技能力评价模型及评价标准。然后通过回代检验的方法对各个标准进行检验，验证评价标准的正确性，最后撰写本书，技术路线见图 1-2。

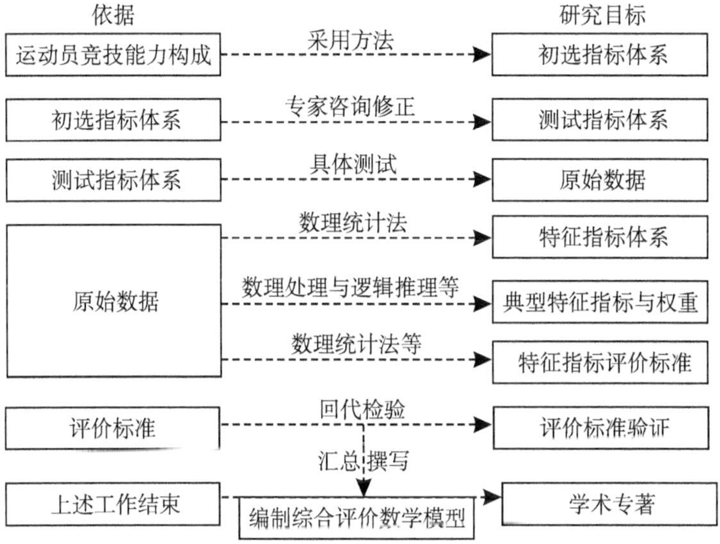

图 1-2

第二章　研究对象与方法

第一节　研究对象

以我国青少年男子网球运动员竞技能力各要素的结构模型与评价标准为研究对象，调查对象选取了在第六届城运会比赛网球项目成绩排名前五名省市的一线优秀网球运动员和教练员(见表2-1)。其中湖北队调查的一级运动员有6人，平均年龄16.06±1.01岁；二级运动员有9人，平均年龄15.34±2.32岁；三级运动员有11人，平均年龄14.68±2.45岁；教练员有5人，平均年龄39.01±2.11岁。

河南队调查的一级运动员有4人，平均年龄16.34±1.37岁；二级运动员有7人，平均年龄15.22±2.01岁；三级运动员有9人，平均年龄14.76±1.37岁；教练员有5人，平均年龄37.35±3.20岁。

天津队调查的一级运动员有5人，平均年龄16.06±2.22岁；二级运动员有8人，平均年龄15.37±1.43岁；三级运动员有10人，平均年龄15.01±1.41岁；教练员有3人，平均年龄41.22±2.21岁。

安徽队调查的一级运动员有4人，平均年龄16.27±1.59岁；二级运动员有6人，平均年龄15.41±2.58岁；三级运动员有7人，平均年龄15.49±3.48岁；教练员有4人，平均年龄43.14±3.12岁。

北京队调查的一级运动员有6人，平均年龄16.06±2.42岁；二级运动员有 6 人，平均年龄 15.45±1.73 岁；三级运动员有 12 人，平均年龄 14.95±3.48 岁；教练员有 3 人，平均年龄 40.23±3.25 岁。

全国五省份共调查 110 名运动员和 20 名教练员。从年龄结构上看，三级运动员的平均年龄最小，其次是二级运动员的平均年龄，平均年龄最大的是一级运动员。

另外通过采取随机抽样和整层抽样相结合的方式抽取参加第十三届全运会网球比赛成绩排名前八名省市的 40 名男子优秀运动员为测试对象(含北京北队一级运动员 5 人，浙江队一级运动员 6 人，天津队一级运动员 6 人，广东队一级运动员 4 人，江苏队一级运动员 4 人，湖南一级运动员 5 人，云南一级运动员 4 人，上海队一级运动员 6 人)，通过调查我国优秀网球运动员专项体能训练的方式，为我国青少年男子网球运动员竞技能力评价体系中体能训练部分的构建提供参考，为制订相适应的训练方案提供借鉴。

表 2-1 **研究对象基本情况表**

省份	运动员						教练员	
	一级人数	年龄(岁) $\bar{X}\pm s$	二级人数	年龄(岁) $\bar{X}\pm s$	三级人数	年龄(岁) $\bar{X}\pm s$	人数(N)	年龄(岁) $\bar{X}\pm s$
湖北	6	16.06±1.01	9	15.34±2.32	11	14.68±2.45	5	39.01±2.11
河南	4	16.34±1.37	7	15.22±2.01	9	14.76±1.37	5	37.35±3.20
天津	5	16.06±2.22	8	15.37±1.43	10	15.01±1.41	3	41.22±2.21
安徽	4	16.27±1.59	6	15.41±2.58	7	15.03±2.53	4	43.14±3.12
北京	6	16.06±2.42	6	15.45±1.73	12	14.95±3.48	3	40.23±3.25
合计	25	16.06±1.22	36	15.06±1.38	49	14.88±2.23	20	42.46±2.13

第二节 研究方法

一、文献资料法

查阅与本课题相关的文献资料，分析国内外网球运动员竞技能力研究的基本现状、发展趋势和存在的问题，重点研究网球后备人才竞技能力研究进展以及对青少年男子网球运动员竞技能力状态的诊断等。同时对收集的资料进行整理和分析，为本研究提供理论依据和研究思路。

二、专家访谈法

通过对国家队与各省市队教练员、运动员和相关专家科研工作者等36位专家(见表2-2)进行访谈座谈，访谈的内容主要有：对“青少年”网球“运动员竞技能力”的认识和理解；建立网球运动员竞技能力理论体系的相关问题；构建网球运动员竞技能力各要素评价指标体系的确立；网球运动员竞技能力监控与评价系统可靠性、有效性及可行性检验。以此为筛选和分析反应网球运动员竞技能力的指标提供依据。

表2-2 **专家职称统计表(N=36)**

	教授	副教授	讲师	教练员	合计
人数	7	5	4	20	36
百分比(%)	19.44	13.89	11.11	55.56	100

三、问卷调查法

查阅运动选材、训练、比赛方面的文献和书籍，针对网球运动员竞技能力的各个要素进行分析，并通过与网球教练员、运动训练理论等方面的专家进行交流，根据需要设计《14—18 岁青少年网球运动员竞技能力指标调查问卷》和《14-18 岁青少年网球运动员竞技能力指标专家咨询表》两份问卷，并在征求部分专家意见的基础上对问卷进行反复修订。问卷内容涉及网球运动员身体机能、身体素质、身体形态，运动技术、运动战术、运动心理以及运动智能等方面的内容。问卷通过直接送达、邮寄以及电话等方式开展，共发放 36 份，全部回收并且属于有效问卷。问卷采用利克特评分法赋值，指标按影响竞技能力程度的不同等级给予不同分数。按很重要、重要、一般重要、不重要、很不重要 5 个等级给予判定，给予 5、4、3、2、1 五个阶评价，本问卷采用特尔斐法进行统计。

(一)问卷内容效度

表 2-3 **调查问卷专家效度检验统计表（N=20）**

程度	很有效	有效	一般	不太有效	无效
专家意见	11	21	4		
百分比(%)	30. 56	58. 33	11. 11		

问卷制订以后在争取部分专家意见的基础上对问卷进行了反复的修改，然后对 36 名专家进行问卷效度调查，检验制订问卷的有效性。由检验结果(见表 2-3)来看，本次设计的问卷在内容上具有有效性。

(二)问卷结构效度

本问卷采用利克特(Likert) 五级量表评分法，对问卷的结构效度问题采用五级评分，包括从“5 分—非常有作用”到“1—完全没有作用”。经主成分分析和方差最大正交旋转生成特征根大于 1 的因子 3 个，累积方差贡献率为 87.265%。我们认为，该问卷的结构效度较好。

(三)问卷的信度检验

针对制订问卷信度的检验，本次问卷设计采用重测信度检验方法，在第一轮问卷调查结束以后对其中 20 名专家进行了再次问卷调查，经过两次问卷对比发现，其相关系数 $r=0.829$，$P<0.01$，由此可以认为本次问卷设计信度上具有可信性。

四、现场测试法

本书通过查阅相关文献以及问卷调查和访谈，确定了评价运动员竞技能力的指标库，然后通过专家问卷的方式对指标库中的指标进行筛选，确定评价运动员竞技能力的初选指标，并通过现场测试法对专家筛选出来的指标进行测试。

(1)测试目的：对专家筛选出来的指标进行测试，建立评价指标数据库，为数理统计与分析准备数据，将定性的指标分析转化为定量的指标评价。

(2)测试时间、地点、方法：测试于 2010 年 4 月—2012 年 9 月在湖北、安徽、北京、河南、天津网球运动管理中心进行。方法见附件 9《部分指标测试细则》。

形态和素质测试严格按照《运动员科学选材》测试细则的要求进行。

机能测试严格按照《优秀运动员机能评定方法》的要求进行。

心理测试意志品质、注意力特征、竞赛情绪采用运动员竞技心理能力和状态系统测试软件。

智力测试采用北京大学研制的心理实验系统软件。

选择反应时使用反应时测试仪。

技战术指标测试通过运动员比赛、录像观察，人工统计运动员比赛技战术结果。

(3)测试指标：本书根据专家筛选的竞技能力评价指标，按一级、二级、三级指标体系进行测试。包括了运动员身体形态、身体机能、身体素质、运动技术、运动战术以及心智能力测试指标(见表2-4)。

表2-4 **测试指标统计表**

运动员竞技能力评价测试指标		
一级	二级	原始指标三级
形态	长度指标	身高、坐高、指间距、上肢长、前臂加手长、下肢长、跟腱长、足长、上肢长/身高×100、指间距/身高×100、下肢长/身高×100、小腿长+足高/身高×100、坐高/身高×100、(身高-坐高)/坐高×100、手长/身高×100
	围度指标	胸围、腰围、臀围、足踝围、胸围/身高×100、小腿围/身高×100、大腿围/身高×100、上臂放松围、上臂紧张围、上臂围松紧差/身高×100、胸围-1/2身高
	宽度指标	肩宽、髋宽、肩宽/身高×100、手宽/手长×100、足宽/足长×100
	充实度指标	体重、体重/身高×1000、(体重+胸围)/身高×100
	体型指标	体型指数[(肩宽-髋宽)/髋宽×身高]
	体成分指标	上臂部皮褶厚度、腹部皮褶厚度、肩胛下角皮褶厚度、身体水分含量、体脂肪含量、肌肉量推测值、去脂体重、体脂百分数、WHR、BMR和BMI
素质	速度素质	30米跑、扇形跑
	力量素质	握力、背力、立定跳远、原地纵跳、五级蛙跳
	耐力素质	800米跑、3000米跑
	柔韧素质	坐位体前屈、正手侧摸背和反手侧摸背
	灵敏素质	左边线折返冲刺跑、右边线折返冲刺跑
	协调素质	一分钟双摇跳绳、闭眼单脚站立

续表

运动员竞技能力评价测试指标		
一级	二级	原始指标三级
机能	循环机能	心功能指数
	呼吸机能	肺活量比、脉压差、台阶指数、安静脉搏、收缩压、舒张压、肺活量
	神经机能	反应时
技术	发球技术	一发次数、一发成功百分比、一发得分、二发、双误
	接发球技术	直接得分、失分、破发成功、接发球得失分综合百分比
	底线抽球技术	主动得分、非受迫性失误(失分)、运用抽球技术得失分综合百分比
	网前主动拦截技术	平均每盘使用次数、成功次数、失败次数、网前主动拦截得分百分比
	中前场拦截技术	平均每盘使用次数、成功次数、失败次数、中前场拦截得分百分比
战术	主动得分	平均每盘本方得失分、主动得分百分比、主被动失分百分比
	前四拍和相持阶段得失分	平均每盘本方得失分、前四拍得分百分比、相持阶段得分百分比
心理	神经类型	简单反应、辨别反应、复杂反应二、复杂反应四、翻转反应时、
	操作思维	河内塔步数、时间
	意志	意志总分
	气质	气质类型
智能	智力总分	智力总分

测试人员：本次测试指标涉及表现运动员竞技能力身体心态、身体机能、身体素质、运动员技战术以及心智能力等方面一百多个指标。指标多，测试复杂，仪器设备多，操作难度较大，因此，测试人员的能力

和水平直接影响到本次测试的客观性。本次论文研究中的测试员都来源于武汉体育学院2009级和2010级网球专业的学生。在测试前，从武汉体育学院网球专业学生中挑选出了23名学生作为测试员，并进行了为期3周的培训，培训内容包含了所有测试指标的测试方法以及测试仪器的操作使用等。在测试过程中也得到了各个网球中心领导、教练员及运动员的大力支持和配合。

五、数理统计法

(1)对本书调查、咨询、访问、测量所得的有效数据，根据社会调查统计方法和体育统计学基本原理，在电脑上运用Eexcel2000和SPSS11.5软件进行录入和基本统计，并对统计结果进行单因素方差分析、独立样本T检验、因子分析(主成分分析)、百分位法分析等，以保证数据统计结果的可靠性。

(2)本书在研究网球运动员竞技能力模型及评价标准的过程中，对运动员技战术指标主要通过运动员比赛进行统计。本次一共统计了5个省市，运动等级在一级、二级、三级标准的110名网球运动员376场比赛(见表2-5)。所有比赛均采用相同等级运动员间的单循环赛，每场比赛只打一盘，采用抢七规则，无占先。

表2-5 **比赛场数及等级运动员人数表**

分布省市	一级运动员		二级运动员		三级运动员	
	人数	比赛场数	人数	比赛场数	人数	比赛场数
湖北	6	15	9	36	11	55
河南	4	6	7	21	9	36
天津	5	10	8	28	10	35
安徽	4	6	6	15	7	21
北京	6	15	6	15	12	61
合计	25	52	36	115	49	209

六、逻辑分析法

对于网球运动员竞技能力评价标准指标体系的建立采用逻辑分析法，借助统计方法确定各竞技能力因子指标体系的筛选过程，并针对筛选出来的指标结合运动训练理论以及运动员比赛中的实际表现，分析其在整体评价体系以及竞技能力单项因素中评价深度。

第三章　“青少年”网球“运动员竞技能力”概念的界定

第一节　对“青少年”时期的界定

一、心理学中不同界定标准对青少年期的划分

心理学领域对青少年期的界定还存在分歧。生物的、认知的、情绪的以及人际关系等方面的划分标准受个体成熟因素的影响较大，对青少年期的界定差异不大。如生物学标准所界定的青少年期起于12~13岁，止于17~18岁。法律也规定12~13岁个体进入少年期，在18岁左右获得法定的成人资格。这两个标准对青少年期的界定比较稳定，存在一致性。而教育的、文化的以及法律的标准则受文化和社会因素的影响较大，对青少年期的界定差异较大。大多数国家会以完成学校教育作为青少年期的终止时间，但发达国家学生接受教育的时间普遍较长，因此发达国家和发展中国家在青少年期的年龄差异较大。

我国发展心理学界把青少年期界定为11~12岁至17~18岁这一发展阶段，这一阶段涵盖了11~12岁至14~15岁的少年期和14~15岁至17~18岁的青年初期。

二、不同历史时代对青少年期的划分

在中国古代，《礼记》《内则》《大戴记》《保傅》《新唐书·选举志上》和《宋史·选举志》均记载了有关青少年期的界定。但不同的史料对青少年期起止时间的划分还存在一定的差异。如《大戴记》《保傅》记载男子从13岁左右进入少年期到30岁结束青年期进入成年期。而《宋史·选举志》中把年龄放宽至13岁，到宋真宗时放宽至15岁。

在古代雅典，古希腊哲学家柏拉图把儿童和青少年受教育的阶段划分为3~6岁，7~12岁，12~16岁，16~18岁和18~20岁五个阶段。在封建社会，世俗封建主的教育认为7岁到21岁是青少年期。古代对青少年期的界定分歧也比较大，概念也比较笼统。

三、不同学科领域对青少年期的划分

青少年的年龄界定根据不同学科领域的发展规律，划分标准上具有不同的认识。在医学和儿童少年卫生学领域主要以临床上人体生长发育来界定。一般在11~12岁男孩和女孩进入青春发育期，女孩在16岁左右子宫发育完全，到18~20岁的时候停止生长；男子在16~17岁前列腺迅速成长，开始遗精，到20~22岁停止生长，所以认为青少年的时期在16~22岁之间。在教育学领域主要以学生生理、心理发育确定的学制为依据，把儿童进入中学的年龄作为青少年开始的年龄，一般在11~12岁。把大学阶段定位青年的结束期，一般在20~23岁。因此，在教育学领域将11~22岁确定为学生的青少年时期；在生理学领域对青少年的年龄划分近似于医学和儿童卫生领域的划分依据，主要以生长发育、生理机能变化来划分。但划分结果也略有不同，生理学和生物化学问题第七届学术讨论会通过的个体发育年龄分期模式规定，青少年期男子定为13~21岁，女子定为12~20岁。另外还有其他一些领域对青少年年龄的论述，例如在文学艺术领域，《红楼梦》中把15岁看成少年向成年过渡的年龄；列夫·托尔斯泰的三部曲中把15岁作为少年向青年过渡的转变年龄。青年期的结束年龄，一般都认可在 30 岁左右。还有在社会政治工作领域，少先队的年限在 7~14 岁，团员的期限在 14~25 岁，如果把超龄团员和团外青年都算上，这个年龄区划分范围到 30 岁左右都可以算作青年工作的范围。由此可见，不同学科上对青少年年龄的界定不尽相同。

第二节　“青少年”网球运动员年龄的界定

通过以上不同学科、不同时代划分标准以及各个领域对青少年年龄的论述可以发现，目前对于青少年的年龄界限还存在许多争议，不同的学科以及各个划分标准对于青少年的年龄都有其界限。从对年龄划分的范围来看大致区间在 12 到 30 岁之间，而网球运动员的年龄就青少年而言也没有特别的规定，但 2012 年国际青少年巡回赛中对参数运动员的年龄要求的是出生时间在 1994 年 1 月 1 日到 1999 年 12 月 31 日之间，年龄必须超过 13 岁；本书就网球运动员青少年的年龄范围咨询了相关教育学专家以及湖北体育队等部分体育教练员，最终根据网球运动的比赛特点将本次研究中网球运动员青少年的年龄确定为 14~18 岁。

第三节　网球“运动员竞技能力”概念的界定

竞技能力即指运动员的参赛能力。由具有不同表现形式和不同作用的体能、技能、战术能力、运动智能以及心理能力所构成，并综合地表现于专项竞技的过程之中，即运动员在竞技运动中表现出来的运动能力。网球运动是一项动作精细、技战术复杂多变的对抗性项目，由连续的、短时间的、爆发性动作组成，也是一项强度不断变化的、非周期性运动。因而作为网球运动员应该具有此项目特有的竞技能力。根据田麦久在《项群训练理论及其运用》中研究：网球是对体能要求较高的技能主导类隔网对抗性项目。运动员的竞技能力主要包括运动员的体能、技术、战术、心理和智能五个方面，其中，体能还分为身体形态、身体机能、身体素质等。运动员的竞技能力各要素在不同项目中重要程度不同。

青少年网球运动员竞技能力主要是指青少年网球运动员参加比赛中为了获得比赛优异成绩所具备在身体机能、身体素质、身体形态、运动技术、运动战术、心理能力以及运动智能等方面的综合能力。研究网球运动员的竞技能力主要包含其构成要素，组成结构、各因素的功能以及它们之间的相互关系。通过以上剖析，青少年网球运动员的竞技能力可界定为“青少年网球运动员个体在以身体练习为主要形式的运动场上所体现的综合素养”。该定义界定了①是青少年网球运动员个体，而不是模棱两可的运动员；②是综合素养，而不是本领或能力，因为本领太窄，用能力定义“能力”会犯同义反复的定义错误。

第四章　我国优秀网球运动员专项体能训练现状及问题分析

网球专项体能训练指在运动训练中运用网球运动自身动作、专项技术类似练习、符合竞技发展需要的手段提高运动员专项体能的训练。专项体能训练作为提高优秀网球运动员竞技能力的重要组成部分，对于提高其专项成绩至关重要。通过分析我国优秀网球运动员专项体能训练的现状内容，为该书构建青少年男子网球运动员竞技能力评价标准以及配套训练方案的制订提供合理的参考。

第一节　我国优秀网球运动员专项体能训练内容现状

通过调查走访十三届全运会网球比赛运动员了解到，100%的调查者选择力量训练、专项速度训练和专项耐力训练，95%的调查者选择专项灵敏训练，90%的调查者选择专项柔韧训练，由此可以看出五种体能训练所占的比重均比较高(见表4-1、图4-1)。

表4-1　**我国优秀网球运动员专项体能训练内容调查表(N=40)**

	专项力量训练	专项速度训练	专项耐力训练	专项柔韧训练	专项灵敏训练
选择人数	40	40	40	36	38
百分比(%)	100	100	100	90	95

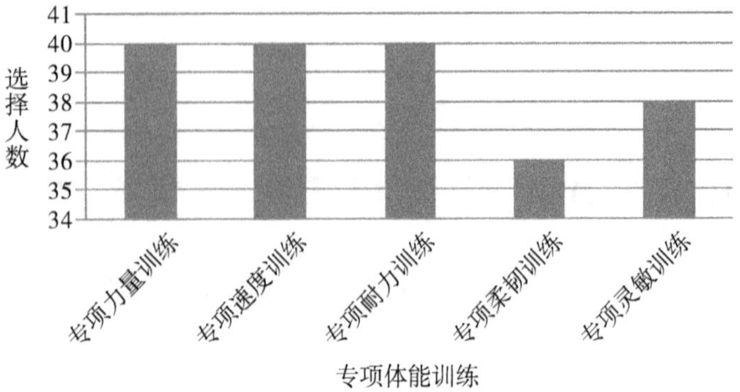

图 4-1　我国优秀网球运动员专项体能训练内容分布图

综合看来，我国优秀网球运动员专项体能训练内容以专项力量训练、专项速度训练、专项耐力训练、专项柔韧素质训练、专项灵敏训练为主。专项体能训练作为提高运动员专项训练成绩的重要训练内容，对于运动员竞技能力可持续发展具有重要作用。

第二节　我国优秀网球运动员专项体能训练方法及手段现状

一、我国优秀网球运动员专项力量训练方法及手段现状

通过对我国优秀网球运动员专项力量训练调查统计结果表明，优秀网球运动员开展的专项力量训练内容比较丰富多样，其中选择人数最多的是手持杠铃片做正反手抽球，占调查总数的 100%；其次是跪姿投掷实心球，占调查总数的 97. 5%；然后是斜上方掷实心球，占调查总数的 95%；转体传球，占调查人数的 92. 5%；后面依次是立姿前掷网球、双手前掷实心球、双手后掷实心球、跳横箱、侧蹬练习、3RM 卧推、3RM 坐姿平拉、3RM 半蹲、双脚原地纵跳摸高和立定跳远(见表 4-2)。

通过力量素质的训练可以促进运动员专项技术的完成，因此选取与专项技术相似的动作设计出力量训练的动作，具体训练目的和训练参数如下。

表 4-2　我国优秀网球运动员专项力量训练使用手段方法调查统计表(N=40)

序号	手段方法	使用频数	百分比(%)	排序	重物重量/kg	练习组数	练习次数	组间歇(分)	每周练习(次)
1	手持杠铃片做正反手抽球	40	100	1	自身重量	3~5	6~10	1~2	2~4
2	跪姿投掷实心球	39	97.5	2	自身重量	2~3	10~15	1~2	2~4
3	斜上方掷实心球	38	95	3	自身重量	2~3	10~15	1~2	2~4
4	转体传球	37	92.5	4	自身重量	3~5	6~10	1~2	2~4
5	立姿前掷网球	36	90	5	自身重量	3~5	6~8	1~2	2~4
6	双手前掷实心球	35	87.5	6	自身重量	3~5	6~8	1~2	2~4
7	双手后掷实心球	34	85	7	自身重量	2~3	5~10	1~2	2~4
8	跳横箱	33	82.5	8	自身重量	2~3	10~15	1~2	2~4
9	侧蹬练习	32	80	9	自身重量	2~3	10~15	1~2	2~4
10	3RM 卧推	31	77.5	10	自身重量(30%)	2~3	10~15	1~2	2~4
11	3RM 坐姿平拉	30	75	11	自身重量(30%)	2~3	10~15	1~2	2~4
12	3RM 半蹲	29	72.5	12	自身重量(30%)	2~3	10~15	1~2	2~4
13	双脚原地纵跳摸高	28	70	13	自身重量	3~4	6~8	1~2	2~4
14	立定跳远	27	67.5	14	自身重量	3~4	6~8	1~2	2~4

(1)手持杠铃片做正反手抽球，主要用于发展正反手抽球动作所需要的躯干及上肢肌肉快速力量，通过运动员手持杠铃片模仿正反手抽球

动作，一般练习组数为 3~5 组，每组练习 6~10 次，组间歇时间为 1~2 分，每周练习 2~4 次，其中杠铃片的重量不宜太重，柔则影响动作速度，练习时要体会身体的发力顺序，先通过蹬地，进而转髋、转肩，全身协调的发力顺序。

(2)跪姿投掷实心球，提高运动员躯干与上肢快速力量，运动员两膝转肩稍宽跪立，单手持杠铃片，躯干向后转体，利用转体的力量将球投掷出去。在训练安排上，2~3 组/次，10~15 次/组，间歇为 1~2min，2~4 次/周。

(3)斜上方掷实心球，主要发展躯干快速力量。侧身对墙，两脚较肩稍宽平行站立，双手持实心球，屈膝身体左转用力将实心球向墙的斜上方掷出。接住反弹回的实心球，重复进行投掷。一般练习组数为 2~3 组，每组练习 10~15 次，组间歇时间为 1~2 分，每周练习 2~4 次。

(4)转体传球，主要发展躯干的快速力量，两人面对面站立，中间相距 1 米距离，一人持实心球转体时抛向另外一人，另外一人接住球时，再将球传出，进行重复练习。一般练习组数为 2~3 组，每组练习 10~15 次，组间歇时间为 1~2 分，每周练习 2~4 次。

(5)立姿前掷网球，主要是增强运动员全身爆发力，双脚前后站立，侧身先将放于脑后部，将球经肩上向前方掷出，注意肌肉发力的顺序，动作要协调，上下肢结合，不能局部用力。一般练习组数为 3~5 组，每组练习 6~8 次，组间歇时间为 1~2 分，每周练习 2~4 次。

(6) 双手前掷实心球，主要发展全身爆发力，运动员双手持球，将球举起放于脑后，躯干向后倾斜重心放于后脚，屈膝下肢用力蹬伸将球掷出。通常选取练习的组数为 3~5 组，每组练习 6~8 次，组间歇时间为 1~2 分，每周练习 2~4 次。

(7)双手后掷实心球，主要发展全身爆发力，运动员两脚与肩同宽站立，两手持实心球，身体前屈，手接近地面，接着下肢蹬伸上体迅速抬起，顺势将球向后方掷出。一般练习组数为 2~3 组，每组练习 5~10 次，组间歇时间为 1~2 分，每周练习 2~4 次。

(8)跳横箱，可以提高下肢的快速力量，侧重于侧向移动能力及平衡稳定能力。运动员一脚着地，另一脚在箱子上面正中位置，视线在箱子上，双臂微展，以持拍动作，稍稍上台箱子上的腿，迅速移动中心至另一侧，训练过程中注意保持低重心，跳过箱子后，双脚同时触地(即同时落在地面和箱子上)，迅速向反方向重复该练习。一般练习组数为2~3组，每组练习10~15次，组间歇时间为1~2分，每周练习2~4次。

(9)侧蹬练习，主要提高步法的快速性、侧向移动能力及平衡稳定能力，运动员左脚站于两个斜板中间，先右脚放于右侧木板上，右脚快速蹬离木板，左脚移到左侧木板上，然后是左脚快速蹬离木板，右脚移到右侧木板上，最后双脚交替反复蹬离木板。注意在练习过程中，身体重心要低，上体不宜过于前倾。

(10)3RM卧推，主要发展上肢的爆发力。运动员仰卧在卧推凳上，身体与凳及地面做到“五点”接触，平躺位置以眼睛所处位置为标志，眼睛在支架的正下方，抓距略比肩宽，先向下移动杠铃，放于胸前，再将其推起，直至肘关节伸直，为完成一次动作。一般练习组数为2~3组，每组练习10~15次，组间歇时间为1~2分，每周练习2~4次。

(11)3RM坐姿平拉，主要发展肌肉的力量耐力。运动员双手握住器材手柄，双脚自然放于地板上，两手之间的距离比较稍宽，身体尽量向后靠，手臂尽量充分伸展，做动作时，朝着胸部方向拉动手柄，同时身体向后倾斜，速度要缓慢，不能太快，手臂开始弯曲，当双手临近贴近胸部时，然后将手臂慢慢伸直，身体的姿势尽量保持不变。一般练习组数为2~3组，每组练习10~15次，组间歇时间为1~2分，每周练习2~4次。

(12)3RM半蹲，主要发展运动员的的快速力量和力量耐力。两脚的站位略比肩宽，杠铃放于运动员肩上，双手自然放在杠铃杆上，下蹲至大腿与地面成90度时，再蹬地伸髋，回到开始位置。一般练习组数为2~3组，每组练习10~15次，组间歇时间为1~2分，每周练习2~

4 次。

(13)双脚原地纵跳摸高，主要发展运动员的下肢爆发力，运动员双脚并拢，面向墙壁站立且身体保持正直，然后双臂充分摆臂以助跳，最后跳跃到最高的高度，单臂摸高。一般练习组数为 3~4 组，每组练习 6~8 次，组间歇时间为 1~2 分，每周练习 2~4 次。

(14)立定跳远，主要发展下肢肌肉的快速力量，运动员站在沙坑前面，两脚站位略比肩宽，然后屈膝蹬地，再此之前双臂迅速向上，迅速跳起，落地是收腿进行缓冲。一般练习组数为 3~4 组，每组练习 6~8 次，组间歇时间为 1~2 分，每周练习 2~4 次。

通过以上训练方法看出，不同的训练方法对运动员训练目的的侧重点是不同的，但主要以快速力量为主，在网球项目中快速力量的训练具有专项的特点，但是我们在训练的过程中，不能只顾及力量训练，要结合网球技术动作的练习，这就是专项力量与一般力量的区别。

二、我国优秀网球运动员专项速度训练方法及手段现状

表 4-3　**我国优秀网球运动员专项速度训练使用手段方法调查统计表(N=40)**

序号	内容	使用频数	百分比(%)	排序	练习组数	练习次数	组间歇(分)	每周练习(次)
1	坐姿起动训练	38	95	1	3~5	3~5	1~2	2~4
2	单打边线折返跑	36	90	2	2~3	4~10	1~2	2~4
3	5 米冲刺跑	34	85	3	3~6	1~2	2~5	2~4
4	10 米冲刺跑	33	82.5	4	3~6	1~2	2~5	2~4
5	20 米冲刺跑	32	80	5	3~6	1~2	2~5	2~4
6	下坡跑	30	75	6	3~5	1~2	1~2	2~4
7	小步跑	28	70	7	3~5	3~5	1~2	2~4
8	后蹬跑	27	67.5	8	3~5	3~5	1~2	2~4

通过对我国优秀网球运动员专项速度训练调查统计结果表明，选择人数最多的是坐姿起动训练，占调查总数的95%；其次是单打边线折返跑，占调查总数的90%；然后是5米冲刺跑，占调查总数的85%；接着依次是10米冲刺跑、20米冲刺跑、下坡跑、小步跑和后蹬跑(见表4-3)。具体训练目的和训练参数如下：

(1)坐姿起动训练，主要培养运动员快速起动能力、制动能力和灵活性。运动员坐在地上，腿部向前伸直，两脚着地，听到信号时，快速起身，向前冲刺5米，运动员通过用力摆臂加快腿部频率，在标志物处迅速停住，然后放松走到起点。从坐姿开始重复以上训练。一般练习3~6组/次，3~5次/组，组间歇时间为1~2分，2~4次/周。

(2)单打边线折返跑，主要培养运动员不同方向的起跑能力和平衡控制能力。运动员站在网球单打线的一端，运动员听到口令或视觉信号后迅速跑向另外一端，主动刹车，迅速回到起点。一般练习安排为3~4组/次，4~10次/组，组间歇时间为1~2分，2~4次/周。

(3)5米短跑、10米短跑和20米短跑，主要培养运动员的加速度和最大速度能力。测量冲刺的距离，运动员站在起点，听到了口令或视觉信号，运动员竭尽全力冲刺完成规定的距离，一般练习安排为3~4组/次，4~10次/组，组间歇时间为1~2分，2~4次/周。

(4)下坡跑训练，主要提高运动员的加速能力。坡度的长度为15米，坡度的倾斜角度为3~7度，平地长度设置15米，运动员先下坡跑，最后在平地上进行冲刺跑(使运动员在没有助力的情况下，保持较高的速度)。一般练习组数为3~5组，每组练习1~2次，组间歇时间为1~2分，每周练习2~4次。

(5)小步跑，主要发展运动员脚掌的动作速度和踝关节的屈伸肌群的力量。采用很小的步长慢跑，膝关节放松，强调脚掌的蹬地和踝关节的屈伸动作，以脚掌蹬离地面，跑15米为一组，一般练习组数为3~5组，每组练习3~5次，组间歇时间为1~2分，每周练习2~4次。

(6)后蹬跑，主要提高运动员腿部伸肌肌群的快速力量和蹬离地面的动作速度。从慢跑开始，尽可能的向前上方充分蹬离地面，摆动腿屈膝抬腿，然后积极落地完成蹬地动作。一般练习组数为 3~5 组，每组练习 3~5 次，组间歇时间为 1~2 分，每周练习 2~4 次。由此可见，我国优秀网球运动员专项速度训练以起动能力训练、疾速跑能力训练、助力速度训练和跑动技术训练为主。

三、我国优秀网球运动员专项耐力训练方法及手段现状

通过对我国优秀网球运动员专项耐力训练调查统计结果表明，选择人数最多的是 20 米折返跑，占调查总数的 95%；其次是使用发球机接球、捡球，占调查总数的 92.5%；然后是 4 名运动员对打，占调查总数的 90%；接着依次是三角游戏、“风挡”练习、凌空传递和专门底线员(见表 4-4)。具体训练安排如下。

表 4-4　**我国优秀网球运动员专项耐力训练使用手段方法调查统计表(N=40)**

序号	内容	使用频数	百分比(%)	排序	练习组数	练习次数	组间歇(分)	每周练习(次)
1	20 米折返跑	38	95	1	3~5	2~3	1~2	2~4
2	使用发球机接球、捡球	37	92.5	2	2~3	200~220	20~30	2~4
3	4 名运动员对打	36	90	3	2~3	40~50	10~15	2~4
4	三角游戏	35	87.5	4	8~10	4~6	1~2	2~4
5	“风挡”练习	34	85	5	8~10	4~6	2~5	2~4
6	凌空传递	33	82.5	6	2~3	20~30	5~10	2~4
7	专门底线员	32	80	7	2~3	20~30	20~30	2~4

(1)20 米折返跑。该训练中有多个急停、起动和改变方向的动作，与网球运动比较类似，训练安排：3~5 组/次，2~3 次/组，组间歇时间为 1~2 分，2~4 次/周。

(2)使用发球机接球、捡球。发球机选择性向左角和右角发球(频率为20~22个球/分钟)，两名运动员交换接球，每人连续接3~6个，第3名运动员捡球，每名运动员持续20分钟左右，且通过反手削斜线球或正手底线球，以能够得分的方式和频率进行网前截击。

(3)4名运动员对打。场地两端分别站两名运动员，一方的运动员只打直线球至底线，另一方的运动员只打斜线球。两组双打的路线都是目标区域，每个运动员连续打2个球，持续10分钟，4个球以后运动员交换，1分钟后或同一个球被打回原位置。

(4)三角游戏。一名运动员站在反手角的位置发球，将球向左或向右打出。第2名运动员尽力回球给第1名运动员。一般练习组数为8~10组，每组练习4~6次，组间歇时间为1~2分，每周练习2~4次。

(5)“风挡”练习。运动员站在底线，由教练员选择性的给其喂球，运动员快速跑动，运动员根据之间跑动的位置选择正手或反手将球打过网，可以选择常规落地后击球，也可以选择凌空抽球。练习安排一般是：8~10组/次，4~6次/组，组间歇时间为1~2分，2~4次/周。

(6)凌空传递。教练员在场地上进行抛球，运动员站在底线位置，当教练员抛球时运动员通过自身的快速移动，跑动到合理的位置进行凌空抽球，然后迅速退回底线，一般练习组数为2~3组，每组练习20~30次，组间歇时间为1~2分，每周练习2~4次。

(7)专门底线员。不带发球的网球比赛，使用乒乓球比赛的计分办法，回合从一个落地球开始，不允许在发球区打凌空球。两名运动员中的一方只允许在场地2/3处打正手(反手)，得10分后交换。一个运动员在回合开始时站在场地一角，回合从该运动员沿底线冲刺跑动接球开始，每个回合后交换，两名运动员中的一方站在网前位置(球拍触网)。由对方打出高球，回合从网前运动员向后跑动击球开始，每个回合后交换。一般练习组数为2~3组/次，20~30次/组，组间歇时间为20~30分，2~4次/周。综合看来，我国优秀网球运动员的专项耐力训练与网球的非周期性运动相结合，发展专项所需的耐力。

四、我国优秀网球运动员专项柔韧训练方法及手段现状

通过对我国优秀网球运动员专项柔韧训练调查统计结果表明，选择人数最多的是正手侧摸背，占调查总数的95%；其次是反手侧摸背，占调查总数的90%；然后是PNF，占调查总数的85%；接着依次是大腿内侧伸展和坐位体前屈(见表4-5)。在网球运动中，运动员需要快速的脚步移动到达合理的击球位置来完成精准的击球，这不仅对运动员速度素质有一定的要求，同时对运动员柔韧素质也有比较高的要求。良好的柔韧素质还可以一定程度上避免运动损伤，同时也保证更好地完成一些技术动作。具体训练安排如下。

表4-5　我国优秀网球运动员专项柔韧训练使用手段方法调查统计表(N=40)

序号	内容	使用频数	百分比(%)	排序	练习组数	练习次数	组间歇(分)	每周练习(次)
1	正手侧摸背	38	95	1	3~5	4~10	1~2	2~4
2	反手侧摸背	36	90	2	2~3	4~10	1~2	2~4
3	PNF	34	85	3	3~6	1~2	2~5	2~4
4	大腿内侧伸展	32	80	4	3~6	1~2	2~5	2~4
5	坐位体前屈	30	75	5	3~5	3~5	1~2	2~4

(1)正手侧摸背。右手臂朝后伸直，左手从下朝上两臂握住，一般练习3~5组/次，4~10次/组，组间歇时间为1~2分，2~4次/周。

(2)反手侧摸背。左手臂朝后伸直，右手从下朝上两臂握紧，一般练习3~5组/次，4~10次/组，组间歇时间为1~2分，2~4次/周。

(3)PNF。运动员与同伴相互结合，首先由同伴帮其被动拉伸10秒钟，当运动员感到拉伸程度中度不适时，同伴继续用力，此时运动员需要自身发力来对抗外界的阻力，保持腿部的位置不移动，进行一种等长

收缩(静力)，保持6秒钟，运动员腿部放松，此时同伴对运动员进行被动牵动，保持30秒。

五、我国优秀网球运动员专项灵敏训练方法及手段现状

灵敏性是运动员多种因素作用下的表现形式，是指运动员突然受到外界变化而做出的迅速的动作反应，在网球项目中，运动员快速的动作反应和变换方向的能力，可以提高网球运动员防守和进攻能力，良好的灵敏素质可以发挥出运动员的最大速度、控制力，同时减少运动员能量的消耗和不必要的动作。通过对我国优秀网球运动员专项灵敏训练调查统计结果表明，选择人数最多的是左边线转前冲刺跑，占调查总数的100%；其次是左边线转前冲刺跑，占调查总数的95%；然后是左边线折返冲刺跑，占调查总数的92. 5%；接着依次是右边线折返冲刺跑和六边跳测试(见表4-6)。具体训练安排如下。

表4-6　**我国优秀网球运动员专项灵敏训练使用手段方法调查统计表(N=40)**

序号	内容	使用频数	百分比(%)	排序	练习组数	练习次数	组间歇(分)	每周练习(次)
1	左边线转前冲刺跑	40	100	1	2~3	1~2	1~2	2~4
2	右边线转前冲刺跑	38	95	2	2~3	1~2	1~2	2~4
3	左边线折返冲刺跑	37	92. 5	3	2~3	1~2	1~2	2~4
4	右边线折返冲刺跑	36	90	4	2~3	1~2	1~2	2~4
5	六边形跳练习	35	87. 5	5	4~5	2~3	1~2	2~4

(1)左边线转前冲刺跑、右边线转前冲刺跑、左边线折返冲刺跑、右边线折返冲刺跑，均是根据既定的路线进行程序化灵敏训练，一般练习组数为2~3组，每组练习1~2次，组间歇时间为1~2分，每周练习2~4次。

(2)六边形跳练习。用60厘米宽的带子标出一个六边形图案，对称边保持平行，在整个练习中面对同一个方向，由里向外跳，再向内跳，然后越过毗邻的一条线，但不得触及任何一条线，一般练习组数为4~5组，每组练习2~3次，组间歇时间为1~2分，每周练习2~4次。

第三节　我国优秀网球运动员专项体能训练存在问题分析

一、体能训练手段简单化

以生物适应的视角对体能进行观察和分析可以发现，影响运动员体能训练的效果主要有训练方式和负荷，通过合理的制订训练手段从而对运动员身体进行有规律的刺激，其中负荷的大小从一定程度上决定了运动员机体受到刺激的程度，通过合理的训练手法的选择和使用可以有效确定运动员体能训练的发展方向，在我国较为优秀的网球运动员通常在这两方面具有一定的盲目性，具体表现为体能训练的方法较为单一而且模式较为落后，例如在力量训练时基本都采用了杠铃训练。就世界内较为先进的力量训练方法而言，不仅可以使用杠铃训练，还可以采用综合力量训练器、电刺激器等较为先进的设备进行。就速度训练而言，国内许多体能教练认为通过加速跑可以有效训练运动员速度。耐力训练则通过长跑的形式完成，实际上，这些都是没有针对性的训练方式，真正的体能训练方式应当有针对性，而且手段较为丰富，而目前我国的体能训练不仅方式较为单一，形式较为相似，而且就体能训练的柔韧性要求和灵敏性要求并没有做到全方位的训练。同时，优秀的运动员在训练项目方面几乎与普通运动员没有区别，因此这种盲目训练的效果较差，不能形成有效刺激，因此运动员体能训练的实际价值较低，很难真正意义上提升运动员体能。

二、对专项体能训练存在理解偏差

通过与国内网球教练沟通，并进行了实地考察后发现，我国的教练员对现代网球运动的本质认识不深，而且也不够全面，在日常训练过程中只注重技术和战术两方面的训练，并未重视体能训练，从另一个角度来看，我国的教练员在对优秀的网球运动员进行体能训练时通常在认识上出现了走极端的现象，其中，一类教练认为网球的球技训练可以取代传统的体能训练，因此无需再花费时间进行额外的体能训练。这一类的教练员仅仅看到了球技的重要性，而忽略了在比赛当中运动员体能对其发挥的影响，最终可能会降低运动员实际的技术优势，给其发展带来较大的限制，另一类教练员的体能训练倾向是脱离实际网球运动的，仅仅通过传统的长跑和杠铃的训练就认为可以提升运动员的实际体能，而这一训练模式仅在 20 世纪 50 年代时才有应用，随后很快就被西方国家淘汰，主要是因为这种训练方法的效果差、耗时长，但我国并没有因此而改用其他更有效率的方法。

三、缺乏系统化的评价体系

通过观察网球运动的体能训练课发现，教练员对运动员进行体能训练时采用的都是整体训练，没有根据体育运动的实际内容针对运动员的肌肉、关节、骨骼等进行训练，与此同时，教练员在训练运动员之前只做了示范，但很多运动员不能及时掌握训练动作的要领导致姿势或者动作错误，而教练员也不能及时纠正他们的错误，如果用错误的动作继续训练不仅不利于提升运动员的体能，反而还可能让运动员伤病的概率增加。同时每个运动员的身体素质情况不同，每个人能接受的体能训练项目和强度不一样，一旦超过了身体自身的负荷极限就会发生伤病。总体来说，我国没有一个科学的体能训练标准，无法建立完善的训练体系，因此很难在实际训练当中落实。

四、缺乏对科学训练体系的教育与认知

体能训练能够有今天的发展离不开相关学者对体能训练的相关理论和实践的研究，不过我国的体能训练并没有形成科学合理的体系，在优秀的网球运动员进行体能训练时，一般都需要结合网球运动的实际特征，并结合运动员的年龄特征，从而制订一套符合网球运动竞技要素的训练方案。为此，体能训练的内容应当控制好节奏、时间和强度，不过在实际的训练过程中，许多教练员不能对其形成合理的认知，一般都是延续传统的体能训练方式，导致我国现代的网球运动员体能训练效率较差，同时由于对体能训练缺少科学的认知，使得运动员的实际体能情况达不到预期效果，因此运动员的实际竞技水平将大幅度下降。

第五章　不同等级青少年男子网球运动员竞技能力要素的选择与分析

第一节　不同等级青少年男子网球运动员专项体能要素选择的理论依据

一、功能性训练理论

功能性训练理论是结合了多年的实际经验以及相关的研究结果所得出的运动员体能训练理论。功能性训练理论指出，运动员可以通过传统的体能训练获得较好的无氧和有氧能力以及发达的肌肉，同时在运动员进行体能训练的过程当中，通过反复训练或者增加运动强度的方式使运动员获得更良好的体能，不过在此过程中并没有对柔韧素质进行训练，一般在功能性训练的过程中，主要对运动员的专项运动能力即逆行强化，从而制订与之相匹配的训练方案。首先，运动员的转向体能训练应当符合运动员所从事运动的特点，从不同的方面入手对运动员进行全方位又有针对性的训练，严格控制训练的种类、强度和频率；其次，由于比赛性质的不同，对运动员肌肉结构的要求也不同，因此应当提升体能训练的专一性，进一步缩小日常训练与正式比赛中体能的差距。

功能性训练理论的主要目的是通过训练消除日常训练所需体能与比赛时所需体能的差距，其训练策略是训练内容的设计要富有专业化并要有个体针对性，其训练效果可以通过实际赛场的运动反应和结果所表现出来，在实际的网球提升训练当中，需要考虑到运动员肌肉动作、身体代谢、专门移动、轨迹情况等一系列内容对体能训练的结果进行评价；其次根据网球运动的特点，以及相关取胜因素的分析，可以对运动员体能训练的基本类型进行分析和确定，例如在力量方面主要是采用哪种力量，耐力要达到什么样的标准等，同时以网球运动的体能要求本身入手，对网球体能训练当中不同项目的重要程度进行评估，最后要总结所有观点，从而确定不同体能训练的具体方法和相应的手段。

二、周期训练理论

在 20 世纪 60 年代，苏联学者马特维耶夫最先提出了周期训练理论，通过大量的理论研究和实际经验，他发现人体在竞技运动中通常会表现出一种周期性，因此他将运动员的体能训练过程分成了三个时期，分别为准备期、比赛期、过渡期。与此同时，马特维耶夫针对不同的时期提出了不同的训练目标，经过相关学者的进一步研究和在使用过程中的改进和优化，这三个时期的内容得以完善，成为了我国目前公认的传统周期训练理论。虽然在早期运动员训练时马特维耶夫认为这套训练理论适用于初学者，但经过实践发现这套理论实际上在优秀运动员的使用下也有较好的效果。就传统的周期训练理论来说，周期实际上时运动员训练过程中的特殊时期，具体可分为三种，分别为大周期、中周期、小周期。其中，一个大周期可以分成多个中周期，而一个中周期又可以分成多个小周期，每个周期都可以与不同的训练阶段相对应，可以突出不同的训练重点。不过无论是哪一种周期，都必须结合运动员的实际训练情况以及身体机能变化的周期来制订，这样可以有效地确保运动员在实际竞技比赛的过程中有最好的竞技能力和竞技状态，而其最重要的影响因素就是运动员的负荷情况。

通过周期性训练理论进行运动员的体能训练时，需要充分考虑运动员的最佳状态周期，从而确定最有效的运动强度、时间以及内容等，或者根据比赛的周期制订相关的训练内容，通过周期性训练理论，体能教练可以为运动员直接制订出很长一段时间的训练计划，并根据运动员的不同时期进行细微的调整，能够有效提升体能训练的效率，并且实现不同训练之间的有效过渡，确保体能训练的安排能被所有的运动员接受。

三、系统训练理论

系统训练是取得理想训练效果的必要条件，许多专家学者认为，要想获得最佳训练效果，就必须通过系统训练，对于每一位运动员而言，由于其情绪、所在环境、身体状况等因素，其竞技能力也会受到一定影响，如果在此过程中出现了训练的停顿，那么就会造成竞技能力逐渐减退，为避免这种问题，减少间歇运动造成的训练能力消退问题，需要对运动员在一定基础上进行反复刺激，从而让运动员形成基本的条件反射，为此必须要保证训练的持续性，中途不可间断。

在运动员的整个运动生涯当中，为了保证其能够从基本的训练达到最高水平的竞技，每个运动员都必须在每一个时期进行有针对性的训练，由于时期的不同，其训练目的、强度、周期都有所不同，由于在此过程中一定会伴随着体能训练的不稳定性，那么不稳定性存在的时间就会是影响运动员长期系统训练结果的一个重要因素，为此应当尽可能的考虑运动员训练周期的前提下，完成长远的系统训练计划的制订。

四、板块结构理论

现代的体育发展使得体育竞技比赛变得越来越多，职业运动员也如雨后春笋般涌现，通过传统的体能训练方式在短时间内将一个运动员的体能情况以及竞技状态调整到最佳状态很难实现，这一方式已经不能满足当前对于体育竞技发展的要求，与此同时，就传统的周期训练理论来说，一般都需要通过一段专门的时间对运动员的综合身体素养进行训练，但无论从训练内容和训练目标而言，这些对优秀的运动员而言并没有实际用处，导致训练效果达不到预期水平，因此，一些学者建立了一种板块训练理论。这一理论主要是让运动员在一个时间较短的时间段内进行较大的负荷刺激，具体的结果可以通过运动员的生理指标进行评价。这种板块训练的方式可以广泛地用于比赛的准备阶段，通过比赛来代替训练，可以有效实现运动员的力量提升。

对于优秀运动员在训练的过程中，其通过简单的训练刺激难以实现对他们更有针对性的刺激要求，不过通过以赛代练的方式能够持续对他们的训练产生刺激，有效提升训练的实际效果。通过板块训练的方式可以在运动员的任意时期进行训练，也可以在任意时期安排比赛。一般来说板块训练可以实现 3～4 个板块的分解，从而让运动员能够通过持续的来自不同方位的刺激来进行比赛的准备。

五、超量恢复理论及生物适应理论

超量恢复理论是有雅考卢在 20 世纪 70 年代提出的，是运动训练学方面的经典理论，也是传统周期理论的理论支柱，超量恢复理论是指机体在持续受到外界刺激后就会出现疲劳的情况，一旦疲劳机体水平就会降低，不过当负荷刺激被消除后，机体水平就会逐渐上升，直到恢复到正常水平，甚至有的运动员会超量恢复，在这一阶段到达以后，就对运动员进行新的刺激使之疲劳，然后运动员会再次超量恢复，这样使其体能逐渐在训练和恢复当中逐渐提升，但是超量恢复理论的理论性较强，实际应用过程中需要较高的监控要求，并且很多训练的问题并不能按照现有的理论知识进行解释，因此一些学者据此提出了生物适应理论，这一理论主要强调人所能承受的刺激不是无限的，因此需要根据比赛的目标合理安排负荷，使机体能够在正常的刺激情况下获取机能储备。

第二节　不同等级青少年男子网球运动员专项体能要素的选取原则

一、科学性原则

在构建青少年网球运动员专项体能训练体系时，一定要建立在科学的基础上，各项指标要能反映出专项体能的特点，代表着青少年网球运动员的专项体能训练参数。

二、可测性原则

通过理论分析完成对不同等级青少年网球运动员专项体能指标的选取，考虑到指标的可测性并结合它们的实践操作，选取出可测的且简单易行的参数，便于指导不同等级青少年网球运动员训练。

三、相对独立性原则

在构建我国不同等级青少年网球运动员专项体能训练指标体系时，要避免在指标的选取上出现交叉重叠的现象，因为专项体能训练参数体系是一个复杂的指标体系，选取的指标要具有代表性，所以选取的指标要具有一定的独立性，从而达到提高指标体系科学性的目的。

四、客观性原则

在构建专项体能训练指标体系时要依据客观性原则，客观性原则是指选取的测试指标要能客观的反映出不同等级青少年运动员专项体能水平，同时也要符合体能的发展规律。指标体系要符合全面、客观评价的要求，为了确保指标之间的可比性，评价指标应尽量用相对指标，少用绝对指标。

五、简捷性原则

简捷性是在选取专项体能的测试指标时，要选取具有代表性的指标，避免指标与指标之间的重复，选取可靠、可测量的指标，尽可能用较少的指标包含较多的信息，突出重点，同时减少数据测取的工作量，也便于后期数据的处理，力求使指标体系相对简捷易用。

六、实用性原则

研究不同等级青少年网球运动员专项体能评价体系并建立整体竞技能力评价体系，为教练员指导运动员专项训练提供参考依据，因此所选指标体系要尽可能具有实用性。

第三节　不同等级青少年男子网球运动员身体形态指标的选择与分析

网球运动员在长期的专项训练中，运动员的身体形态形成了其自身专项特点。运动员在场地中不断地起动、加速移动、急停、击球、回位防守，对于身体形态的塑造必然反应其专项体征。通过观察国际上优秀网球运动员的体型特点可以明显发现，绝大多数优秀网球运动员都表现为身高较高，大腿、腰部、肩部及手臂肌肉发达，身体匀称等特点。身体形态特征反应运动员在身体素质、身体机能等方面对专项运动的适应。本书根据身体形态所表现的类型将形态指标分为身体长度、围度、宽度、充实度、体型、体成分等 6 个方面 44 项指标作为初次筛选指标库(见表 5-1)。

表 5-1　　　　　　　　**身体形态指标划分表**

形态维度	个数	身体形态指标
长度指标	15	身高、坐高、指间距、上肢长、前臂加手长、下肢长、跟腱长、足长、上肢长/身高×100、指间距/身高×100、下肢长/身高×100、小腿长+足高/身高×100、坐高/身高×100、(身高-坐高)/坐高×100、手长/身高×100
围度指标	9	胸围、腰围、臀围、足踝围、胸围/身高×100、小腿围/身高×100、大腿围/身高×100、上臂围松紧差/身高×100、胸围-1/2 身高
宽度指标	5	肩宽、髋宽、肩宽/身高×100、手宽/手长×100、足宽/足长×100
充实度指标	3	体重、体重/身高×1000、(体重+胸围)/身高×100
体型指标	1	(肩宽-髋宽)/髋宽×身高
体成分指标	11	上臂部皮褶厚度、腹部皮褶厚度、肩胛下角皮褶厚度、身体水分含量、体脂肪含量、肌肉量推测值、去脂体重、体脂百分数、WHR、BMR 和 BMI

一、不同等级青少年男子网球运动员长度指标的选择与分析

长度指标反应运动员身体纵向的发展状况。本书选择了身高、坐高、指间距、上肢长、前臂加手长、下肢长、跟腱长、足长等 8 项单一指标以及上肢长/身高×100、指间距/身高×100、下肢长/身高×100、小腿长+足高/身高×100、坐高/身高×100、(身高-坐高)/坐高×100、手长/身高×100 等 7 项派生指标。

对反映不同等级青少年男子网球运动员身体形态长度测试指标经单因素方差分析结果表明，不同等级青少年男子网球运动员在身高、指间距、上肢长和足长指标上具有显著性差异($P<0.05$)(见表 5-2)。

表 5-2　　不同等级青少年男子网球运动员长度指标比较表（N=120）

长度指标	等级($\bar{X}\pm s$)			总体($\bar{X}\pm s$)	P 值（方差分析）
	一级	二级	三级		
身高(cm)	179.24±5.56	175.78±5.41	171.43±6.22	174.80±6.55	0.000*
坐高(cm)	96.32±2.91	95.56±3.25	95.01±4.58	95.51±3.80	0.332
指间距(cm)	188.21±7.83	184.94±8.02	181.13±10.14	184.15±9.29	0.003*
上肢长(cm)	79.20±3.67	77.75±3.09	76.36±4.34	77.52±3.92	0.007*
前臂加手长(cm)	43.59±7.96	44.64±2.26	42.89±6.04	43.65±5.67	0.345
手长(cm)	18.94±0.95	18.78±0.77	18.19±2.21	18.57±1.59	0.075
下肢长(cm)	91.00±3.65	89.76±3.31	87.44±10.77	89.09±7.53	0.099
小腿加足长	46.55±2.01	45.55±2.01	46.06±6.86	46.01±4.67	0.674
跟腱长(cm)	25.38±2.27	25.30±2.70	24.66±3.73	25.05±3.08	0.493
足长(cm)	26.23±2.45	25.22±1.46	25.02±1.97	25.38±1.99	0.026*
上肢长/身高×100	43.75±0.91	43.83±0.86	43.71±1.04	43.76±0.94	0.847
指间距/身高×100	103.40±2.47	104.16±1.74	103.53±1.99	103.71±2.05	0.221
下肢长/身高×100	50.50±1.26	50.58±1.21	50.08±5.61	50.35±3.72	0.804
小腿长+足高/身高×100	25.80±0.58	25.63±0.59	26.30±3.58	25.95±2.35	0.374
坐高/身高×100	53.72±1.03	53.92±0.97	54.64±4.36	54.17±2.92	0.328
(身高-坐高)/坐高×100	86.18±3.63	85.50±3.36	83.89±11.47	84.99±7.87	0.409
手长/身高×100	10.45±0.38	10.59±0.38	10.39±1.17	10.47±0.80	0.492

注：*代表显著性水平低于 0.05。

将不同等级青少年男子网球运动员长度指标经独立样本T检验(见表5-3)，结果表明，在不同等级青少年男子网球运动员中，运动员在身高指标上一级、二级、三级运动员之间都存在显著性差异；指尖距和上肢长指标上，一级运动员和三级运动员之间具有显著性差异，一级与二级、二级与三级指标之间无显著性差异；在足长上，一级运动员与二级运动员、一级与三级运动员之间具有显著性差异。由此可以判断，网球运动员身高、指间距、上肢长以及足长在运动员竞技能力评定中能够反映不同等级青少年男子网球运动员身体形态长度特征，可以作为评定指标。

表5-3　不同等级青少年男子网球运动员长度指标比较结果表(N=120)

<table>
<tr><th rowspan="2">长度指标</th><th colspan="6">P值(独立样本T检验)</th></tr>
<tr><th>一级</th><th>二级</th><th>二级</th><th>三级</th><th>一级</th><th>三级</th></tr>
<tr><td>身高(cm)</td><td colspan="2">0.011*</td><td colspan="2">0.001**</td><td colspan="2">0.000**</td></tr>
<tr><td>坐高(cm)</td><td colspan="2">0.313</td><td colspan="2">0.505</td><td colspan="2">0.122</td></tr>
<tr><td>指间距(cm)</td><td colspan="2">0.095</td><td colspan="2">0.054</td><td colspan="2">0.001**</td></tr>
<tr><td>上肢长(cm)</td><td colspan="2">0.079</td><td colspan="2">0.089</td><td colspan="2">0.004**</td></tr>
<tr><td>前臂加手长(cm)</td><td colspan="2">0.427</td><td colspan="2">0.083</td><td colspan="2">0.659</td></tr>
<tr><td>手长(cm)</td><td colspan="2">0.432</td><td colspan="2">0.107</td><td colspan="2">0.086</td></tr>
<tr><td>下肢长(cm)</td><td colspan="2">0.144</td><td colspan="2">0.186</td><td colspan="2">0.089</td></tr>
<tr><td>小腿加足长</td><td colspan="2">0.053</td><td colspan="2">0.642</td><td colspan="2">0.710</td></tr>
<tr><td>跟腱长(cm)</td><td colspan="2">0.878</td><td colspan="2">0.361</td><td colspan="2">0.340</td></tr>
<tr><td>足长(cm)</td><td colspan="2">0.033*</td><td colspan="2">0.600</td><td colspan="2">0.019*</td></tr>
<tr><td>上肢长/身高×100</td><td colspan="2">0.746</td><td colspan="2">0.570</td><td colspan="2">0.843</td></tr>
<tr><td>指间距/身高×100</td><td colspan="2">0.135</td><td colspan="2">0.115</td><td colspan="2">0.801</td></tr>
<tr><td>下肢长/身高×100</td><td colspan="2">0.839</td><td colspan="2">0.590</td><td colspan="2">0.692</td></tr>
</table>

续表

长度指标	P 值(独立样本 T 检验)					
	一级	二级	二级	三级	一级	三级
小腿长+足高/身高×100	0. 230		0. 237		0. 460	
坐高/身高×100	0. 425		0. 263		0. 272	
(身高-坐高)/坐高×100	0. 422		0. 350		0. 301	
手长/身高×100	0. 158		0. 289		0. 758	

注:“ * ”表示不同等级青少年男子网球运动员形态比较 P≤0. 05;“ ** ”表示P≤0. 01。

(一)身高

身高是反映人体发育水平的重要指标。受年龄、性别、人体生长发育规律及种族差异影响，受训练因素影响较小。网球场地空间大，活动范围广，运动员在场地上的移动要迅速，运动员腿和上臂长对于迅速移动到最佳控球位置十分重要。身量高意味着能相对比较容易地抢到高的击球点，具备了制空优势，就能发挥出击球点高、落点深的特点，从而缩短对手反应时间，增加对手移动距离而体现“快”。目前我国优秀男子网球运动员普遍身量偏高，185cm 左右，甚至超过 190cm，体态匀称。通过单因素方差分析和独立样本 T 检验，可以看出，不同等级青少年网球运动员在身高长度指标上具有显著性差异(P<0. 05)。通过图 5-1 可以直观的看出，一级网球运动员的平均身高最高，占有优势。可见，身高是反应网球运动员长度的可靠性指标之一。

(二)指间距

网球运动员的指间距越大，运动员在比赛场上的控制范围越大。通过独立样本 T 检验发现，不同等级青少年网球运动员中，一级和三级运动员间的指间距具有显著性差异(P<0. 05)。如图 5-2 所示，一

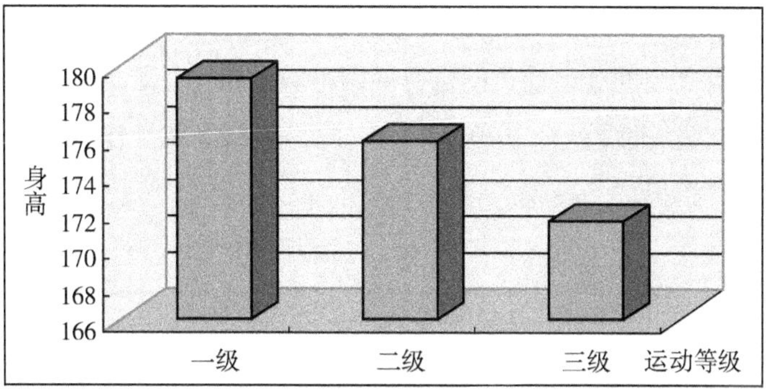

图 5-1　不同等级青少年男子网球运动员身高比较图

级网球运动员的指间距最大，其次是二级网球运动员，最小的是三级运动员的指间距。因此，将指间距作为反应网球运动员长度的重要指标之一。

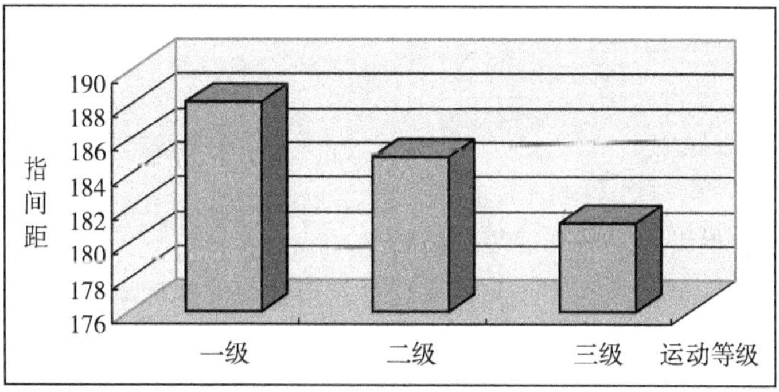

图 5-2　不同等级青少年男子网球运动员指间距比较图

（三）上肢长

网球运动员要求身高体壮，上肢越长，运动员的控制范围更大。通过图 5-3 可以直观的看出，一级网球运动员的上肢较长、二级运动员次之，三级运动员最短。在网球比赛中，上肢较长的运动员，有利于完成进攻技术的抽球、高压球、抢截球等动作，防守范围也较大。经过单因素方差分析发现运动员在上肢长上具有显著性差异，通过独立样本 T 检验对不同等级网球运动员间进行两两检验发现，一级运动员与三级运动员间存在显著性差异（P<0.05），因此，选取上肢长作为网球运动员的重要长度指标之一。

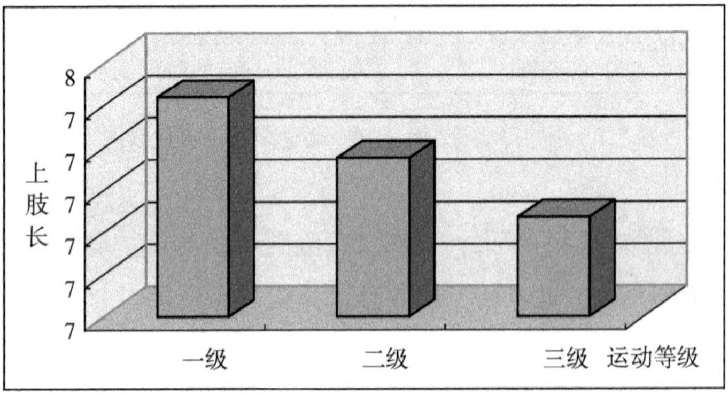

图 5-3　不同等级青少年男子网球运动员上肢长比较图

（四）足长

网球运动员外在形态是手长脚长，在网球运动的竞技比赛中占一定的优势。通过单因素方差分析发现足长指标在反映运动员身体形态上是具有显著性差异，将不同等级青少年男子网球运动员的足长进行独立样本 T 检验发现，运动员在足长长度指标上，一级运动员与二级和三级运动员间存在显著性差异（P<0.05）。通过图 5-4 可以直观的看出，一级网球运动员的足长最长，三级运动员最短。因此，选取足长作为反映网球运动员的重要长度指标之一。

二、不同等级青少年男子网球运动员围度指标的选择与分析

将不同等级网球运动员反应围度的指标经单因素方差分析结果表明

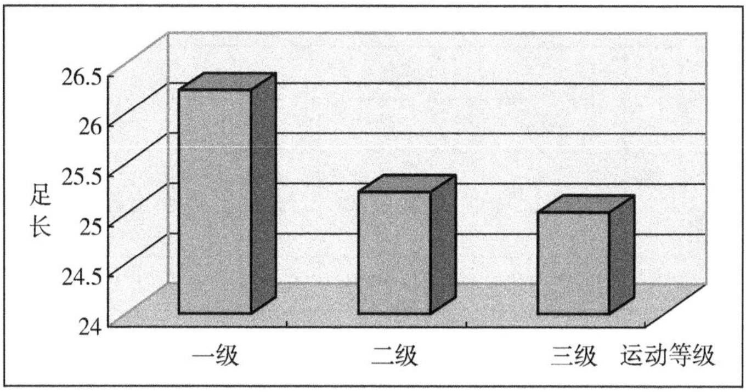

图 5-4　不同等级青少年男子网球运动员足长比较图

(见表 5-4)，不同等级青少年男子网球运动员在大腿围/身高×100 围度指标上具有显著性差异($p < 0.05$)，其他指标均无显著差异。

表 5-4　**不同等级青少年男子网球运动员围度指标比较表（N=120）**

围度指标	等级($\bar{X}$±s)			总体($\bar{X}$±s)	P 值(方差分析)
	一级	二级	三级		
胸围(cm)	95.89±6.45	92.76±14.48	93.34±5.04	93.76±9.60	0.376
腰围(cm)	72.96±6.38	72.80±6.16	71.44±5.87	72.27±6.08	0.448
臀围(cm)	88.36±4.34	87.98±4.11	87.50±4.19	87.87±4.18	0.945
大腿围(cm)	54.39±4.04	53.94±2.94	53.94±3.36	54.05±3.38	0.730
小腿围(cm)	35.86±2.88	35.09±2.26	34.92±2.71	35.20±2.61	0.287
足踝围(cm)	21.13±1.34	21.15±1.14	21.05±1.28	21.10±1.23	0.922
胸围/身高×100	52.94±2.97	52.16±7.97	53.60±1.98	52.95±5.04	0.399
小腿围/身高×100	19.61±1.18	19.76±0.93	20.04±1.32	19.84±1.17	0.251
大腿围/身高×100	29.98±1.76	30.40±1.40	30.98±1.64	30.54±1.63	0.024*
上臂放松围(cm)	28.69±2.35	27.96±2.44	27.82±2.34	28.08±2.39	0.277
上臂紧张围(cm)	31.48±2.84	30.82±2.79	30.29±2.46	30.75±2.69	0.163

续表

围度指标	等级($\bar{X}$±s)			总体($\bar{X}$±s)	P值(方差分析)
	一级	二级	三级		
上臂松紧围差/身高×100	1.53±0.51	1.59±0.70	1.37±0.47	1.48±0.57	0.194
1/2身高-胸围	5.27±5.33	3.81±13.98	6.29±3.51	5.20±8.86	0.416

注：“*”代表显著性水平低于0.05。

将反映不同等级青少年网球运动员围度的指标进行独立样本T检验(见表5-5)表明，不同等级青少年男子网球运动员在大腿围/身高×100指标上一级和三级运动员具有显著性差异(P<0.05)。

表5-5　**不同等级青少年男子网球运动员围度指标比较表(N=120)**

围度指标	P值(独立样本T检验)					
	一级	二级	二级	三级	一级	三级
胸围(cm)	0.279		0.792		0.054	
腰围(cm)	0.916		0.284		0.285	
臀围(cm)	0.414		0.873		0.476	
大腿围(cm)	0.581		0.999		0.567	
小腿围(cm)	0.211		0.756		0.150	
足踝围(cm)	0.978		0.708		0.774	
胸围/身高×100	0.618		0.219		0.236	
小腿围/身高×100	0.548		0.258		0.152	
大腿围/身高×100	0.285		0.085		0.008*	
上臂放松围(cm)	0.211		0.120		0.776	
上臂紧张围(cm)	0.306		0.058		0.351	
上臂松紧围差/身高×100	0.720		0.092		0.177	
1/2身高-胸围	0.593		0.229		0.309	

注：“*”表示不同等级青少年男子网球运动员形态比较P≤0.05；“**”表示P≤0.01。

(一)大腿围/身高×100

腿围是下肢肌肉发达程度和肌力评价的重要指标。大腿围指数可反映股四头肌及大腿肌群发达程度，在网球比赛中，运动员在前场及中场位置击球时常有跨步急停及斜向移动的动作，尤其是男运动员常做高压球、凌空抽球的扣杀动作。这些动作的完成都需要运动员具有结实的下肢。

通过单因素方差分析发现，不同等级青少年网球运动员在大腿围指数指标上具有显著性差异($P<0.05$)。而通过不同等级运动员间两两进行比较发现，一级和三级网球运动员间存在显著性差异。如图5-5所示，三级网球运动员的大腿围指数最大。运动员的大腿围指数较大，表明运动员下肢有力，便于在训练和比赛过程中施展各种攻防技术。因此，选取大腿围指数作为反映网球运动员围度指标。

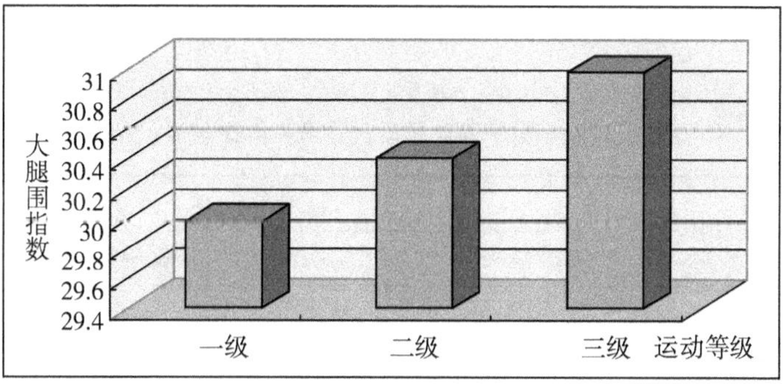

图5-5　不同等级青少年男子网球运动员大腿围指数比较图

三、不同等级青少年男子网球运动员宽度指标的选择与分析

如表5-6所示，将反映网球运动员身体形态中宽度指标进行单因素方差分析结果表明，不同等级青少年男子网球运动员在肩宽指标上具有显著性差异($P<0.05$)。

表 5-6　不同等级青少年男子网球运动员宽度指标比较表（N=120）

宽度指标	等级($\bar{X}$±s)			总体($\bar{X}$±s)	P 值(方差分析)
	一级	二级	三级		
肩宽(cm)	41.45±2.56	40.15±2.39	39.19±2.70	40.07±2.70	0.001*
髋宽(cm)	31.27±1.11	30.95±2.86	31.32±1.98	31.18±2.16	0.704
肩宽/身高×100	22.80±1.08	22.57±1.15	22.27±1.45	22.58±1.21	0.207
手宽/手长×100	42.31±1.73	42.20±2.10	44.13±9.70	43.03±6.46	0.290
足宽/足长×100	47.34±58.92	60.32±83.36	36.93±2.50	47.43±57.08	0.151
脚宽(cm)	9.55±0.74	14.90±19.89	9.29±0.64	11.27±11.84	0.052

注："*"代表显著性水平低于 0.05。

将不同等级青少年男子网球运动员相互之间的身体形态宽度指标进行独立样本 T 检验(由表 5-7)可知，青少年男子网球运动员在肩宽指标上，一级运动员与二级和三级运动员之间存在显著性差异(P<0.05)，在其他指标上均无显著性差异。

表 5-7　不同等级青少年男子网球运动员宽度指标比较表(N=120)

围度指标	P 值(独立样本 T 检验)					
	一级	二级	二级	三级	一级	三级
肩宽(cm)	0.039*		0.076		0.000**	
髋宽(cm)	0.512		0.476		0.920	
肩宽/身高×100	0.088		0.355		0.307	
手宽/手长×100	0.811		0.214		0.321	
足宽/足长×100	0.474		0.080		0.350	
脚宽(cm)	0.093		0.079		0.120	

注："*"表示不同等级青少年男子网球运动员形态比较 P≤0.05；"**"表示P≤0.01。

肩宽是反映人体体型特点与横向发育水平的重要指标。比较粗壮、结实的上身能增加击球时的力道与速度。通过单因素方差分析和独立样本 T 检验，可以看出不同等级青少年男子网球运动员在肩宽指标上具有显著性差异(P<0.05)。如图 5-6 所示，一级运动员的肩宽均值比二、三级运动员的均值要大的多。由此可见，肩宽指标能够反映运动员之间身体宽度差异，因此，将肩宽指标作为青少年网球运动员选材的重要宽度指标之一。

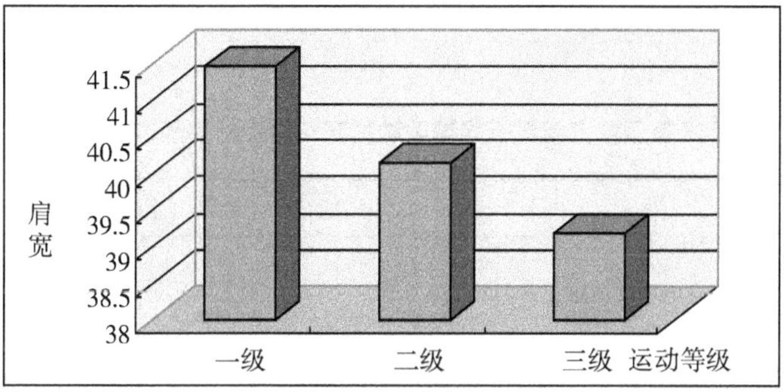

图 5-6 不同等级青少年男子网球运动员肩宽比较图

四、不同等级青少年男子网球运动员充实度指标的选择与分析

对反映运动员身体形态充实度的指标经单因素方差分析结果表明(见表 5-8)，不同等级青少年男子网球运动员在充实度指标中，体重指标具有显著性差异(P<0.05)，在其他指标上均无显著性差异(P>0.05)。

如表 5-9 所示，对反映不同等级青少年男子网球运动员充实度指标进行独样本 T 检验发现，在体重/身高×1000 和(体重+胸围)/身高×100 这两个派生指标上无显著性差异，在体重指标上一级运动员与三级运动员之间具有显著性差异(P<0.05)。

表 5-8 不同等级青少年男子网球运动员充实度指标比较表($N=120$)

充实度指标	等级($\bar{X}\pm s$)			总体($\bar{X}\pm s$)	P值(方差分析)
	一级	二级	三级		
体重(kg)	69. 04±9. 84	66. 90±8. 51	56. 42±8. 42	66. 56±8. 88	0. 039*
体重/身高×1000	392. 43±38. 27	375. 92±13. 21	364. 72±24. 92	378. 34±27. 14	0. 852
(体重+胸围)/身高×100	90. 10±6. 93	89. 33±9. 28	90. 24±7. 39	89. 89±7. 93	0. 399

注:“ * ”代表显著性水平低于 0. 05。

表 5-9 不同等级青少年男子网球运动员充实度指标比较表($N=120$)

充实度指标	P值(独立样本T检验)		
	一级 / 二级	二级 / 三级	一级 / 三级
体重(kg)	0. 334	0. 255	0. 049*
体重/身高×1000	0. 704	0. 602	0. 935
(体重+胸围)/身高×100	0. 453	0. 465	0. 512

注:“ * ”表示不同等级青少年男子网球运动员形态比较 $P\leqslant 0.05$;“ ** ”表示$P\leqslant 0.01$。

体重是衡量运动员充实度的重要指标之一。网球比赛中运动员的移动和击球都需要爆发力,需要移动迅速,击球有力。对于运动员身体形态要求身材匀称,肌肉厚实,体重偏高。从调查的不同等级青少年男子网球运动员的体重特征来看,一级运动员的体重高于二级运动员,二级运动员的体重要高于三级运动员,这也反映了网球运动力量型打法的趋势。经过分析统计发现,运动员的体重指标在运动员在身体厚度指标中能够反映出差异(如图 5-7),因此,将体重作为评价网球运动员充实度的指标之一。

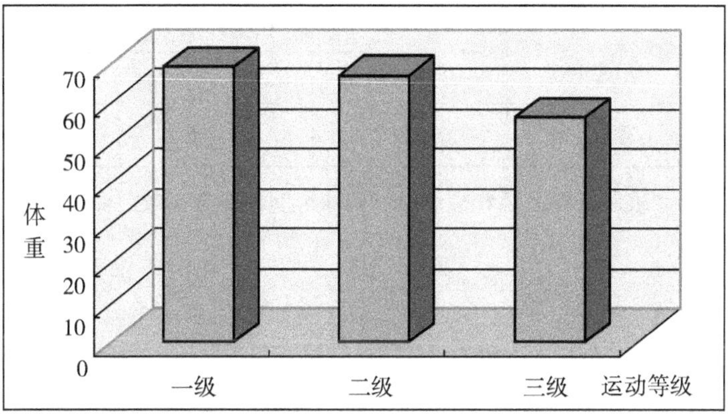

图 5-7 不同等级青少年男子网球运动员体重比较图

五、不同等级青少年男子网球运动员体型指标的选择与分析

通过对不同等级青少年男子网球运动员体型指标进行单因素方差分析，结果表明(见表 5-10)，不同等级青少年男子网球运动员在体型指标：(肩宽-髋宽)/髋宽×身高上具有显著性差异(P<0.05)。

表 5-10 **不同等级青少年男子网球运动员体型指标比较表(N=120)**

体型指标	等级($\bar{X}\pm s$)			总体($\bar{X}\pm s$)	P 值(方差分析)
	一级	二级	三级		
(肩宽-髋宽)/髋宽×身高	39. 24±12. 43	49. 11±10. 89	50. 63±13. 73	47. 36±13. 25	0. 000**

注：“ * ”代表显著性水平低于 0. 05。

将不同等级青少年男子网球运动员相互间的体型指标比较进行独立样本 T 检验发现(见表 5-11)，一级运动员与二级、三级运动员之间在体型指标：(肩宽-髋宽)/髋宽×身高上具有显著性差异(P<0. 01)，但二级和三级运动员之间不具有显著性差异(P>0. 05)。

表 5-11 不同等级青少年男子网球运动员体型指标比较表(N=120)

体型指标	P 值(独立样本 T 检验)					
	一级	二级	二级	三级	一级	三级
(肩宽-髋宽)/髋宽×身高	0.002**		0.565		0.000**	

注："*"表示不同等级青少年男子网球运动员形态比较 P≤0.05；"**"表示P≤0.01。

体型指数[(肩宽-髋宽)/髋宽×身高]主要反映运动员的体型状况，如果指数值小，说明其体型趋向"桶形"特征；指数值大，说明其体型趋向"三角形"特征。本研究发现，一级、二级、三级网球运动员的在该指标上的值依次增大(如图 5-8)，说明一级运动员体型更趋向于三角形特征，身高较高，重心较稳。

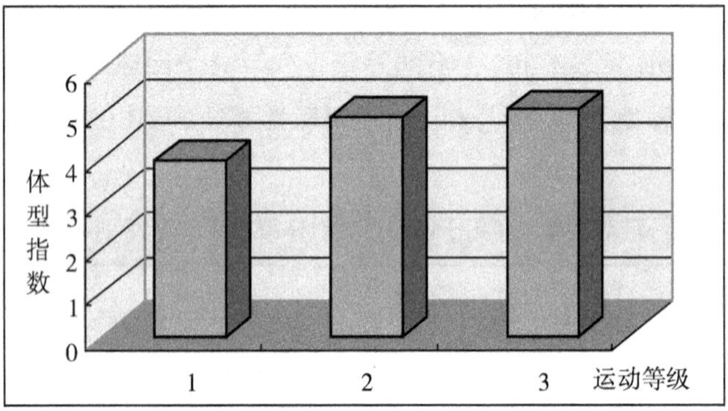

图 5-8　不同等级青少年网球运动员体型指数比较图

六、不同等级青少年男子网球运动员体成分指标的选择与分析

对不同等级运动员体成分指标进行单因素方差分析结果表明(见表 5-12)，运动员在身体水分含量(%)、肌肉量推侧值(kg)以及去脂体重(kg)等体成分指标上具有显著性差异(P<0.05)，在其他指标上均无显

著性差异。

表 5-12　不同等级青少年男子网球运动员体成分指标比较表(N=120)

体成分指标	等级($\bar{X}\pm s$)			总体($\bar{X}\pm s$)	P 值(方差分析)
	一级	二级	三级		
上臂部皮褶厚度(mm)	9.42±3.02	9.50±3.11	10.12±3.46	9.74±3.23	0.550
腹部皮褶厚度(mm)	11.42±3.70	12.80±4.20	12.23±3.79	12.23±3.91	0.357
肩胛下角皮褶厚度(mm)	9.97±2.36	10.29±2.75	10.63±2.60	10.35±2.59	0.549
大腿部皮褶厚度(mm)	9.97±2.36	20.20±4.96	19.72±4.48	19.68±4.96	0.566
身体水分含量(%)	42.00±6.19	40.20±5.41	39.12±5.91	40.19±5.87	0.032*
体脂肪含量(kg)	8.51±2.23	8.96±2.69	8.46±2.09	8.64±2.33	0.572
肌肉量推侧值(kg)	57.29±8.43	54.83±7.38	53.36±8.06	54.81±8.01	0.027*
去脂体重(kg)	60.53±8.81	57.94±7.73	56.42±8.42	57.93±8.37	0.034*
体脂百分数(%)	12.32±2.64	13.36±3.44	13.19±3.52	13.03±3.30	0.400
WHR	0.75±0.04	0.75±0.03	0.75±0.02	0.75±0.03	0.999
BMR	1968.10±208.31	1928.76±198.29	1938.86±215.55	1942.47±206.85	0.729
BMI	20.88±2.09	21.01±1.39	21.46±1.78	21.16±1.75	0.291

注："*"代表显著性水平低于0.05。

通过独立样本T检验(见表5-13)，结果也表明，青少年男子网球运动员在身体水分含量、肌肉量推测值和去脂体重指标在一级运动员与三级运动员之间存在显著性差异($P<0.05$)。由此可见，运动员的身体水分含量、肌肉量推测值和去脂体重指标在反映运动员身体体成分上能够显现相互差异性，因此，将其作为评价运动员身体体成分的指标。

表 5-13 不同等级青少年男子网球运动员体成分指标比较表（N=120）

体成分指标	P 值(独立样本 T 检验)		
	一级 二级	二级 三级	一级 三级
上臂部皮褶厚度(mm)	0.928	0.369	0.371
腹部皮褶厚度(mm)	0.163	0.506	0.359
肩胛下角皮褶厚度(mm)	0.625	0.542	0.269
大腿部皮褶厚度(mm)	0.321	0.635	0.485
身体水分含量(%)	0.200	0.372	0.044 *
体脂肪含量(kg)	0.455	0.338	0.218
肌肉量推侧值(kg)	0.200	0.373	0.044 *
去脂体重(kg)	0.197	0.378	0.043 *
体脂百分数(%)	0.179	0.821	0.253
WHR	0.999	0.969	0.976
BMR	0.426	0.818	0.558
BMI	0.757	0.194	0.198

注：“ * ”表示不同等级青少年男子网球运动员形态比较 P≤0.05；“ ** ”表示P≤0.01。

（一）身体水分含量

通过独立样本 T 检验，结果表明，一级与三级青少年男子网球运动员在身体水分含量指标上具有显著性差异（P<0.05）。

由图 5-9 可以看出，一级运动员的身体水分含量最高，依次是二级和三级运动员。在长时间的网球比赛中，运动员的身体水分含量越高，身体的耐受力越强。因此，将身体水分含量作为反映网球运动员体成分的重要指标之一。

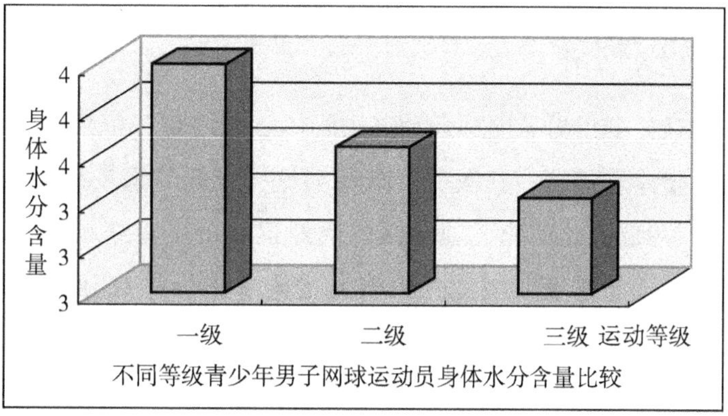

图 5-9　不同等级青少年男子网球运动员身体水分含量比较图

(二)肌肉量推测值

网球运动员中，肌肉量推测值越大，肌肉含量越多，横截面越大，肌肉力量就越大，对进攻性技术的运用越有利。通过独立样本 T 检验，可以看出，一级与三级青少年网球运动员在肌肉量推测值指标上具有显著性差异($P<0.05$)。如图 5-10 所示，一级网球运动员的肌肉量推测值最大，显示其肌肉力量最大。本书选取肌肉量推测值作为评价运动员体成分的重要指标之一。

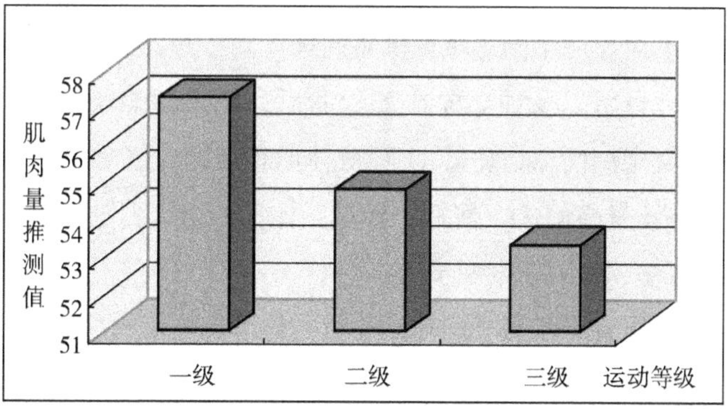

图 5-10　不同等级青少年男子网球运动员肌肉量推测值比较图

（三）去脂体重

通过对青少年男子网球运动员去脂体重的比较分析发现，一级运动员的去脂体重最高，其次是二级运动员，最低的是三级运动员（如图5-11）。一级运动员比其他等级的网球运动员更为结实，更能增加击球时的力道与速度。因此，选取去脂体重作为体成分的重要指标之一。

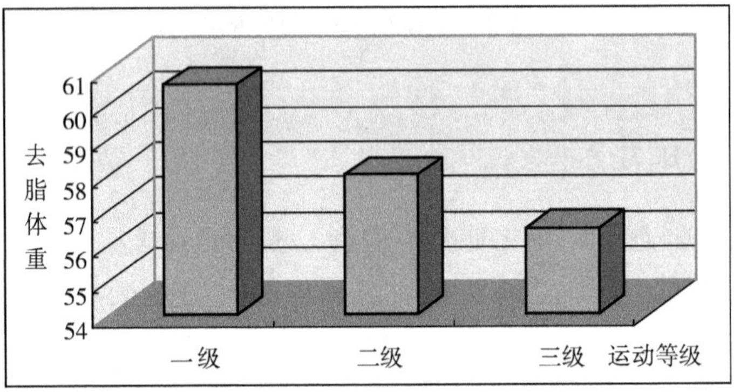

图 5-11　不同等级青少年男子网球运动员去脂体重比较图

七、不同等级青少年男子网球运动员身体形态指标的统计优化

通过以上对反应不同等级青少年网球运动员身体形态的指标逐步进行单因素方差分析以及独立样本 T 检验后，把具有显著性差异的指标筛选出来，确定出网球运动员 11 项身体形态指标，包括身高、上肢长、足长、大腿围/身高×100、肩宽、体重、体型指数、身体水分含量、肌肉量推测值、去脂体重等（见表 5-14）。

对不同等级青少年男子网球运动员身体形态机能指标做适当性度量的 KMO 值和巴特莱特球度检验，检验结果如表 5-15 所示。结果表明统计筛选出的 11 项身体机能指标的 KMO（Kaiser-Meyer-Olkin）值为

0.870，Bartlett 球度检验的相伴概率为 0.000，小于显著水平 0.05。由此可见，根据统计学家 Kaiser 给出的标准，所有选择的 7 项身体机能指标适合做因子分析。

表 5-14　**不同等级青少年男子网球运动员身体形态指标统计筛选后的指标**

	青少年男子网球运动员
身体形态指标	身高
	上肢长
	指间距
	足长
	大腿围/身高×100
	肩宽
	体重
	体型指数
	身体水分含量
	肌肉量推测值
	去脂体重

表 5-15　**不同等级青少年男子网球运动员身体形态样本适当性度量的 KMO 值和巴特莱特球度检验**

Kaiser-Meyer-Olkin Measure of Sampling Adequacy		0.870
Bartlett's Test of Sphericity	Approx. Chi-Square	3464.030
	df	55
	Sig.	0.000

对所选取的反映不同等级青少年男子网球运动员身体形态指标做因子共同度分析（结果如表 5-16），所以指标的共同度都在 0.6 以上，可见所提取的指标因子可以较好地反映原始变量的信息。

表 5-16　**不同等级青少年男子网球运动员身体形态因子共同度**

身体形态指标	Initial	Extraction
身高	1.000	0.549
上肢长	1.000	0.845
指间距	1.000	0.878
足长	1.000	0.645
大腿围指数	1.000	0.902
肩宽	1.000	0.820
体重	1.000	0.964
体型指数	1.000	0.754
身体水分含量	1.000	0.965
肌肉量推测值	1.000	0.965
去脂体重	1.000	0.965

注：因子提取方法为主成分分析法

根据不同等级青少年男子网球运动员身体形态指标由特征值以及方差百分比法进行主成分分析法确定为 3 个主要因子。从表 5-17 中可以看出对 3 个因子的载荷矩阵和旋转矩阵后得出了 3 个因子的贡献率和累计贡献率，且 3 个因子的累计贡献率达到了 84.102%，因此，可以接受这 3 个因子为主要因子。从而把不同等级青少年网球运动员的身体形态指标确定为 3 个主要因子进行概括。同时由公式：

$$Ti = \frac{\lambda P\%}{\sum_{i=1}^{k} \lambda P\%}$$

（其中：Ti 表示 I 因子在反应整体信息中所占的权重；$\sum_{i=1}^{k}\lambda P\%$ 表示 I 成分的贡献率，$\lambda P\%$ 表示 K 个成分的累计贡献率）

表 5-17　**不同等级青少年男子网球运动员身体形态因子分析总的方差解释**

Component	Initial Eigenvalues			Extraction Sums of Squared Loadings			Rotation Sums of Squared Loadings		
	Total	% of Variance	Cumulative %	Total	% of Variance	Cumulative %	Total	% of Variance	Cumulative %
1	6.719	61.080	61.080	6.719	61.080	61.080	6.481	58.917	58.917
2	1.344	12.215	73.295	1.344	12.215	73.295	1.421	12.923	71.840
3	1.189	10.807	84.102	1.189	10.807	84.102	1.349	12.262	84.102
4	0.619	5.627	89.729						
5	0.556	5.051	94.780						
6	0.313	2.844	97.624						
7	0.167	1.519	99.143						
8	0.062	0.559	99.703						
9	0.033	0.297	100.000						
10	1.957E-05	0.000	100.000						
11	9.557E-06	8.688E-05	100.000						

注：因子提取方法为主成分分析法

分别计算 3 个因子在整个身体形态素质指标中的权重，可以算出：因子 F1 的权重为 0.28，因子 F2 的权重为 0.33，因子 F3 的权重为 0.39（见表 5-18）。

表 5-18　**不同因素成分权重表**

因子	累计贡献率(%)	权重
F1	58.917	0.28
F2	71.840	0.33
F3	84.102	0.39

表 5-19　**不同等级青少年男子网球运动员身体形态旋转后因子(成分)矩阵**

序号	身体形态指标	Component		
		F1	F2	F3
1	身体水分含量	0. 969	0. 114	0. 116
2	去脂体重	0. 969	0. 113	0. 116
3	肌肉量推测值	0. 969	0. 114	0. 116
4	体重	0. 957	0. 120	0. 184
5	指间距	0. 848	0. 237	-0. 320
6	上肢长	0. 809	0. 214	-0. 380
7	肩宽	0. 689	0. 583	-0. 067
8	足长	0. 683	-0. 419	-0. 054
9	身高	0. 646	0. 078	-0. 354
10	体型指数	0. 102	0. 862	0. 009
11	大腿围指数	0. 083	0. 028	0. 946

注：因子提取方法为主成分分析法；选择方法为方差极大正交旋转；提取因子为 3 个

表 5-19 是各因子的载荷情况，由表可知，在因子 F1 中除了体型指数和大腿围指数外，其他指标均占有较大的权重；在因子 F2 中体型指数占有较大的权重；因子 F3 中大腿围指数占有最大的权重。

运用因子分析法，由表 3-16 中的各指标的因子载荷可以计算出各个指标在相应因子中的权重值，公式为：

$$Ti = \frac{|\vartheta ij|}{\sum_{i=1}^{k} |\vartheta ij|}$$

(Ti：表示 i 指标在某因子中所占的权重，$|\vartheta ij|$ 表示 i 指标在 J 因子上载荷的绝对值，$\sum_{i=1}^{k} |\vartheta ij|$ 表示该因子中所有指标因子载荷绝对值的代

数和)

通过计算得出各个反映网球运动员身体成分指标(表 5-20)在各因子中的权重值。

表 5-20　**不同等级青少年男子网球运动员各因子中各指标权重**

身体形态指标	F1 因子(a)	F2 因子(b)	F3 因子(c)
身体水分含量	0.125	0.04	0.044
去脂体重	0.125	0.039	0.044
肌肉量推测值	0.125	0.04	0.044
体重	0.124	0.042	0.069
指间距	0.11	0.082	0.12
上肢长	0.105	0.074	0.143
肩宽	0.089	0.202	0.025
足长	0.088	0.145	0.02
身高	0.084	0.027	0.133
体型指数	0.013	0.299	0.003
人腿围指数	0.011	0.01	0.355

由上述分析可知，各因子权重不同，各指标在各因子中的权重各异。根据公式：

指标最终权重=a×因子 F1 权重+b×因子 F2 权重+c×因子 F3 权重

(a、b、c 代表各指标在各个因子中的权重，见表 5-20)

据此计算出不同等级青少年男子网球运动员形态指标最终权重(如表 5-21，图 5-12)。

最终权重=0.28×因子 F1 权重+0.33×因子 F2 权重
+0.39×因子 F3 权重

表 5-21　不同等级青少年男子网球运动员身体形态指标权重

	典型指标	最终权重
身体形态	身体水分含量	0.07
	去脂体重	0.07
	肌肉量推测值	0.07
	体重	0.08
	指间距	0.1
	上肢长	0.11
	肩宽	0.10
	足长	0.08
	身高	0.08
	体型指数	0.10
	大腿围指数	0.14

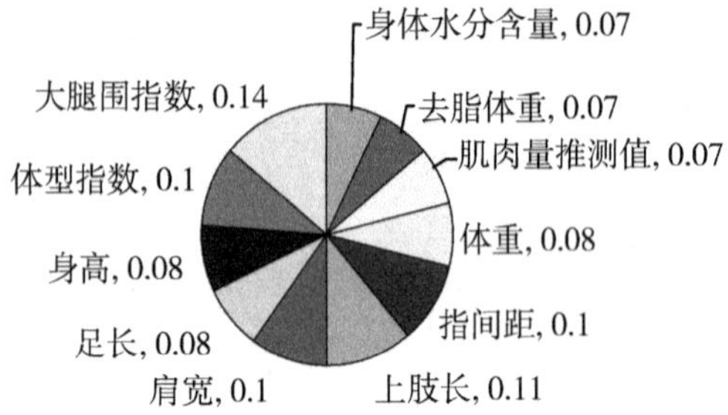

图 5-12　不同等级青少年男子网球运动员身体形态权重模型

第四节　不同等级青少年男子网球运动员身体素质指标的选择与分析

身体素质是人体完成某个动作过程中表现出来的固有能力。人体在肌肉活动中所表现的力量、速度、灵敏性及柔韧性，统称为身体素质。

同时它也指人体在运动、劳动和生活中所表现出来的力量、速度、耐力、灵敏及柔韧等机能。

身体素质包括五方面：速度素质，是人体在单位时间内移动的距离或对外界刺激反应快慢的一种能力；力量素质，是身体某些肌肉收缩时产生的力量；耐力素质，是指人体长时间进行肌肉活动和抵抗疲劳的能力；灵敏素质，是指迅速改变体位、转换动作和随机应变的能力；柔韧素质，指人体活动时各关节肌肉和韧带的弹性和伸展度。本书根据身体素质的表现特点及方式，依据我国优秀网球运动员专项体能训练的内容，选择了表现网球运动速度、力量、耐力、柔韧、灵敏、协调等方面的 16 项指标为选择评价对象(如表 5-22)。

表 5-22　　**身体素质类型及指标**

身体素质类型	身体素质指标
速度素质	30 米跑、扇形跑
力量素质	握力、背力、立定跳远、原地纵跳、五级蛙跳
耐力素质	800 米跑、3000 米
柔韧素质	坐位体前屈、正手侧摸背和反手侧摸背
灵敏素质	左边线折返冲刺跑、右边线折返冲刺跑
协调素质	1 分钟双摇跳绳、闭眼单脚站立

一、不同等级青少年男子网球运动员速度素质指标的选择与分析

速度对于网球运动员是一项重要的身体素质，网球运动所需要的专项速度，是指运动员完成单一动作的速度，它包括判断的反应速度、脚步的移动速度和击球时手臂挥拍速度。在网球比赛中，要求运动员判断快、移动快、动作快，才能在快速而复杂的比赛中获胜。这就要求网球运动员必须具有良好的速度素质。网球场地的规定性使运动员的奔跑距

离相对较短，根本无法达到个人的最高速度，因此，运动员最高速度与网球运动的相关性较低。网球反应和移动速度快，运动员需要较快的加速为击球做好准备，因此，加速能力对于网球运动员尤为重要。30 米跑、扇形跑是反映网球运动员快速反应、快速起动、快速移动能力的重要指标。

将反映运动员速度素质的 30 米跑和扇形跑指标经单因素方差分析结果表明(见表 5-23)，不同等级青少年男子网球运动员在 30 米跑和扇形跑速度素质指标上具有显著性差异($P<0.05$)。

表 5-23　**不同等级青少年男子网球运动员速度素质指标比较表(N=120)**

速度素质指标	等级($\bar{X}\pm s$)			总体($\bar{X}\pm s$)	P 值(方差分析)
	一级	二级	三级		
30 米跑(s)	4.52±0.17	4.81±0.16	4.93±0.27	4.79±0.26	0.000*
扇形跑(s)	20.69±1.19	21.38±3.18	22.72±2.56	21.77±2.67	0.002*

注：“*”代表显著性水平低于 0.05。

将不同等级青少年男子网球运动员相互之间进行级青少年男子网球运动员在 30 米跑和扇形跑速度等速度素质指标上，除了扇形跑指标上一级和二级运动员不具有显著性差异外，其他不同级别的运动员相互间在两个指标上速度素质指标比较，经独立样本 T 检验(由表 5-24 可知)，不同等都存在显著性差异($P<0.05$)。

表 5-24　**不同等级青少年男子网球运动员速度素质指标比较结果表(N=120)**

速度素质指标	P 值(独立样本 T 检验)					
	一级	二级	二级	三级	一级	三级
30 米跑	0.000**		0.010**		0.000**	
扇形跑	0.214		0.032*		0.000**	

注：“*”表示不同等级青少年男子网球运动员素质比较 $P\leqslant 0.05$；“**”表示$P\leqslant 0.01$。

因此，认为30米跑和扇形跑能够反映不同等级青少年男子网球运动员在速度素质上的差异，由此选取该两项指标作为评价指标。

(一)30米跑

网球运动员在比赛中，处于不断地移动和急停交替过程，运动员从起动到移动到来球最佳击球位置需要运动员迅速的加速，而且网球场地范围小，运用30米加速跑能够很好的衡量运动员在场地上的移动能力。通过对不同等级青少年男子网球运动员30米跑成绩进行独立样本T检验和单因素方差分析发现该指标具有能反应运动员的差异。通过比较发现(如图5-13所示)，一级运动员的30米平均成绩最好，而且一级运动员的成绩要明显高于二三级运动员。因此30米跑能够作为衡量运动员速度素质的指标。

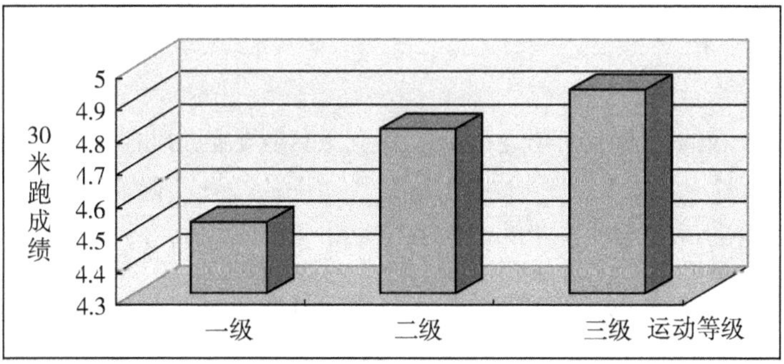

图5-13 不同等级青少年男子网球运动员30米跑成绩比较图

(二)扇形跑

扇形跑可以反映网球运动员脚步的移动速度。通过测试结果表明，不同等级青少年男子网球运动员在扇形跑速度素质指标上具有显著性差异(P<0.05)。同时通过两两比较发现，二级和三级运动员、一级和三级运动员之间具有高度的显著性差异(P<0.01)。从图5-14可以直观地

看出，一级运动员扇形跑成绩最好，反映出一级运动员的脚步移动、反应速度更好。

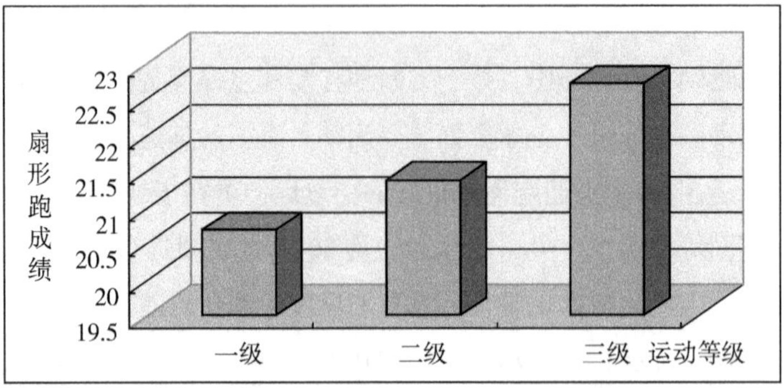

图 5-14　不同等级青少年男子网球运动员扇形跑成绩比较图

二、不同等级青少年男子网球运动员力量素质指标的选择与分析

在激烈的比赛中网球运动员需要克服自身的阻力和惯性，还需要协调身体各环节间的关系，击出力量足，速度快的球，因此运动员需要具备较好的力量素质。另外在运动员回击来球时只有具备较好的力量才能达到稳定控球效果。在世界性的比赛中，优秀运动员击出的网球的球速最高可以达到 200 公里/小时以上，这就需要运动员有足够的力量才能打出如此高的球速。力量已经成为优秀运动员的重要素质，否则很难在网球场上立足。力量素质的分类一般可以分为最大力量、快速力量和力量耐力几种。网球运动由于球拍和网球的重量交代，对于运动员速度、力量素质要求较高。同时，快速力量对于网球运动也非常重要，脚步的快速移动，快速有力的击球动作都要求运动员具备较大的快速力量。网球的比赛时间较长，网球运动的力量耐力主要以无氧力量耐力为主，因此网球运动员对力量耐力的要求也较高。

将反映力量素质的指标经单因素方差分析表明(见表 5-25)，不同等级青少年男子网球运动员在握力、背力、立定跳远和原地纵跳等力量素质指标上具有显著性差异($P<0.05$)。

表 5-25 **不同等级青少年男子网球运动员力量素质指标比较表(N=120)**

力量素质指标	等级($\bar{X}\pm s$)			总体($\bar{X}\pm s$)	P值(方差分析)
	一级	二级	三级		
握力	53.77±11.92	30.36±6.72	31.65±5.79	36.56±12.57	0.000*
背力	155.13±28.39	101.12±26.21	117.34±16.77	120.93±31.02	0.000*
立定跳远	2.12±0.07	2.00±0.15	1.94±0.09	2.00±0.13	0.000*
原地纵跳	41.67±5.24	32.99±3.68	28.77±6.08	33.33±7.20	0.000*
五级蛙跳	10.93±0.76	11.02±0.62	11.18±0.76	11.07±0.72	0.286

注:“*”代表显著性水平低于0.05。

将不同等级青少年男子网球运动员相互之间进行力量素质指标比较,经独立样本T检验(如表5-26)可知,不同等级青少年男子网球运动员两两比较中,在握力、背力、立定跳远和原地纵跳等力量素质指标除了握力中二级运动员与三级运动员不具备显著性差异外,其他均具有显著性差异($P<0.05$)。五级蛙跳在各个级别中均为显著性差异。

表 5-26 **不同等级青少年男子网球运动员力量素质指标比较结果表(N=120)**

力量素质指标	P值(独立样本T检验)		
	一级 二级	二级 三级	一级 三级
握力	0.000**	0.335	0.000**
背力	0.000**	0.001**	0.000**
立定跳远	0.000**	0.019*	0.000**
原地纵跳	0.000**	0.000**	0.000**
五级蛙跳	0.556	0.282	0.156

注:“*”表示不同等级青少年男子网球运动员素质比较$P\leqslant 0.05$;“**”表示$P\leqslant 0.01$。

（一）握力

握力主要反映运动员前臂和手部肌肉的力量，同时也受其他肌群的影响。握力是反映肌肉总体力量的一个很好的指标。本研究表明，不同等级青少年网球运动员的握力指标除了二级运动员与三级运动员没有显著性差异外，其他都具有显著性差异（$P<0.05$）（见图 5-15）。相关研究发现，无论性别，以右手为优势手的网球运动员其力量素质占有一定的优势。由此可见，运动员的握力能够反映运动员在力量素质上的差异。

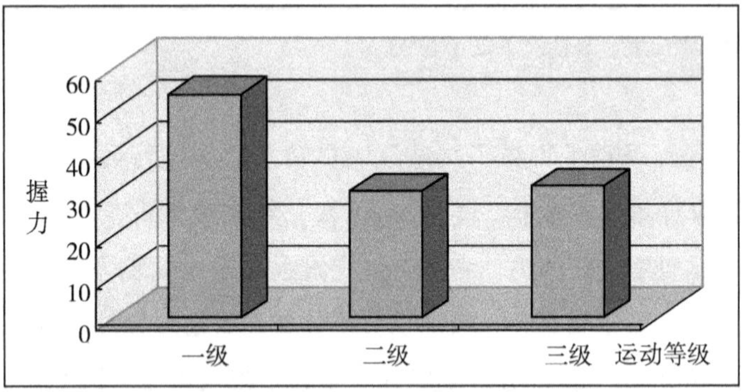

图 5-15　不同等级青少年男子网球运动员握力比较图

（二）背力

背力是反映网球运动员绝对力量的重要指标。经过单因素方差分析和独立样本 T 检验发现，不同等级青少年网球运动员在背力指标上具有显著性差异（$P<0.05$），一级运动员的背力均值高于其他等级网球运动员的背力均值，一级网球运动员在绝对力量上具有优势（见图 5-16）。

（三）立定跳远

立定跳远是下肢肌肉爆发收缩使身体向前的运动，突出了身体下肢

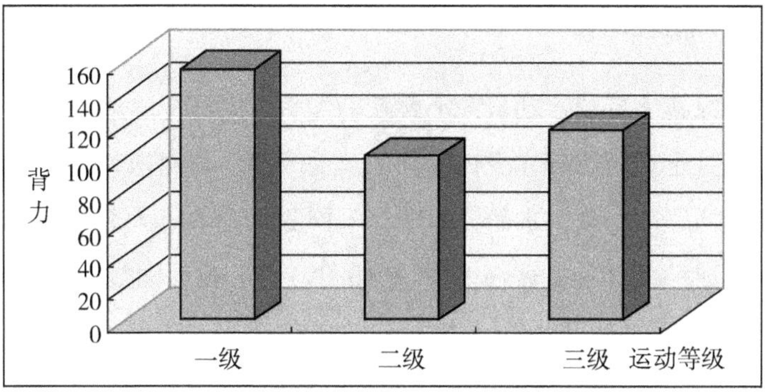

图 5-16 不同等级青少年男子网球运动员背力比较图

的爆发力。网球运动中的发球、击球、截击等技术的力量首先是来源于下肢的爆发性用力。力量从脚下的蹬地反作用于下肢，然后传递到腰，转体转腰将力量传送到手臂和手，最后到达拍面。整个受力过程连贯流畅的完成。因此，下肢爆发力与运动员的击球力量和速度有直接的关系。立定跳远正好能够反映运动员下肢爆发力大小。由此可见，立定跳远可以作为反映网球运动员下肢爆发力的重要指标，本研究也表明，不同等级青少年男子网球运动员在立定跳远指标上能够反映运动员的差异，一级运动员占有优势(见图 5-17)。

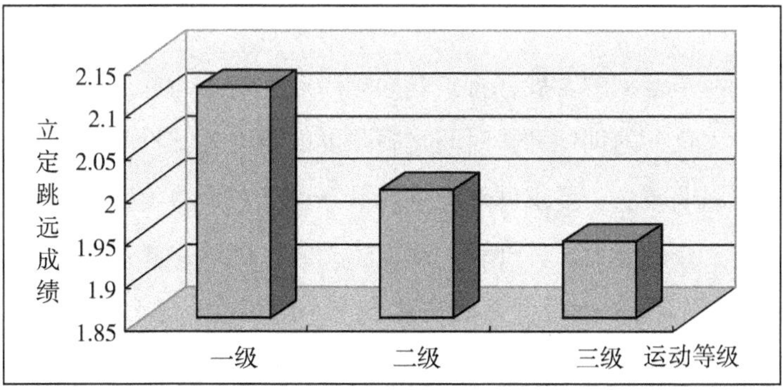

图 5-17 不同等级青少年男子网球运动员立定跳远成绩比较图

(四)原地纵跳

原地纵跳是反映运动员向上跳跃的能力。同样突出运动员的下肢爆发力，而且更多的体现在身体纵向的运动顺序，与网球运动员发球、高压球的用力顺序一致。本研究表明，不同等级青少年男子网球运动员在原地纵跳成绩上具有显著性差异(P<0.05)，一级运动员具有明显的优势(见图5-18)。

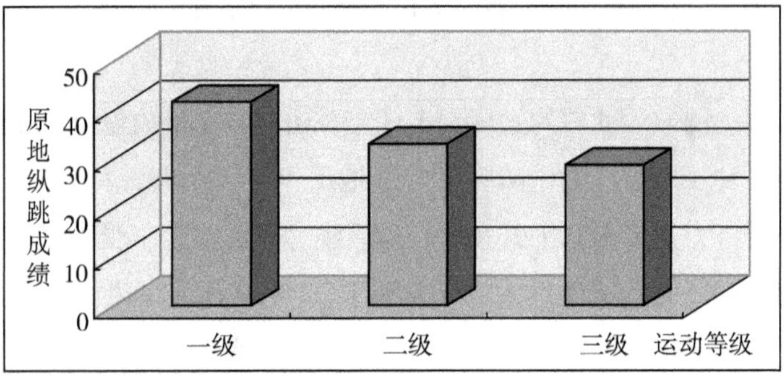

图5-18　不同等级青少年男子网球运动员原地纵跳成绩比较图

三、不同等级青少年男子网球运动员耐力素质指标的选择与分析

随着网球运动的发展，特别是网球职业化的不断深入，要求运动员具备承受大负荷的训练和长时间比赛强度的能力。就目前来看，国际比赛较多，周期较长，要求网球运动员具有连续数天参与比赛、全年不间断地参与比赛的能力。另外就一场比赛而言，网球比赛竞争激烈，一场比赛一般在1~3个小时，有时长达5个小时以上，这就对运动员的耐力素质提出了更高的要求。运动员必须具有较好的耐力素质，以保障运动员在比赛中技战术的发挥和竞技状态的保持，以取得优异的比赛成绩。本书选取了800米跑和3000米跑所为耐力素质的初选指标。

将反映耐力素质的800米跑和3000米跑指标经过单因素方差分析表明(见表5-27)，不同等级青少年男子网球运动员在3000米指标上具有显著性差异(P<0.05)。

表5-27 不同等级青少年男子网球运动员耐力素质指标比较表(N=120)

耐力素质指标	等级($\bar{X}\pm s$)			总体($\bar{X}\pm s$)	P值(方差分析)
	一级	二级	三级		
800米	2.59±0.12	2.62±0.22	2.58±0.25	2.60±0.21	0.710
3000米	678.62±16.83	692.04±9.53	697.52±11.16	691.08±14.28	0.000*

注："*"代表显著性水平低于0.05。

将不同等级青少年男子网球运动员相互之间进行耐力素质指标比较，经独立样本T检验(由表5-28可知)，不同等级青少年男子网球运动员在3000米耐力素质指标上具有显著性差异(P<0.05)，在800米上不具备显著性差异。

表5-28 不同等级青少年男子网球运动员耐力素质指标比较结果表(N=120)

耐力素质指标	P值(独立样本T检验)					
	一级	二级	二级	三级	一级	三级
800米	0.570		0.456		0.742	
3000米	0.000**		0.015*		0.000**	

注："*"表示不同等级青少年男子网球运动员素质比较P≤0.05；"**"表示P≤0.01。

网球比赛经常持续较长时间，一般都在1小时以上，而在大满贯比赛中一场比赛甚至超过5个小时。运动员比赛中运动员奔跑和连续移动调整击球，对肌肉的耐力水平提出了很高的要求。3000 米跑作为反映网球运动员耐力素质的重要指标之一，在本研究中发现，不同等级青少年男子网球运动员在 3000 米跑指标上具有显著性差异(P<0.05)。如图 5-19 所示，一级运动员的耐力素质最高，运动员在长时间多拍、多回合的击球比赛中占有优势。

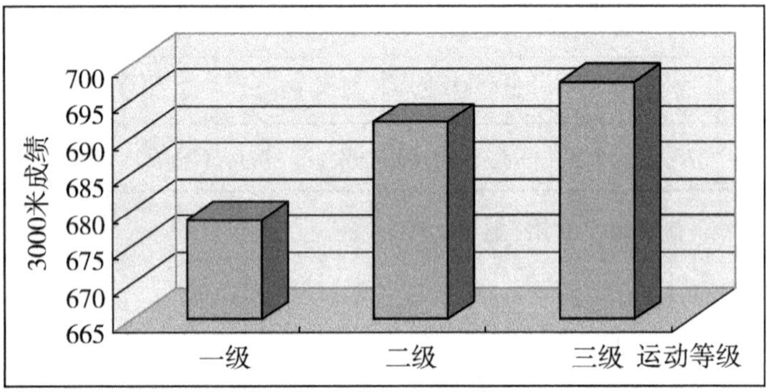

图 5-19　不同等级青少年男子网球运动员 3000 米成绩比较图

四、不同等级青少年男子网球运动员柔韧素质指标的选择与分析

柔韧素质是指人体关节在不同方向上的运动能力以及肌肉、韧带等软组织的伸展能力。它通过关节的运动幅度，也就是按一定的运动轴产生转动的活动范围而表现出来。研究表明，阻碍关节运动的主要作用力与软组织的弹性有关。良好的柔韧性有利于网球运动员防止运动员损伤，同时保证更好地完成一些技术动作。对于青少年运动员正手发展柔韧的关键时期，柔韧性训练尤为重要。

经单因素方差分析发现(见表 5-29)，不同等级青少年男子网球运动员在坐位体前屈、正手侧摸背和反手侧摸背等柔韧素质指标上具有显著性差异(P<0.05)。

表 5-29　不同等级青少年男子网球运动员柔韧素质指标比较表(N=120)

柔韧素质指标	等级($\bar{X}\pm s$)			总体($\bar{X}\pm s$)	P 值(方差分析)
	一级	二级	三级		
坐位体前屈	17.12±6.54	12.00±2.86	9.19±1.63	13.45±5.64	0.000*
正手侧摸背	4.70±0.49	4.93±0.62	5.17±0.49	4.97±0.56	0.001*
反手侧摸背	19.97±2.28	20.83±2.09	22.22±2.12	21.20±2.32	0.000*

注：“ * ”代表显著性水平低于 0.05。

将不同等级青少年男子网球运动员相互之间进行柔韧素质指标比较，经独立样本 T 检验(由表 5-30)可知，不同等级青少年男子网球运动员在坐位体前屈指标上具有显著性；在正手侧摸背指标上一级运动员与二级运动员具有显著性差异；在反手侧摸背指标上二级与三级、一级与三级运动员之间都具有显著性差异(P<0.05)。

表 5-30　不同等级青少年男子网球运动员柔韧素质指标比较结果表(N=120)

柔韧素质指标	P 值(独立样本 T 检验)					
	一级	二级	二级	三级	一级	三级
坐位体前屈	0.000**		0.000**		0.000**	
正手侧摸背	0.082		0.051		0.000**	
反手侧摸背	0.109		0.002**		0.000**	

注：“ * ”表示不同等级青少年男子网球运动员素质比较 P≤0.05；“ ** ”表示P≤0.01。

(一)坐位体前屈

坐位体前屈作为测试网球运动员关节和肌肉的灵活性的指标，能够反映运动员在移动和击球中的灵活性。通过分析，不同等级青少年男子网球运动员在坐位体前屈柔韧素质指标上具有显著性差异(P<0.05)。

有图 5-20 可以看出一级运动员的坐位体前屈成绩要明显高于二级运动员，二级运动员要好于三级运动员，这也说明坐位体前屈指标在反映关节柔韧性的同时能够很好地区分网球运动员在柔韧性上的差异，对于评价青少年男子网球运动员柔韧素质具有较好的效果。

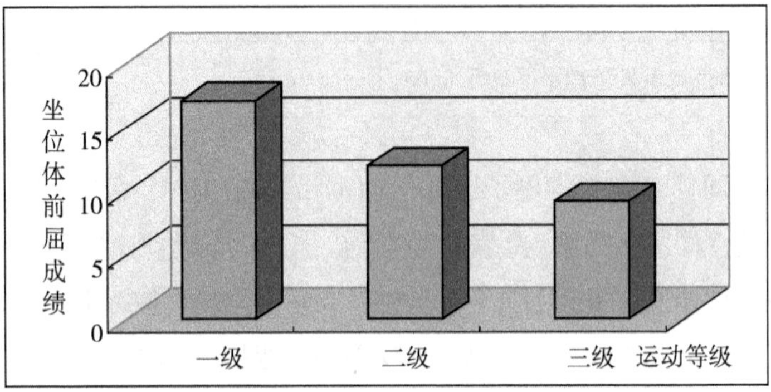

图 5-20　不同等级青少年男子网球运动员坐位体前屈

(二) 正手侧摸背

网球项目对运动员柔韧素质的要求主要表现在肩关节的柔韧性方面。良好的肩关节柔韧性可以加大运动员发球挥拍加速的距离，增加挥拍的速度，有利于发出高速度、大力量的发球。正手侧摸背主要测试运动员向上摸背一侧的肩关节的柔韧性，可以综合评价肩关节旋内、后伸及内收能力。如图 5-21 所示，一级运动员的正手侧摸背成绩最好，三级运动员最差。由此可见一级运动员的柔韧性素质要高于二三级运动员。

(三) 反手侧摸背

反手侧肩关节柔韧性的发展可以有助于其肌肉力量的提高，当双手握拍击球时就可以击出更有力的球。通过单因素方差分析和独立样本 T 检验发现，不同等级青少年男子网球运动员在反手侧摸背柔韧素质指标

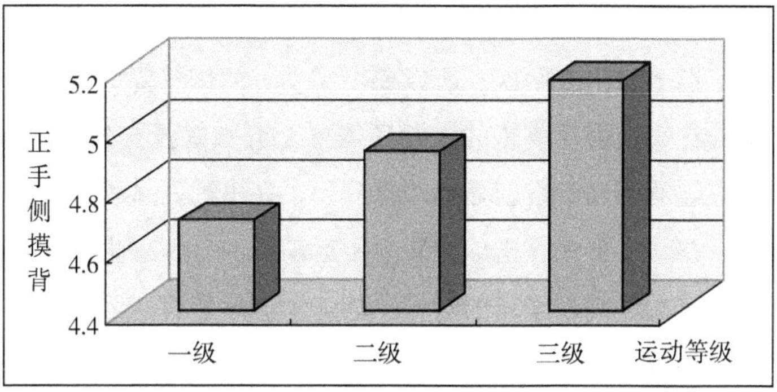

图 5-21　不同等级青少年男子网球运动员正手侧摸背成绩比较图

上，除了一级运动员与二级运动员没有差异外，其他等级运动员都具有显著性差异(P<0.05)。如图 5-22 所示，一级网球运动员的反手侧摸背成绩最好。

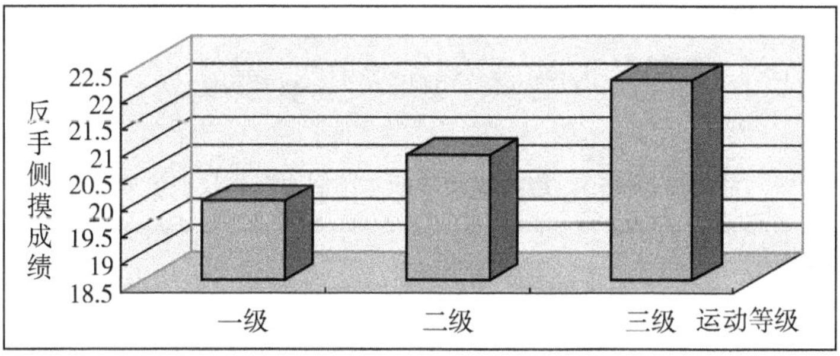

图 5-22　不同等级青少年男子网球运动员反手侧摸背成绩比较图

五、不同等级青少年男子网球运动员协调素质指标的选择与分析

协调是一种综合了平衡和节奏以及上下肢配合的运动能力。它包括肌肉对特殊运动和高强度运动所做出的不同收缩的有效性。在运动中，

协调性主要侧重于正确的生物力学动作，协调性好的运动员对动作的领悟和掌握能力要强。在网球比赛时，双方相持过程中球不会以同一速度、同一落点重复出现两次，所以要求运动员的球感要好，掌握好网球比赛节奏。在快速移动脚步的同时还需要充分做好挥拍以及击球动作，因此，上下肢的协调配合就显得非常重要。在击球的过程中，要准确的判断来球，并移动到最佳击球位置对于运动员的方位感也具有较高的要求，另外在运动员判断来球的时候，球速快，球的落点区域广，这也需要运动员具有较好的判断和反应能力。网球运动员的协调能力综合了运动员的节奏、方位判断、反应时间、平衡能力等各方面的因素，对于运动员在场上运动技战术的发挥具有重要的作用。衡量运动员协调能力的指标有许多，本书在借鉴国内外专家学者对运动员协调能力研究成果的基础上征求专家的意见，最终确定 1 分钟双摇跳绳、闭眼单脚站立两个指标作为反映运动员协调能力的初选指标。

如表 5-31 所示，在反映不同等级青少年男子网球运动员协调素质的指标上进行单因素方差分析发现：1 分钟双摇跳绳指标具有显著性差异($P<0.05$)，而闭眼单脚站立不具备显著性差异。

表 5-31　**不同等级青少年男子网球运动员协调素质指标比较表(N=120)**

协调素质指标	等级($\bar{X}\pm s$)			总体($\bar{X}\pm s$)	P 值(方差分析)
	一级	二级	三级		
1 分钟双摇跳绳	105. 89±10. 23	89. 36±13. 97	85. 88±10. 29	91. 90±14. 10	0. 000*
闭眼单脚站立	47. 50±44. 42	36. 76±34. 26	34. 47±34. 10	39. 36±36. 47	0. 029*

注：“ * ”代表显著性水平低于 0. 05。

将不同等级青少年男子网球运动员相互之间进行协调素质指标比较，经独立样本 T 检验(由表 5-32)可知，不同等级青少年男子网球运动员在 1 分钟双摇跳绳和闭眼单脚站立两个指标上，一级与二级运动员、一级与三级运动员之间具有显著性差异($P<0.05$)。

表 5-32　**不同等级青少年男子网球运动员协调素质指标比较结果表(N=120)**

协调素质指标	P 值(独立样本 T 检验)					
	一级	二级	二级	三级	一级	三级
一分钟双摇跳绳	0.000**		0.188		0.000**	
闭眼单脚站立	0.003**		0.999		0.030*	

注：“*”表示不同等级青少年男子网球运动员素质比较 P≤0.05；“**”表示 P≤0.01。

由此，本书选取了一分钟双摇跳绳、闭眼单脚站立作为衡量运动员柔韧素质的评价指标。

(一)一分钟双摇跳绳

一分钟双摇跳绳作为反映网球运动员身体协调性的重要指标，通过研究表明，不同等级青少年男子网球运动员在 1 分钟双摇跳绳协调素质指标上具有显著性差异(P<0.05)。同时如图 5-22 可以直观看出，一级网球运动员的 1 分钟双摇跳绳成绩最好，反映其身体协调性越好。

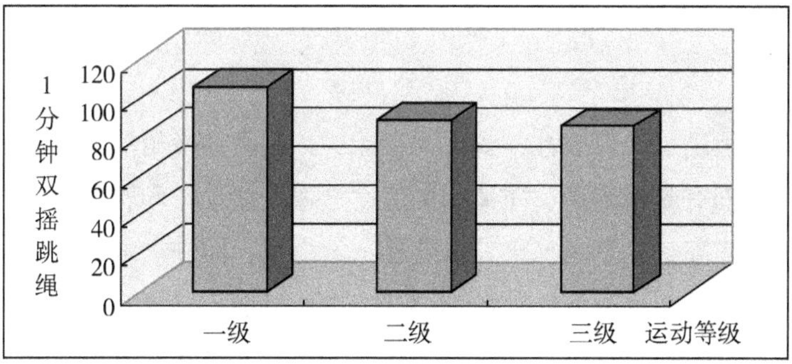

图 5-23　不同等级青少年男子网球运动员 1 分钟双摇跳绳成绩比较图

(二)闭眼单脚站立

闭眼单脚站立作为反映网球运动员身体平衡性的重要指标，运动员闭眼单脚站立时间越长，其身体的平衡性越好。通过单因素方差分析和独立样本T检验，结果表明，不同等级青少年男子网球运动员在闭眼单脚站立协调素质指标上除了一级与三级运动员之间不具备显著性外，其他均具有显著性差异($P<0.05$)。同时如图5-24可以直观看出，一级网球运动员的闭眼单脚站立时间最长，反映其身体平衡性具有优势。

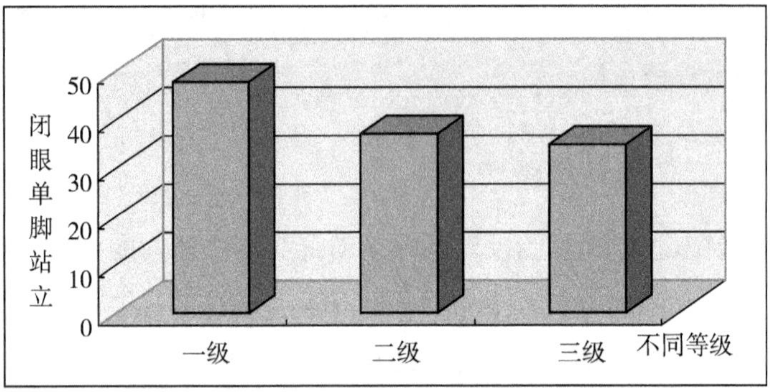

图5-24　不同等级青少年男子网球运动员闭眼单脚站立比较图

六、不同等级青少年男子网球运动员灵敏素质指标的选择与分析

网球运动员的灵敏性，表现为在能够控制身体平衡的情况下，还能够做到快而有效地起动、减速、加速、迅速变换动作和转换方向。在网球比赛中需要运动员根据来球落点迅速的变换，防守全场。对于运动员的在整个场地中的变换能力要求较高，不仅需要运动员具备较强的速度和力量，同时对于运动员的灵敏素质的要求也非常高。网球运动员的灵敏素质与反映速度具有密切的联系。可以说灵敏素质在网球运动员的各项身体素质中占有重要地位，是运动员在比赛中各项身体素质、运动技

战术以及心智能力的综合体现。

表 5-33　**不同等级青少年男子网球运动员灵敏素质指标比较表(N=120)**

协调素质指标	等级($\bar{X}$±s)			总体($\bar{X}$±s)	P 值(方差分析)
	一级	二级	三级		
左边线转前冲刺跑	2.96±0.84	3.29±0.90	3.42±0.76	3.26±0.84	0.037*
右边线折返冲刺跑	2.18±0.17	2.39±0.25	2.64±0.41	2.44±0.36	0.000*

注："*"代表显著性水平低于 0.05。

对选取的反映不同等级青少年男子网球运动员灵敏素质的两个指标进行单因素方差分析结果表明(见表 5-33)，不同等级青少年男子网球运动员在右边线折返冲刺跑以及右边线折返冲刺跑指标上都具有显著性差异(P<0.05)。

将不同等级青少年男子网球运动员在反应灵敏素质的两个指标左边线转前冲刺跑、右边线折返冲刺跑进行独立样本 T 检验可以看出(表 5-34)，不同等级运动员在右边线折返冲刺跑指标上均具有显著性差异(P<0.05)。在左边线转前冲刺跑指标中，一级运动员与三级运动员之间具备显著性差异。

表 5-34　**不同等级青少年男子网球运动员灵敏素质指标比较结果表(N=120)**

协调素质指标	P 值(独立样本 T 检验)		
	一级　二级	二级　三级	一级　三级
左边线转前冲刺跑	0.128	0.439	0.014*
右边线折返冲刺跑	0.000**	0.001**	0.000**

注："*"表示不同等级青少年男子网球运动员素质比较 P≤0.05；"**"表示 P≤0.01。

由此认为左边线转前冲刺跑、右边线折返冲刺跑在反应运动员灵敏素质上可以反映运动员相互间的差异。因此，在衡量不同等级青少年男子网球运动员灵敏素质指标中，把左边线转前冲刺跑、右边线折返冲刺跑两个指标作为评定运动员灵敏素质的指标。

（一）左边线转前冲刺跑

左侧边线转前冲刺跑测试要求运动员先从底线左端点（单打一线）侧滑步至底线中点，再转向冲刺到发球线中点，主要用来反映运动员在侧向移动后的快速向前冲刺的能力。根据单因素方差分析和独立样本T检验，结果表明，不同等级青少年男子网球运动员在左边线转前冲刺跑灵敏素质指标上具有显著性差异（$P<0.05$）。同时如图5-25可以直观看出，一级网球运动员的左边线转前冲刺跑成绩最好，反映该等级运动员在侧向移动后的快速向前冲刺的能力最好。

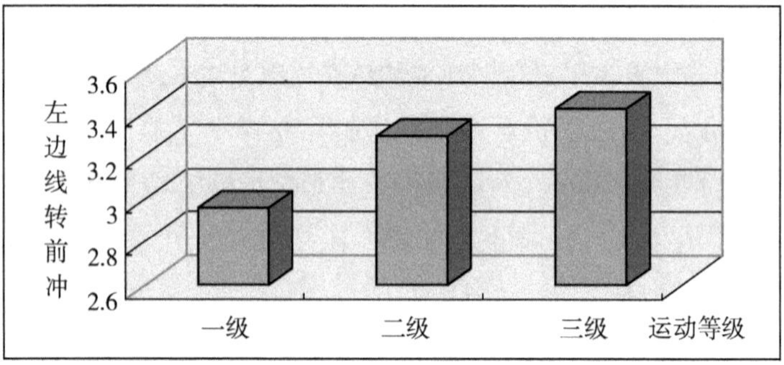

图5-25　不同等级青少年男子网球运动员左边线转前冲刺跑成绩比较图

（二）右边线折返冲刺跑

右侧边线折返冲刺跑要求运动员站在网球底线中点处，听到发令以后做侧滑步移动到右单打边线，然后转身跑回到到底线中点。右侧边线折返冲刺跑可以用来反映运动员在场上大于或等于90°的快速变向能力，同时也模仿于运动员在底线运动路线。根据单因素方差分析和独立样本 T 检验，结果表明，不同等级青少年男子网球运动员在右边线折返冲刺跑灵敏素质指标上，一级与三级运动员之间具有显著性差异($P<0.05$)。同时如图 5-26 可以直观看出，三级网球运动员的右边线折返冲刺跑成绩最好，反映该等级运动员在大角度变向能力上能力较强。

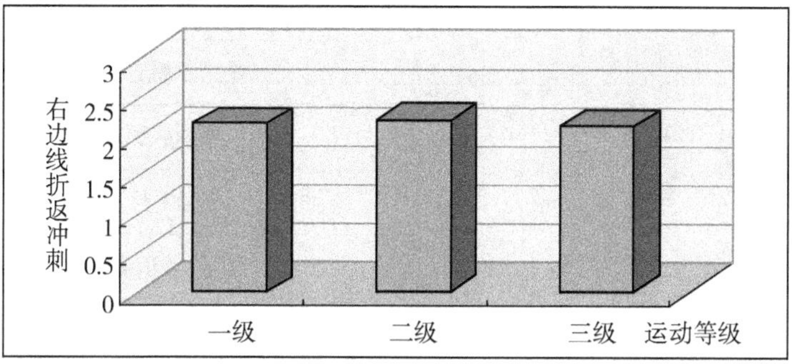

图 5-26 不同等级青少年男子网球运动员右边线折返冲刺跑成绩比较图

七、不同等级青少年男子网球运动员身体素质指标的统计优化

经过以上对不同等级青少年男子网球运动员的身体素质指标进行的单因素方差分析以及独立样本 T 检验，归纳出来了在反映运动员身体素质上具有显著性差异的 14 项指标，主要包括：30 米跑、扇形跑、握力、背力、立定跳远、原地纵跳、3000 米、坐位体前屈、正手侧摸背、反手侧摸背、一分钟双摇跳绳、闭眼单脚、站立左边线转前冲刺跑、右边线折返冲刺跑等(见表 5-35)。

对不同等级青少年男子网球运动员身体素质指标做适当性度量的 KMO 值和巴特莱特球度检验，检验结果如表 5-36 所示：统计筛选出的 14 项身体素质指标的 KMO(Kaiser-Meyer-Olkin)的值为 0. 759，Bartlett 球度检验的相伴概率为 0. 000，小于显著水平 0. 05。由此可见，根据统计学家 Kaiser 给出的标准，所有筛选的 7 项身体素质指标适合做因子分析。

表 5-35　评价不同等级青少年男子网球运动员身体素质指标筛选后的指标

	青少年男子网球运动员
身体素质指标	30 米跑
	扇形跑
	握力
	背力
	立定跳远
	原地纵跳
	3000 米
	坐位体前屈
	正手侧摸背
	反手侧摸背
	一分钟双摇跳绳
	闭眼单脚站立
	左边线转前冲刺跑
	右边线折返冲刺跑

表 5-36　不同等级青少年男子网球运动员身体素质样本适当性度量的 KMO 值和巴特莱特球度检验

Kaiser-Meyer-Olkin Measure of Sampling Adequacy.		0. 759
Bartlett's Test of Sphericity	Approx. Chi-Square	1151. 733
	df	91
	Sig.	0. 000

通过对不同等级青少年男子网球运动员身体素质各指标进行因子分析，所选的素质指标均的共同度均在 0.6 以上，说明所提取的因子能够很好地反映青少年男子网球运动员身体素质能力(见表 5-37)。

表 5-37　**不同等级青少年男子网球运动员身体素质因子共同度**

身体素质指标	Initial	Extraction
30 米跑	1.000	0.884
扇形跑	1.000	0.860
握力	1.000	0.915
背力	1.000	0.951
立定跳远	1.000	0.757
原地纵跳	1.000	0.919
3000 米	1.000	0.877
坐位体前屈	1.000	0.855
正手侧摸背	1.000	0.672
反手侧摸背	1.000	0.594
一分钟双摇跳绳	1.000	0.714
闭眼单脚站立	1.000	0.774
左边线转前冲刺跑	1.000	0.638
右边线折返冲刺跑	1.000	0.653

注：因子提取方法为主成分分析法。

根据不同等级青少年男子网球运动员身体素质指标由特征值以及方差百分比法进行主成分分析法确定为 4 个主要因子。从表 5-38 中可以看出对 4 个因子的载荷矩阵和旋转矩阵后得出了 3 个因子的贡献率和累计贡献率，且 4 个因子的累计贡献率达到了 69.726%，因此，可以接受这 4 个因子为主要因子。从而把不同等级青少年网球运动员的身体机能指标确定为 4 个主要因子进行概括。同时由公式：

$$Ti = \frac{\lambda P\%}{\sum_{i=1}^{k} \lambda P\%}$$

（其中：Ti 表示 I 因子在反映整体信息中所占的权重；$\sum_{i=1}^{k} \lambda P\%$ 表示 I 成分的贡献率，$\lambda P\%$ 表示 K 个成分的累计贡献率）

表 5-38　不同等级青少年男子网球运动员身体素质因子分析总的方差解释

Component	Initial Eigenvalues			Extraction Sums of Squared Loadings			Rotation Sums of Squared Loadings		
	Total	% of Variance	Cumulative %	Total	% of Variance	Cumulative %	Total	% of Variance	Cumulative %
1	5.084	36.312	36.312	5.084	36.312	36.312	2.979	21.280	21.280
2	1.892	13.514	49.826	1.892	13.514	49.826	2.792	19.941	41.220
3	1.685	12.033	61.859	1.685	12.033	61.859	2.379	16.990	58.211
4	1.101	7.867	69.726	1.101	7.867	69.726	1.612	11.516	69.726
5	0.996	7.115	76.842						
6	0.796	5.687	82.528						
7	0.690	4.929	87.457						
8	0.592	4.225	91.682						
9	0.412	2.945	94.628						
10	0.315	2.248	96.876						
11	0.225	1.610	98.486						
12	0.111	0.792	99.277						
13	0.072	0.516	99.793						
14	0.029	0.207	100.000						

注：因子提取方法为主成分分析法。

分别计算 4 个因子在整个身体素质指标中的权重，可以算出：因子 F1 的权重为 0. 11，因子 F2 的权重为 0. 22，因子 F3 的权重为 0. 31，因子 F4 的权重为 0. 36(见表 5-39)。

表 5-39　　不同因素成分权重表

因子	累计贡献率(%)	权重
F1	21. 280	0. 11
F2	41. 220	0. 22
F3	58. 211	0. 31
F4	69. 726	0. 36

表 5-40 是各因子的载荷情况。由表可知，在因子 F1 中坐位体前屈占较大的权重，其次是三十米跑和扇形跑；在因子 F2 中握力、背力和闭眼单脚站立占有较大的权重。在因子 F3 中立定跳远、原地纵跳和一分钟双摇跳绳占有较大权重。在因子 F4 中正手侧摸背、反手侧摸背、左边线转前冲刺跑和右边线折返冲刺跑占有较大权重。

表 5-40　不同等级青少年男子网球运动员身体素质旋转后因子(成分)矩阵

身体素质指标	Component			
	F1	F2	F3	F4
30 米跑	0. 784	-0. 489	0. 163	0. 062
扇形跑	0. 844	0. 326	0. 164	0. 120
握力	-0. 494	0. 801	-0. 102	-0. 134
背力	-0. 218	0. 948	0. 020	-0. 064
立定跳远	-0. 266	0. 355	-0. 743	-0. 090

续表

身体素质指标	Component			
	F1	F2	F3	F4
原地纵跳	-0.268	0.479	-0.774	-0.134
3000 米	0.223	-0.219	0.284	0.313
坐位体前屈	0.912	0.043	0.069	0.132
正手侧摸背	0.016	-0.034	0.087	0.602
反手侧摸背	0.110	0.041	0.172	0.742
一分钟双摇跳绳	-0.109	0.231	-0.791	-0.152
闭眼单脚站立	-0.380	-0.659	0.443	0.004
左边线转前冲刺跑	0.159	-0.098	-0.025	0.634
右边线折返冲刺跑	0.304	-0.030	0.244	0.548

注：因子提取方法为主成分分析法；选择方法为方差极大正交旋转；提取因子为 3 个。

运用因子分析法，由表 5-37 中的各指标的因子载荷可以计算出各个指标在相应因子中的权重值，公式为：

$$Ti = \frac{|\vartheta ij|}{\sum_{i=1}^{k} |\vartheta ij|}$$

（Ti：表示 i 指标在某因子中所占的权重，$|\vartheta ij|$ 表示 i 指标在 J 因子上载荷的绝对值，$\sum_{i=1}^{k} |\vartheta ij|$ 表示该因子中所有指标因子载荷绝对值的代数和）

通过计算得出各个反映网球运动员身体素质指标（表 5-41）在各因子中的权重值。

表 5-41　**不同等级青少年男子网球运动员各因子中各指标权重**

	Component			
	F1 因子(a)	F2 因子(b)	F3 因子(c)	F4 因子(d)
30 米跑	0. 154	0. 103	0. 04	0. 017
扇形跑	0. 166	0. 069	0. 04	0. 032
握力	0. 097	0. 169	0. 025	0. 036
背力	0. 043	0. 199	0. 005	0. 017
立定跳远	0. 052	0. 075	0. 182	0. 024
原地纵跳	0. 053	0. 101	0. 19	0. 036
3000 米	0. 044	0. 046	0. 07	0. 084
坐位体前屈	0. 179	0. 009	0. 017	0. 035
正手侧摸背	0. 003	0. 007	0. 021	0. 161
反手侧摸背	0. 022	0. 009	0. 042	0. 199
一分钟双摇跳绳	0. 021	0. 049	0. 194	0. 041
闭眼单脚站立	0. 075	0. 139	0. 109	0. 001
左边线转前冲刺跑	0. 031	0. 021	0. 006	0. 17
右边线折返冲刺跑	0. 06	0. 006	0. 06	0. 147

通过上述分析和计算得出的各个指标在不同因子中所占的权重值可以算出每一个指标在身体素质中所占有的综合权重值。计算公式如下：

指标最终权重=a×因子 F1 权重+b×因子 F2 权重

+c×因子 F3 权重+d×因子 F4 权重

(公式中的 a、b、c、d 分别代表各个因子在整个技战术中所占有的权重系数)

据此计算出不同等级青少年男子网球运动员各技战术指标最终权重=0. 11×因子 F1 权重+0. 22×因子 F2 权重+0. 31×因子 F3 权重+0. 36×因子 F4 权重(如表 5-42，图 5-27)。

表 5-42　**不同等级青少年男子网球运动员身体素质指标权重**

	典型指标	权重模型
身体素质	30 米跑	0.06
	扇形跑	0.06
	握力	0.06
	背力	0.06
	立定跳远	0.08
	原地纵跳	0.10
	3000 米	0.07
	坐位体前屈	0.04
	正手侧摸背	0.07
	反手侧摸背	0.09
	一分钟双摇跳绳	0.09
	闭眼单脚站立	0.07
	左边线转前冲刺跑	0.07
	右边线折返冲刺跑	0.08

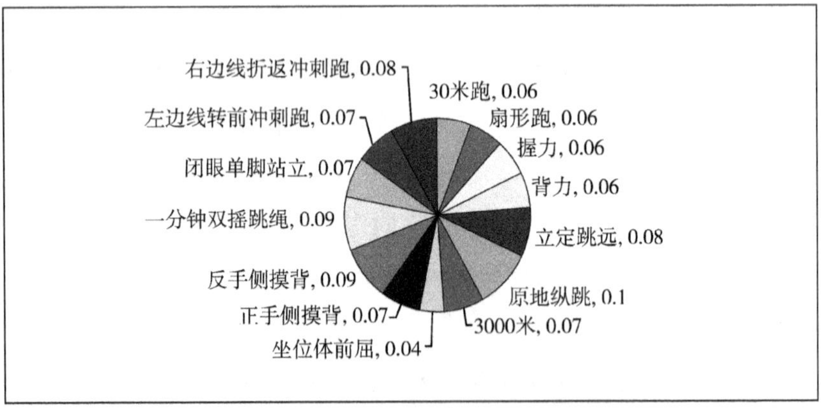

图 5-27　不同等级青少年男子网球运动员身体素质权重模型

第五节　不同等级青少年男子网球运动员身体机能指标的选择与分析

青少年正处长身体各项机能不断发育和完善的时期，各项机能还不成熟，对于大负荷的运动还不能完全适应。网球运动是一项需要长时间承受大运动量和比赛强度的运动项目。一般网球比赛需要持续一到两个小时，大型的公开赛持续时间更长，甚至长达五个小时以上，这就给青少年网球运动员在身体机能上提出了更高的要求。需要运动员在身体各项机能，例如呼吸机能、循环机能、神经机能上都具有较高的水平。本书就网球运动的运动特点对青少年男子网球运动员的循环机能、呼吸机能以及神经机能等身体机能指标进行分析。

一、不同等级青少年男子网球运动员循环机能指标的选择与分析

心血管能力能够保证运动员能量物质的运输，承受较大的负荷。本书根据循环机能的特点选择了心功能指数、脉压差、台阶指数、安静脉搏、收缩压、舒张压等初选指标。

不同等级青少年网球运动员在循环机能指标上经单因素方差分析发现(见表 5-43)，运动员在脉压差、收缩压、台阶指数、舒张压指标上具有显著性差异($P<0.05$)，在心功能指数、安静脉搏指标上无显著性差异($P>0.05$)(见表 5-43)。

通过进一步对不同等级青少年男子网球运动员相互之间进行比较分析，由独立样本 T 检验发现(表 5-44)，运动员在脉压差、收缩压以及舒张压指标上二级与三级、一级与三级运动员具有显著性差异；在台阶指数上，一级与二级、一级与三级运动员之间具有显著性差异($P<0.05$)。

表 5-43　**不同等级青少年男子网球运动员循环机能指标比较表(N=120)**

循环机能指标	等级($\bar{X}$±s)			总体($\bar{X}$±s)	P 值(方差分析)
	一级	二级	三级		
心功能指数	4. 12±0. 13	4. 89±0. 45	5. 10±0. 44	4. 69±0. 32	0. 051
脉压差(mmHg)	40. 68±10. 78	40. 26±9. 50	38. 43±9. 66	38. 43±9. 66	0. 000*
台阶指数	56. 15±8. 78	54. 39±6. 57	58. 07±8. 44	56. 14±8. 64	0. 000*
安静脉搏(b-min-1)	77. 57±10. 56	78. 19±9. 07	76. 41±9. 39	77. 63±9. 47	0. 554
收缩压(mmHg)	114. 49±13. 75	114. 29±12. 35	104. 39±11. 98	110. 8±913. 27	0. 000*
舒张压(mmHg)	73. 81±9. 34	74. 04±8. 14	69. 07±8. 25	72. 46±9. 25	0. 000 *

注：“ * ”代表显著性水平低于 0. 05。

表 5-44　**不同等级青少年男子网球运动员循环机能指标比较结果表(N=120)**

循环机能指标	P 值(独立样本 T 检验)					
	一级	二级	二级	三级	一级	三级
心功能指数	0. 772		0. 109		0. 064	
脉压差(mmHg)	0. 581		0. 000**		0. 000**	
台阶指数	0. 037*		0. 299		0. 001**	
安静脉搏(b-min-1)	0. 995		0. 595		0. 922	
收缩压(mmHg)	0. 848		0. 000**		0. 000**	
舒张压(mmHg)	1. 000		0. 000**		0. 000**	

注：“ * ”表示不同等级青少年男子网球运动员机能比较 P≤0. 05；“ ** ”表示 P≤0. 01。

因此，本书选取脉压差(mmHg)、台阶指数、收缩压(mmHg)、舒张压(mmHg)等指标作为评价运动员身体机能的指标。

(一)脉压差

脉压差反映的是收缩压与舒张压的差值，保持脉压差的相对稳定，对于正常人体的生命活动是十分重要的。在对脉压差指标的影响方面，三级运动员与其他等级运动员之间都有显著性差异(P<0. 05)(如图 5-28 所示)。

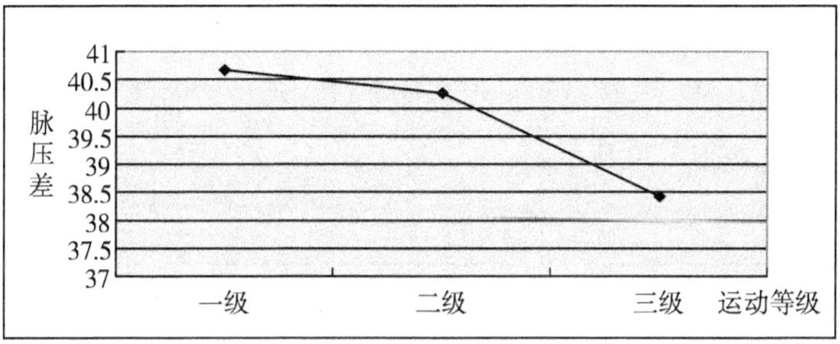

图 5-28　不同等级青少年男子网球运动员脉压差比较图

(二)台阶指数

台阶试验用于检测人体心血管系统的功能。它以一定的频率，在一定的时间内连续上、下一定高度的平台来增加心脏的负荷，使心肌的需氧量增加，再通过检测踏台阶运动后恢复期间的脉搏变化，来测定人体心血管的功能。在台阶试验中，一级运动员与其他等级运动员之间存在显著性差异(P<0. 05)(如图 5-29 所示)。

(三)收缩压

从无音到刚刚听见的第 1 个动脉音时的外加压力相当于收缩压。动

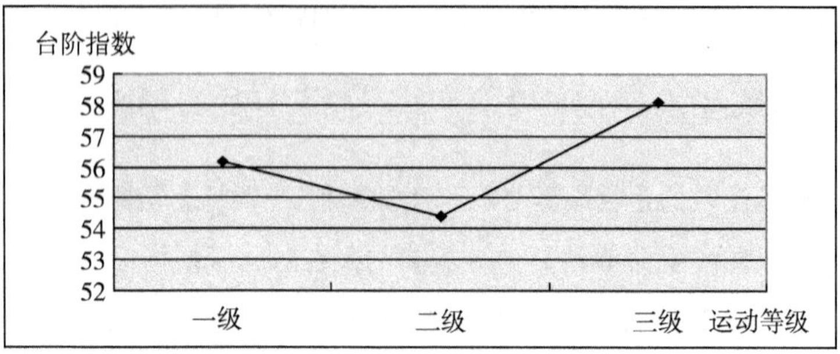

图 5-29　不同等级青少年男子网球运动员台阶指数比较图

脉血压维持在一定高度，对于保证脑的血液供应特别重要。在对收缩压指标的影响方面，三级运动员与其他等级运动员之间都有显著性差异(P<0.05)(如图 5-30 所示)。

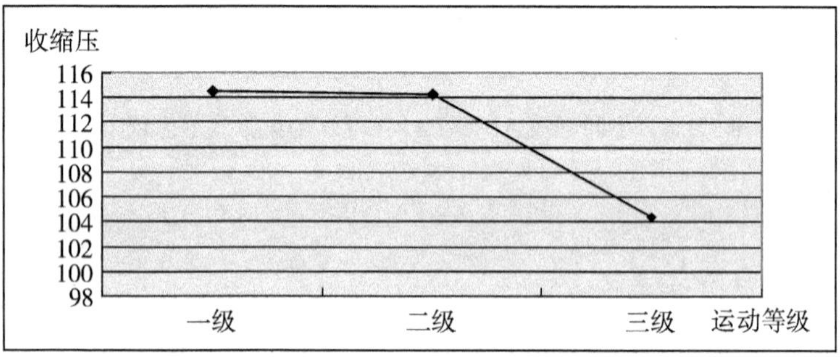

图 5-30　不同等级青少年男子网球运动员收缩压比较图

(四)舒张压

动脉音突然变弱时的外加压力相当于舒张压。在对舒张压指标的影响方面，三级运动员与其他等级运动员之间都有显著性差异(P<0.05)(如图 5-31 所示)。

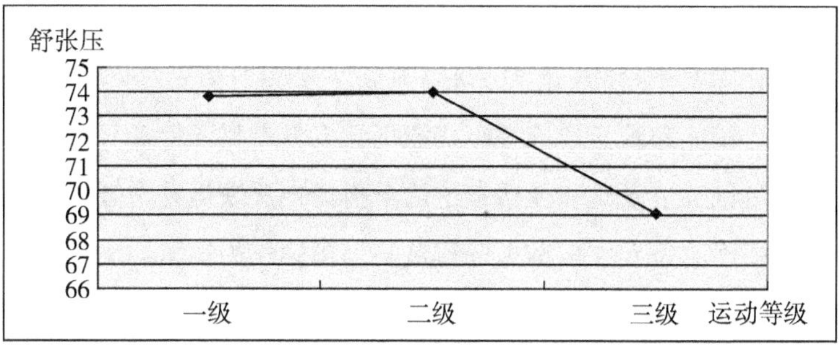

图 5-31 不同等级青少年男子网球运动员舒张压比较图

二、不同等级青少年男子网球运动员呼吸机能指标的选择与分析

从供能特点上来看网球运动是一项有氧和无氧相结合的运动项目，一场长时间，大负荷的比赛不仅需要网球运动员具有较好的心血管机能，同时对于其呼吸机能的要求也非常关键。它对运动员承受长期系统的、大负荷、大强度的训练，提高训练效果起着不容忽视的作用。本书根据呼吸机能的特点选择了肺活量比、肺活量等初选指标。

如表 5-45 所示，对反映不同等级青少年男子网球运动员呼吸机能的肺活量比以及肺活量进行单因素方差分析发现，三个级别运动员在这两个指标上均存在显著性差异(P<0.05)。

表 5-45 **不同等级青少年男子网球运动员呼吸机能指标比较表(N=120)**

呼吸机能指标	等级($\bar{X}\pm s$)			总体($\bar{X}\pm s$)	P 值(方差分析)
	一级	二级	三级		
肺活量比(ml-kg-1)	59.34±10.26	56.86±11.73	50.72±11.29	53.30±13.25	0.033*
肺活量(ml)	3852.00±805.64	3515.39±843.88	2725.97±651.86	3108.26±893.93	0.024*

注：“*”表示不同等级青少年男子网球运动员呼吸机能比较 P≤0.05.

将不同等级青少年男子网球运动员相互之间进行呼吸机能指标比较，经独立样本T检验(由表5-46)可知，不同等级青少年男子网球运动员在肺活量比和肺活量等呼吸机能指标上具有显著性差异(P<0.05)。

由此可见肺活量比和肺活量这两个指标在反映运动员呼吸机能上可以显现出相互的差异性，本书选择这两个指标作为衡量运动员竞技能力呼吸机能的评定指标。

表5-46　**不同等级青少年男子网球运动员呼吸机能指标比较结果表(N=120)**

呼吸机能指标	P值(独立样本T检验)					
	一级	二级	二级	三级	一级	三级
肺活量比(ml-kg-1)	0.024*		0.000**		0.000**	
肺活量(ml)	0.000**		0.000**		0.000**	

注："*"表示不同等级青少年男子网球运动员机能比较P≤0.05；"**"表示P≤0.01。

(一)肺活量比

肺活量比是一次通气肺活量与人体体重的比，反映人体单位体重下肺一次通气的最大能力，它具有相对性，基本上反映了人体的呼吸机能能力。肺活量比越大说明肺的通气能力越好。在肺活量比指标影响方面，不同等级青少年男子网球运动员相互之间都有显著性差异(P<0.05)(如图5-32所示)。

(二)肺活量

肺活量反映受试者1次呼吸时肺的最大通气能力，是人体生长发育水平最具代表性的机能指标之一。其大小主要取决于呼吸肌的力量、肺和胸廓的弹性等因素，受遗传因素影响较大，受训练因素影响较小。相关研究表明，呼吸肌力量越大，肺活量越大；胸廓、肺的伸展性越大，

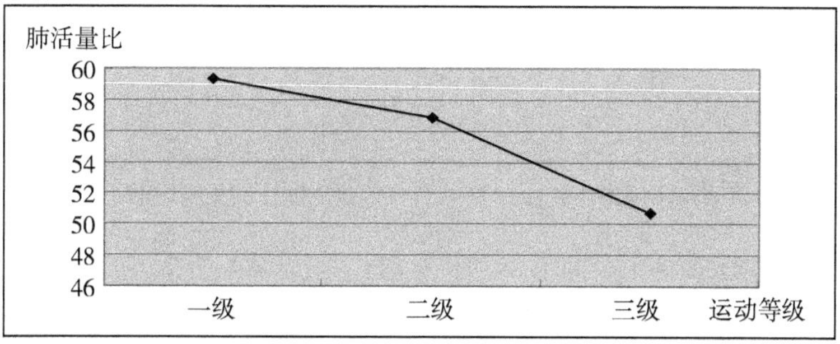

图 5-32　不同等级青少年男子网球运动员肺活量比比较图

肺活量也越大。本研究发现，在肺活量指标影响方面，不同等级青少年男子网球运动员相互之间都有显著性差异(P<0.05)。一级运动员的肺活量相对较大，反映其呼吸肌力量越足(如图 5-33 所示)。

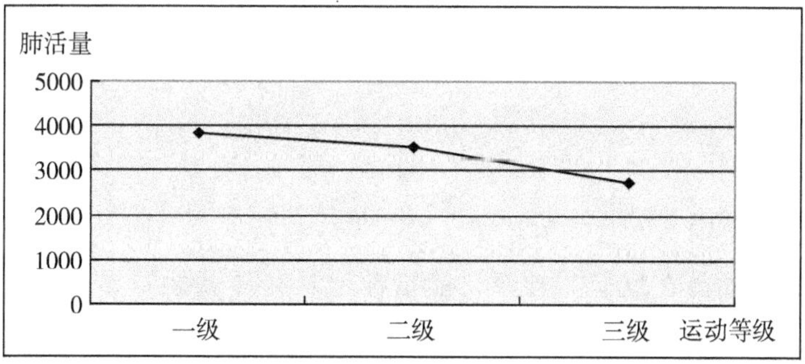

图 5-33　不同等级青少年男子网球运动员肺活量比较图

三、不同等级青少年男子网球运动员神经机能指标的选择与分析

由表 5-47 可以发现，经单因素方差分析结果表明不同等级青少年男子网球运动员在反应时神经机能指标上具有显著性差异(P<0.05)。

表 5-47　不同等级青少年男子网球运动员神经机能指标比较表（N=120）

神经机能指标	等级（$\bar{X}\pm s$）			总体（$\bar{X}\pm s$）	P 值（方差分析）
	一级	二级	三级		
反应时	0.38±0.03	0.51±0.13	0.44±0.08	0.45±0.11	0.000 *

注："＊"表示不同等级青少年男子网球运动员神经机能比较 P≤0.05。

不同等级青少年男子网球运动员在反应时指标上经过独立样本 T 检验（见表 5-48）发现，反应时在不同等级运动员在神经机能指标中具有显著性的差异（P<0.05）。

表 5-48　不同等级青少年男子网球运动员神经机能指标比较结果表（N=120）

神经机能指标	P 值（独立样本 T 检验）					
	一级	二级	二级	三级	一级	三级
反应时	0.000 **		0.002 **		0.000 **	

注："＊"表示不同等级青少年男子网球运动员机能比较 P≤0.05；"＊＊"表示 P≤0.01。

通过单因素方差分析和独立样本 T 检验发现，不同等级青少年男子网球运动员在反应时神经机能指标上具有显著性差异（P<0.05）。一级运动员的反应时最短，反应其神经机能的灵活性最高（如图 5-34 所示）。

四、不同等级青少年男子网球运动员身体机能指标的统计优化

经过以上对不同等级青少年男子网球运动员的身体机能指标进行的单因素方差分析以及独立样本 T 检验，归纳出来了在反映运动员身体素质上具有显著性差异的 7 项指标，主要包括：肺活量比、脉压差、台阶指数、收缩压、舒张压、肺活量、反应时等（见表 5-49）。

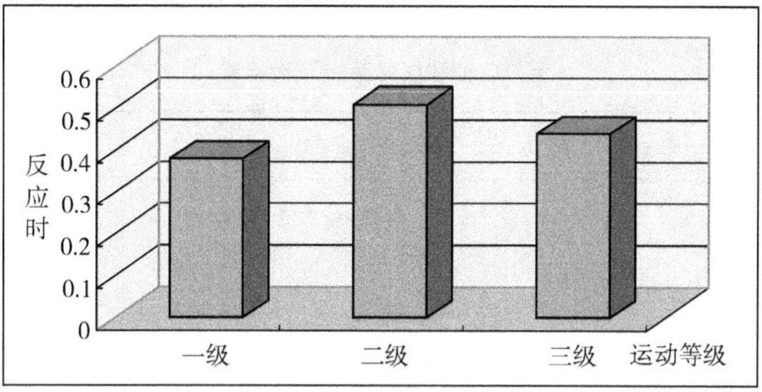

图 5-34　不同等级青少年男子网球运动员反应时比较图

表 5-49　不同等级青少年男子网球运动员身体机能指标统计筛选后的指标

	青少年男子网球运动员
身体机能指标	肺活量比
	脉压差
	台阶指数
	收缩压
	舒张压
	肺活量
	反应时

对不同等级青少年男子网球运动员身体机能指标做适当性度量的 KMO 值和巴特莱特球度检验，检验结果如表 5-50 所示。统计筛选出的 7 项身体机能指标的 KMO（Kaiser-Meyer-Olkin）的值为 0.759，Bartlett 球度检验的相伴概率为 0.000，小于显著水平 0.05。由此可见，根据统计学家 Kaiser 给出的标准，所有选择的 7 项身体机能指标适合做因子分析。

表 5-50　**不同等级青少年男子网球运动员身体机能样本适当性度量的 KMO 值和巴特莱特球度检验**

Kaiser-Meyer-Olkin Measure of Sampling Adequacy.		0.759
Bartlett's Test of Sphericity	Approx. Chi-Square	1151.733
	df	91
	Sig.	0.000

对所选取的反映不同等级青少年男子网球运动员身体机能指标做因子共同度分析(结果如表 5-51)，所有指标的共同度都在 0.6 以上，可见所提取的指标因子可以较好地反映原始变量的信息。

表 5-51　**不同等级青少年男子网球运动员身体机能因子共同度**

身体机能	Initial	Extraction
肺活量/体重($ml \cdot kg^{-1}$)	1.000	0.889
脉压差(mmHg)	1.000	0.970
台阶指数	1.000	0.639
收缩压(mmHg)	1.000	0.971
舒张压(mmHg)	1.000	0.842
肺活量(ml)	1.000	0.884
反应时(sec)	1.000	0.648

注：分析方法：主成分分析法。

根据不同等级青少年男子网球运动员身体机能指标数据，由特征值以及方差百分比法进行主成分分析法确定为 3 个主要因子。从表 5-52

中可以看出，对3个因子的载荷矩阵和旋转矩阵分析后得出了3个因子的贡献率和累计贡献率，且3个因子的累计贡献率达到了72.042%，概括了网球运动员身体机能的大部分信息，因此，可以接受这3个因子为主要因子，把不同等级青少年网球运动员的身体机能指标确定为3个主要因子进行概括。同时由公式：

$$Ti = \frac{\lambda P\%}{\sum_{i=1}^{k} \lambda P\%}$$

（其中：Ti 表示 I 因子在反应整体信息中所占的权重；$\sum_{i=1}^{k} \lambda P\%$ 表示 I 成分的贡献率，$\lambda P\%$ 表示 K 个成分的累计贡献率）

表5-52　**不同等级青少年男子网球运动员身体机能因子分析总的方差解释**

Component	Initial Eigenvalues			Extraction Sums of Squared Loadings			Rotation Sums of Squared Loadings		
	Total	% of Variance	Cumulative %	Total	% of Variance	Cumulative %	Total	% of Variance	Cumulative %
1	2.273	32.475	32.475	2.273	32.475	32.475	1.876	26.805	26.805
2	1.679	23.981	56.456	1.679	23.981	56.456	1.613	23.044	49.849
3	1.091	15.587	72.042	1.091	15.587	72.042	1.554	22.193	72.042
4	0.936	13.377	85.420						
5	0.853	12.189	97.608						
6	0.167	2.392	100.000						
7	3.604E-16	5.148E-15	100.000						

注：因子提取方法为主成分分析法

分别计算3个因子在整个身体机能指标中的权重，可以算出：因子F1的权重为0.18，因子F2的权重为0.34，因子F3的权重为0.48（见表5-53）。

表 5-53　　不同因子成分权重表

因子	累计贡献率(%)	权重
F1	26.805	0.18
F2	49.849	0.34
F3	72.042	0.48

通过(表 5-54)不同等级青少年男子网球运动员身体机能旋转矩阵情况可见，身体机能各项指标在各个因子中的贡献率是不一样的，在因子 F1 中肺活量和肺活量比占较大的权重；在因子 F2 中脉压差和收缩压占有较大的权重。在因子 F3 中舒张压占有较大权重。

表 5-54　不同等级青少年男子网球运动员身体机能旋转后因子(成分)矩阵

	Component		
	F1	F2	F3
肺活量/体重(ml. kg-1)	0.933	-0.086	-0.110
脉压差(mmHg)	0.075	0.978	-0.094
台阶指数	-0.075	0.001	-0.577
收缩压(mmHg)	0.091	0.789	0.583
舒张压(mmHg)	0.050	0.100	0.911
肺活量(ml)	0.923	0.101	0.148
反应时(sec)	-0.365	-0.081	-0.094

注：因子提取方法为主成分分析法；选择方法为方差极大正交旋转；提取因子为 3 个

运用因子分析法，由表 5-54 中的各指标的因子载荷可以计算出各个指标在相应因子中的权重值，公式为：

$$Ti = \frac{|\vartheta ij|}{\sum_{i=1}^{k} |\vartheta ij|}$$

（Ti：表示 i 指标在某因子中所占的权重，$|\vartheta ij|$ 表示 i 指标在 J 因子上载荷的绝对值，$\sum_{i=1}^{k} |\vartheta ij|$ 表示该因子中所有指标因子载荷绝对值的代数和）

通过计算得出各个反映网球运动员身体机能指标（表 5-55）在各因子中的权重值。

表 5-55　**不同等级青少年男子网球运动员各因子中各机能指标权重**

	Component		
	F1 因子（a）	F2 因子（b）	F3 因子（c）
肺活量/体重（ml. kg^{-1}）	0. 3714	0. 0403	0. 044
脉压差（mmHg）	0. 0299	0. 4579	0. 037
台阶指数	0. 0299	0. 0005	0. 229
收缩压（mmHg）	0. 0362	0. 3694	0. 232
舒张压（mmHg）	0. 0199	0. 0468	0. 362
肺活量（ml）	0. 3674	0. 0473	0. 059
反应时（sec）	0. 1453	0. 0379	0. 037

通过上述分析和计算得出的各个指标在不同因子中所占的权重值可以运用公式计算出每一个机能指标在身体机能中所占有的综合权重值。计算公式如下：

指标最终权重＝a×因子 F1 权重+b×因子 F2 权重+c×因子 F3 权重

（公式中的 a、b、c 分别代表各个因子在整个身体机能中所占有的权重系数）

据此计算出不同等级青少年男子网球运动员各机能指标最终权重＝0. 18×因子 F1 权重+0. 34×因子 F2 权重+0. 48×因子 F3 权重（如表5-56、

图 5-35)。

表 5-56　　不同等级青少年男子网球运动员身体机能各指标权重

	典型指标	最终指标权重模型
身体机能	肺活量/体重(ml. kg-1)	0. 10
	脉压差(mmHg)	0. 18
	台阶指数	0. 12
	收缩压(mmHg)	0. 24
	舒张压(mmHg)	0. 19
	肺活量(ml)	0. 11
	反应时(sec)	0. 06

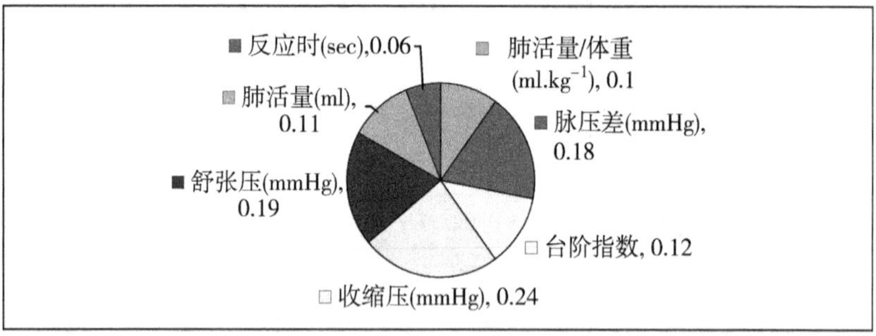

图 5-35　不同等级青少年男子网球运动员身体机能各指标权重模型

第六节　不同等级青少年男子网球运动员技战术指标的选择与分析

一、不同等级青少年男子网球运动员技术指标的选择与分析

网球运动员的技术能力在运动员竞技能力中是非常重要的一个因素。运动员只有具备了全面、稳定、优秀的技术才能在现今激烈的网球

比赛中获得优异的成绩。网球技术种类多样，与运动员的各项身体素质密切相关，一般对青少年网球运动员特别是女子运动员掌握起来比较困难。网球技术主要包括发球技术、接发球技术、正反手抽球技术、正反手削球技术、截击球技术、放小球技术、高压球技术、挑球技术等。对于网球技术的评价根据国内外有关专家的研究成果分为定性研究和定量研究两个方面，但大多数局限于定性的评价，存在许多主观上的倾向。对于许多高水平运动员来说，网球技术的好坏在展现的过程中存在许多不可控因素，例如场地器材的限制，受迫于对手强度的压力等都可能造成运动员在技术上失误或者展示不充分。因此在筛选评价运动员网球技术水平的指标时要充分考虑比赛中的实际情况，对于一级、二级、三级运动员的技术评价需要区别对待，全方面考虑。

(一)不同等级青少年男子网球运动员发球技术指标的选择与分析

发球技术是网球比赛的开始，也是所有技术中唯一不受对手限制的技术。强有力的发球必然会给对手造成巨大的压力。运动员从发球开始就占有了主动地位，对于战术的选择和运用有重要的作用。运动员可以做好充分准备后，利用凶猛有力和旋转变化打出准确刁钻的落点而导致对手回球困难，从而直接得分或为得分创造有利的进攻条件。近年来，世界排名前十位的选手几乎每位都是发球好手，上世纪末本世纪初的两位网坛霸主桑普拉斯和费德勒也都被公认拥有最好的发球。所以，提高发球技术对运动员提高竞技水平至关重要。

对于不同的运动员发球技术的评价应该具有不同的评价标准。对于初学者来说，才刚刚接触发球技术，评价其发球技术好坏的标准只需要对发球动作的各个环节做一些规定即可，例如是否已经明确的掌握发球时的握拍、是否明确掌握发球挥拍前和挥拍后的姿势等。对于掌握了一定发球基础的运动员来说评价其发球技术的好坏主要从是否掌握了多种发球技术、各种发球技术是否按照要求发到了规定的区域、发球的力量和速度是否达到了规定的要求等。一般情况下，青少年网球运动员在10～13岁以前都已经熟练的掌握了各项网球技术，并确保没有明显的技术缺陷，为将来具备强有力的进攻打下良好的基础。本书研究的青少年男子网球运动员年龄界定在14～18岁之间，而且都受过良好的基础训练，评价其发球技术的好坏更大程度决定于其在比赛中的发球表现。因此，本书在征求各位专家意见的基础上，将评价青少年男子网球运动员发球技术的指标确定为一发次数、一发成功次数、一发成功百分比、二发次数、二发得分百分比、双误以及“ACES”球个数等反映运动员在比赛过程中发球的效果指标上。

经单因素方差分析结果表明（见表5-57），不同等级青少年男子网球运动员在一发成功次数百分比指标上具有显著性差异（$P<0.05$）。

表5-57　**不同等级青少年男子网球运动员发球技术比较表（N=120）**

（平均每盘）

指标名称		运动等级			P值（方差分析）
		一级	二级	三级	
一发次数		29.2	28.4	27.3	0.798
一发成功	次数	18.6	21.1	17.2	0.066
	%	64.9	75.2	63.05	0.036*
得分	分数	5.1	4.8	5.3	0.731
	%	9.1	8.0	8.9	0.731
二发	分数	4.9	5.2	4.6	0.445
	%	36.5	44.9	45.3	0.445
双误	次数	1.5	0.7	0.9	0.374
	%	5.3	2.7	4.8	0.374
“ACES”球个数		0.3	0.7	0.6	0.432

注：①得分，包括队CES”球和对手接发球失误；②得分率=得分/平均每盘总得失分

由表 5-58 可以发现，经独立样本 T 检验结果表明不同等级青少年男子网球运动员在发球技术指标上，运动员在一发成功率上一级和二级运动员以及一级与三级运动员之间具有显著性差异(P<0.05)。

表 5-58 **不同等级青少年男子网球运动员发球技术指标比较结果表(N=120)**

指标名称		P 值(独立样本 T 检验)					
		一级	二级	二级	三级	一级	三级
一发次数		0. 506		0. 163		0. 268	
一发成功	次数	0. 063		0. 152		0. 236	
	%	0. 025*		0. 543		0. 034*	
得分	分数	0. 261		0. 321		0. 054	
	%	0. 127		0. 421		0. 086	
二发	分数	0. 218		0. 362		0. 235	
	%	0. 373		0. 234		0. 135	
双误	次数	0. 413		0. 762		0. 754	
	%	0. 714		0. 930		0. 604	
“ACES”球个数		0. 435		0. 458		0. 513	

注：“ * ”表示不同等级青少年男子网球运动员技术比较 P≤0. 05；“ ** ”表示P≤0. 01。

经过单因素方差分析以及独立样本 T 检验，在衡量运动员发球技术指标上，运动员的一发成功率可以显示相互之间的差异，在因此，本书取运动员一发成功率作为评价运动员发球技术的指标。

(二)不同等级青少年男子网球运动员接发球技术指标的选择与分析

如果说发球技术是比赛的开始，是一项重要技术的话，那么接发球技术相对发球技术来说同等重要。要想赢得比赛必须破掉对手的发球局，在应对对手强有力的发球时就必须具备良好的接发球技术，使自己不至于陷于被动防守。接发球技术主要看运动员能否迅速的移动到最佳的击球位置，选择有利的回球路线和回球方式并达到预定的回球效果。这与运动员的移动速度、反应时间、回球动作的稳定性以及心理因素等都有很大的关系。本为综合考虑各方面的因素，并征求专家的意见，最终将评价接发球技术的评价指标确定为运动员接发球的动作效果上，主要评价指标确定为直接得分百分比、失分百分比、破发成功得分百分比以及得失分综合百分比等指标上。

经单因素方差分析结果表明(见表5-59)，不同等级青少年男子网球运动员在接发球得失分综合百分比指标上具有显著性差异($P<0.05$)。

表5-59　**不同等级青少年男子网球运动员接发球技术指标比较表（N=120）**

(平均每盘)

指标名称		等级($\bar{X}\pm s$)			P值(方差分析)
		一级	二级	三级	
直接得分	次数	1.3	0.7	0.6	0.357
	%	5.0	2.8	2.2	0.357
失分	次数	3.5	5.1	4.8	0.549
	%	12.0	17.8	14.1	0.549
破发成功	次数	5.1	4.8	3.7	0.572
	%	67.8	54.3	52.1	0.572
得失分综合比	%	-8.8	-12.6	-14.3	0.037*

注：直接得分，即接发后使对手无法有效还击而得分。

得失分综合比计算方法为：(+)得分百分比+(-)失分百分比。

*代表显著性水平低于0.05。

由表5-60可以发现，经独立样本T检验分析结果显示，不同等级青少年男子网球运动员在接发球指标上，二级运动员与三级运动员之间有显著性差异，一级运动员与三级运动员之间具有显著性差异。

表5-60 不同等级青少年男子网球运动员接发球技术指标比较结果表(N=120)

指标名称		P值(独立样本T检验)					
		一级	二级	二级	三级	一级	三级
直接得分	次数	0.068		0.073		0.617	
	%	0.812		0.576		0.720	
失分	次数	0.871		0.244		0.312	
	%	0.871		0.244		0.312	
破发成功	次数	0.093		0.207		0.102	
	%	0.093		0.207		0.102	
得失分综合比	%	0.056		0.041*		0.037*	

注："*"表示不同等级青少年男子网球运动员技术比较 $P \leq 0.05$；"**"表示 $P \leq 0.01$。

由此，本书选择运动员接发球的得失分综合百分比指标作为评价运动员接发球技术的指标。

(三)不同等级青少年男子网球运动员底线抽球技术指标的选择与分析

在网球各项技术中，底线抽球技术是一项非常重要的进攻和防守技术，拥有强大的底线进攻能力可以给对手造成较大的压力，特别是在相持阶段的时候，强大的底线能够较好的稳固防守，等待机会，在对方防守出现漏洞的情况下迅速转相持为进攻，稳固得分。在比赛中能有效的衡量运动员底线抽球技术的指标就是运动员在底线的主动得分情况，即运动员在底线主动的发力抽球迫使对方无法有效还击而得分。有研究也表明，在网球比赛中运动员大部分的失分是由于自己的失误造成的。运动员的失误一般可以分为受迫性失误和非受迫性失误两个方面。受迫性失误除了跟自己的体能、技战术等因素有关外还与对手的竞技能力有关，而运动员在比赛中出现的非受迫性失误则较好的反映了运动员本身在技战术的稳定性。本书根据网球运动技术的特征，在征求专家意见的基础上选择了主动得分、非受迫性失误以及得失分综合比作为衡量技术的筛选指标。

经单因素方差分析结果表明(见表 5-61)，不同等级青少年男子网球运动员在运用抽球技术得失分综合百分比指标上具有显著性差异(P<0.05)。

表 5-61　**不同等级青少年男子网球运动员底线抽球技术指标比较表**

(N=120)(平均每盘)

指标名称		等级($\bar{X}$±s)			P 值(方差分析)
		一级	二级	三级	
主动得分	分数	2.4	2.6	2.7	0.912
	%	27.5	25.8	26.7	0.912
非受迫性失误(失分)	分数	3.8	5.8	7.1	0.769
	%	42.1	49.5	51.1	0.769
得失分综合比	%	2.7	−23.7	−27.8	0.034 *

注：“ * ”代表显著性水平低于 0.05；得失分综合比计算方法为：(+)得分百分比+(−)失分百分比。

不同等级青少年男子网球运动员在底线抽球技术指标上经过独立样本 T 检验(见表 5-62)发现，不同等级运动员在底线抽球技术指标中运用抽球技术得失分综合百分比指标上具有显著性的差异(P<0.05)。

表 5-62　**不同等级青少年男子网球运动员底线抽球技术指标比较结果表(N=120)**

指标名称		P 值(独立样本 T 检验)					
		一级	二级	二级	三级	一级	三级
主动得分	分数	0.427		0.284		0.226	
	%	0.365		0.357		0.285	
非受迫性失误(失分)	分数	0.663		0.756		0.518	
	%	0.211		0.351		0.219	
得失分综合比	%	0.048*		0.037*		0.025*	

注："*"表示不同等级青少年男子网球运动员技术比较 P≤0.05；"**"表示P≤0.01。

因此，本书选用运动员底线抽球的得失分综合比作为评价不同等级青少年网球运动员底线抽球技术的评价指标。

(四)不同等级青少年男子网球运动员网前主动抢截能力技术指标的选择与分析

随着网球运动的发展，现在的网球比赛竞争越来越激烈，比赛节奏在逐渐加快，运动员的进攻意识不断加强。运动员在比赛过程中已不再完全与对手相持在底线，而是逐步向中前场靠近，采取近身打法，给对手造成压力，迅速获得先机，制敌取胜。网前主动抢截技术反映了运动员的进攻能力，它要求运动员具备以进攻为主，以快制胜的战术意识。在目前的网球比赛中，尤其是双打比赛中经常运用，并能取得很好的制胜效果。影响网球运动员网球抢截技术发挥的因素有许多，包括运动员的心理素质，对上网时机的判断和选择，网前拦截技术的稳定性，对来球位置、方向、落点、力量的判断等。对于网前拦截技术的评价不仅取决于自身技术能力发挥，还取决于对手在比赛过程中的竞技能力。因此在选择评价青少年男子网球运动员网球主动拦截技术能力指标时主要以运动员在比赛过程中的拦截效果指标作为评价依据，本书选取了平均每盘使用次数、成功次数百分比、失败次数百分比以及拦截后无得失百分比等筛选评价指标。

经单因素方差分析结果表明(见表5-63)，不同等级青少年男子网球运动员在网前主动拦截得分百分比指标上具有显著性差异($P<0.05$)。

表5-63　**不同等级青少年男子网球运动员网前主动拦截技术指标比较表(N=120)(平均每盘)**

指标名称		等级($\bar{X}\pm s$)			P值
		一级	二级	三级	(方差分析)
平均每盘使用次数		3.8	6.6	7.3	0.783
成功次数	得分	2.85	3.6	4.2	0.056
	%	69.4	52.9	47.8	0.046*
失败次数	失分	0.8	1.7	2.1	0.152
	%	13.9	22.1	24.5	0.152
拦截后无得失	次数	0.8	1.7	2.3	0.177
	%	16.7	15.0	14.8	0.177

注："*"代表显著性水平低于0.05；网前主动抢截，即指网前主动出击抢截而不是被动拦截。

将不同等级青少年男子网球运动员相互之间进行网前主动拦截技术指标比较，经独立样本T检验(见表5-64)。结果表明，不同等级青少年男子网球运动员在网前主动拦截得分百分比指标上具有显著性差异($P<0.05$)。

由此，本书选取网前主动拦截得分百分比作为评价不同等级网球运动员网前主动拦截技术的评价指标。

中前场的拦截能力反映了运动员对前场的控制，特别是随着网球运动的发展，发球上网战术以及截击技术的运用对运动员中前场的拦截能力提出了新的要求，特别是双打比赛，可以说谁占据了中前场的有利位置，谁就掌握了比赛的主动权。

表 5-64　**不同等级青少年男子网球运动员网前主动拦截技术指标比较结果表（N=120）**

指标名称		P 值(独立样本 T 检验)					
		一级	二级	二级	三级	一级	三级
平均每盘使用次数		0.578		0.642		0.786	
成功次数	得分	0.059		0.069		0.034	
	%	0.039*		0.026*		0.034*	
失败次数	失分	0.328		0.117		0.083	
	%	0.328		0.117		0.083	
拦截后无得失	次数	0.176		0.196		0.069	
	%	0.176		0.196		0.069	

注：“ * ”表示不同等级青少年男子网球运动员技术比较 P≤0.05；“ ** ”表示P≤0.01。

经单因素方差分析结果表明（见表 5-65），不同等级青少年男子网球运动员在中前场拦截技术中，在成功得分百分比指标上具有显著性差异（P<0.05）。

表 5-65　**不同等级青少年男子网球运动员中前场拦截技术指标比较表（N=120）（平均每盘）**

指标名称		等级($\bar{X}\pm s$)			P 值
		一级	二级	三级	(方差分析)
平均每盘使用次数		16.9	9.3	8.9	0.591
成功次数	得分	8.7	3.1	2.5	0.062
	%	51.5	33.3	25.2	0.042*

续表

指标名称		等级($\bar{X}\pm s$)			P 值(方差分析)
		一级	二级	三级	
失败次数	失分	4.9	3.5	2.6	0.361
	%	29.0	37.7	34.3	0.361
拦截后无得失	次数	3.3	2.7	4.0	0.547
	%	19.5	29.0	51.5	0.547

注："＊"代表显著性水平低于0.05；中前场拦截，包括网前被动拦截和中场主、被动拦截。

不同等级青少年男子网球运动员在中前场拦截技术指标上经过独立样本T检验(见表5-66)发现，不同等级运动员在中前场拦截技术指标中中前场拦截得分百分比指标具有显著性的差异(P<0.05)。

表5-66　**不同等级青少年男子网球运动员中前场拦截技术指标比较结果表(N=120)**

指标名称		P 值(独立样本T检验)					
		一级	二级	二级	三级	一级	三级
平均每盘使用次数		0.514		0.478		0.469	
成功次数	得分	0.362		0.573		0.632	
	%	0.031*		0.043*		0.022*	
失败次数	失分	0.079		0.089		0.053	
	%	0.064		0.072		0.068	
拦截后无得失	次数	0.432		0.107		0.086	
	%	0.059		0.064		0.071	

注："＊"表示不同等级青少年男子网球运动员技术比较P≤0.05；"＊＊"表示P≤0.01。

经过单因素方差分析以及独立样本 T 检验发现，在中前场拦截技术指标中，运动员中前场拦截得分百分比指标能够反映运动员间的差异，由此文本选择中前场拦截得分百分比指标作为衡量运动员中介区拦截技术的指标。

二、不同等级青少年男子网球运动员战术指标的选择与分析

(一)不同等级青少年男子网球运动员主动得失分战术指标的选择与分析

比赛中运动员主动得分的高低反映出运动员在比赛中的主动进攻意识和主动得分的能力。

比赛双方得分的技术统计均以主动得分为统计标准，如中前场的主动拦截直接得分(使对手无法还击)，对手还击失误而得分未统计在内。但失分的统计有主、被动情况，如网前的主被动拦截失误、底线抽球的主、被动失误等。经单因素方差分析结果表明(见表 5-67)，不同等级青少年男子网球运动员在主动得分百分比指标上具有显著性差异($P<0.05$)。

表 5-67 **不同等级青少年男子网球运动员得失分指标比较表 (N=120)**

(平均每盘)

指标名称		等级($\bar{X}\pm s$)			P 值
		一级	二级	三级	(方差分析)
平均每盘本方得失分		31.4	32.5	33.9	0.679
主动得分	分数	16.9	14.1	13.1	0.054
	%	53.8	43.4	36.8	0.034*
主被动失分	分数	14.5	18.4	21.1	0.378
	%	46.2	56.6	59.2	0.378

注：“ * ”代表显著性水平低于 0.05。

将不同等级青少年男子网球运动员相互之间进行得失分指标比较，经独立样本 T 检验(见表 5-68)结果表明，不同等级青少年男子网球运动员在主动得分百分比指标上具有显著性差异(P<0.05)。

表 5-68　**不同等级青少年男子网球运动员得失分指标比较结果表(N=120)**

指标名称		P 值(独立样本 T 检验)					
		一级	二级	二级	三级	一级	三级
平均每盘本方得失分		0.337		0.602		0.198	
主动得分	分数	0.139		0.212		0.168	
	%	0.046*		0.037*		0.043*	
主被动失分	分数	0.147		0.136		0.463	
	%	0.135		0.115		0.801	

注：“ * ”表示不同等级青少年男子网球运动员得失分比较 P≤0.05；“ ** ”表示 P≤0.01。

因此，本书选取运动员比赛中的主动得失分百分比作为评价不同等级青少年男子网球运动员战术能力的指标。

(二)不同等级青少年男子网球运动员前 4 拍和相持阶段(第 5 拍以后)得失分结构的选择与分析

网球比赛前 4 拍和第 5 拍以后即相持阶段的得失分比率在一定程度上可以反映出网球项目的制胜规律。

经单因素方差分析结果表明(见表 5-69)，不同等级青少年男子网球运动员在前 4 拍和第 5 拍以后即相持阶段的得失分指标百分比上具有显著性差异(P<0.05)。

将不同等级青少年男子网球运动员相互之间进行前 4 拍和相持阶段(第 5 拍以后)得失分指标比较，经独立样本 T 检验(见表 5-70)结果表明，不同等级青少年男子网球运动员在前四拍得分百分比指标上，一级与二级、三级运动员之间具有显著性差异(P<0.05)，但在二级和三级运动员间差距不明显。

表 5-69　不同等级青少年男子网球运动员前 4 拍和相持阶段得失分指标比较表(平均每盘)(N=120)

指标名称		等级($\bar{X}\pm s$)			P 值(方差分析)
		一级	二级	三级	
比赛双方平均每盘总得失分		57.6	59.3	61.5	0.186
前 4 拍	得失分	29.5	31.0	33.4	0.053
	%	51.2	52.3	57.9	0.043*
相持(第 5 拍以后)	得失分	28.1	28.3	29.1	0.083
	%	48.8	47.7	46.9	0.033*

注：“*”代表显著性水平低于 0.05；得分为直接得分，即对手无法还击而得分。因对手还击失误而得分未统计在内。

表 5-70　不同等级青少年男子网球运动员前 4 拍和相持阶段(第 5 拍以后)得失分指标比较结果表(平均每盘)(N=120)

指标名称		P 值(独立样本 T 检验)		
		一级 — 二级	二级 — 三级	一级 — 三级
比赛双方平均每盘总得失分		0.453	0.571	0.972
前四拍	得失分	0.839	0.481	0.062
	%	0.039*	0.060	0.002*
相持(第 5 拍以后)	得失分	0.231	0.235	0.526
	%	0.031*	0.027*	0.043*

注：“*”表示不同等级青少年男子网球运动员得失分比较 P≤0.05；“**”表示 P≤0.01。

由此，本书选择运动员在前 4 拍的得失分百分比以及相持阶段的得失分百分比作为评价不同等级青少年男子网球运动员前四拍得分以及相持阶段得失分的评价指标。

三、不同等级青少年男子网球运动员技战术指标的统计优化

经过以上对不同等级青少年男子网球运动员的技战术指标进行的单因素方差分析以及独立样本 T 检验，归纳出来了在反映运动员技战术上具有显著性差异的指标，由表 5-71 可以发现，具有显著性差异的技术指标有 5 项，包括发球技术、接发球技术、底线抽球技术、网前主动拦截技术、中前场拦截技术，相对应的技术测量指标包括一发成功次数百分比、接发球得失分综合百分比、运用抽球技术得失分综合百分比、网前主动拦截得分百分比、中前场拦截得分百分比等；战术上具有显著性差异的指标包括主动得分、前四拍得失分、相持阶段得失分，分别对应的测试指标为主动得分百分比、前四拍得分百分比、相持阶段得分百分比等。

表 5-71　　**统计筛选后的指标**

一级指标	二级指标	三级指标
技术	发球技术	一发成功次数百分比
	接发球技术	接发球得失分综合百分比
	底线抽球技术	运用抽球技术得失分综合百分比
	网前主动拦截技术	网前主动拦截得分百分比
	中前场拦截技术	中前场拦截得分百分比
战术	主动得分	主动得分百分比
	前四拍得失分	前四拍得分百分比
	相持阶段得失分	相持阶段得分百分比

对不同等级青少年男子网球运动员技战术指标做适当性度量的 KMO 值和巴特莱特球度检验，检验结果如表 5-72 所示：统计筛选出的

技战术指标的 KMO(Kaiser-Meyer-Olkin)的值为 0. 945，Bartlett 球度检验的相伴概率为 0. 000，小于显著水平 0. 05。由此可见，根据统计学家 Kaiser 给出的标准，所有筛选的技战术指标适合做因子分析。

表 5-72　**不同等级青少年男子网球运动员技战术样本适当性度量的 KMO 值和巴特莱特球度检验**

Kaiser-Meyer-Olkin Measure of Sampling Adequacy.		0. 945
Bartlett's Test of Sphericity	Approx. Chi-Square	1168. 733
	df	28
	Sig.	0. 000

如表 5-73 所示，从不同等级青少年男子网球运动员技战术提取因子的共同度来看，所选的技战术指标的因子解释均在 0. 6 以上，说明所提取的因子可以较好地反映各原始变量的信息。

表 5-73　**不同等级青少年男子网球运动员技战术因子共同度**

技战术术指标	Initial	Extraction
一发成功次数百分比	1. 000	0. 889
接发球得失分综合百分比	1. 000	0. 970
运用抽球技术得失分综合百分比	1. 000	0. 739
网前主动拦截得分百分比	1. 000	0. 971
中前场拦截得分百分比	1. 000	0. 842
主动得分百分比	1. 000	0. 884
前四拍得分百分比	1. 000	0. 648
相持阶段得分百分比	1. 000	0. 742

注：“ * ”代表显著性水平低于 0. 05

根据不同等级青少年男子网球运动员技战术指标由特征值以及方差百分比法进行主成分分析法确定为 4 个主要因子。从表 5-74 中可以看出对 3 个因子的载荷矩阵和旋转矩阵后得出了 4 个因子的贡献率和累计贡献率，且 4 个因子的累计贡献率达到了 97.065%，概括了网球运动员技战术的大部分信息。因此，可以接受这 4 个因子为主要因子。进而把不同等级青少年网球运动员的技战术指标确定为 4 个主要因子进行概括。同时由公式：

$$Ti = \frac{\lambda P\%}{\sum_{i=1}^{k} \lambda P\%}$$

(其中：Ti 表示 I 因子在反应整体信息中所占的权重；$\sum_{i=1}^{k} \lambda P\%$ 表示 I 成分的贡献率，$\lambda P\%$表示 K 个成分的累计贡献率）分别计算 4 个因子在整个技战术因子指标中的权重，可以算出：因子 F1 的权重为 0.12，因子 F2 的权重为 0.23，因子 F3 的权重为 0.29，因子 F4 的权重为 0.36（见表 5-75）。

表 5-74　不同等级青少年男子网球运动员技战术因子分析总的方差解释

Component	Initial Eigenvalues			Extraction Sums of Squared Loadings			Rotation Sums of Squared Loadings		
	Total	% of Variance	Cumulative %	Total	% of Variance	Cumulative %	Total	% of Variance	Cumulative %
1	2.273	32.475	32.475	2.273	32.475	32.475	2.698	33.726	33.726
2	1.679	23.981	56.456	1.679	23.981	56.456	2.186	27.329	61.055
3	1.091	15.587	72.042	1.091	15.587	72.042	1.507	18.836	79.891
4	0.936	13.377	85.420	0.936	13.377	85.420	1.374	17.175	97.065
5	0.853	12.189	97.608						
6	0.225	1.610	98.486						
7	0.167	2.392	99.898						
8	3.604E-16	5.148E-15	100.000						

注：因子提取方法为主成分分析法。

表 5-75　　不同因子成分权重表

因子	累计贡献率(%)	权重
F1	33.726	0.12
F2	61.055	0.23
F3	79.891	0.29
F4	97.065	0.36

表 5-76 是各因子的载荷情况。由表可知，在因子 F1 中一发成功次数百分比、接发球得失分综合百分比和运用抽球技术得失分综合百分比占较大的权重；在因子 F2 中网前主动拦截得分百分比和中前场拦截得分百分比占有较大的权重；在因子 F3 中主动得分百分比和前四拍得分百分比占有较大权重；在因子 F4 中相持阶段得分百分比占有较大权重。

表 5-76　不同等级青少年男子网球运动员技战术旋转后因子(成分)矩阵

	Component			
	F1	F2	F3	F4
一发成功次数百分比	0.771	0.400	0.332	0.331
接发球得失分综合百分比	0.766	0.397	0.348	0.317
运用抽球技术得失分综合百分比	0.645	0.486	0.364	0.419
网前主动拦截得分百分比	0.496	0.725	0.363	0.257
中前场拦截得分百分比	0.412	0.656	0.353	0.483
主动得分百分比	0.462	0.514	0.579	0.389
前四拍得分百分比	0.450	0.441	0.690	0.345
相持阶段得分百分比	0.518	0.384	0.382	0.647

注：因子提取方法为主成分分析法；选择方法为方差极大正交旋转；提取因子为 3 个。

运用因子分析法，由表 5-76 中的各指标的因子载荷可以计算出各个指标在相应因子中的权重值，公式为：

$$Ti = \frac{|\vartheta ij|}{\sum_{i=1}^{k} |\vartheta ij|}$$

（Ti：表示 i 指标在某因子中所占的权重，$|\vartheta ij|$ 表示 i 指标在 J 因子上载荷的绝对值，$\sum_{i=1}^{k} |\vartheta ij|$ 表示该因子中所有指标因子载荷绝对值的代数和）

通过计算得出各个反映网球运动员技战术指标在各因子中的权重值（见表 5-77）。

表 5-77　**不同等级青少年男子网球运动员各因子中各指标权重**

技战术指标	Component			
	F1 因子(a)	F2 因子(b)	F3 因子(c)	F4 因子(d)
一发成功次数百分比	0.171	0.1	0.097	0.10
接发球得失分综合百分比	0.169	0.099	0.102	0.10
运用抽球技术得失分综合百分比	0.143	0.121	0.107	0.13
网前主动拦截得分百分比	0.11	0.181	0.106	0.08
中前场拦截得分百分比	0.091	0.164	0.103	0.15
主动得分百分比	0.102	0.128	0.17	0.12
前四拍得分百分比	0.1	0.11	0.202	0.11
相持阶段得分百分比	0.115	0.096	0.112	0.2

通过上述分析和计算得出的各个指标在不同因子中所占的权重值可以算出每一个指标在技战术中所占有的综合权重值。计算公式如下：

指标最终权重＝a×因子 F1 权重+b×因子 F2 权重+c×因子 F3 权重

(公式中的 a、b、c 分别代表各个因子在整个技战术中所占有的权重系数)

据此计算出不同等级青少年男子网球运动员各技战术指标最终权重 = 0.12×因子 F1 权重+0.23×因子 F2 权重+0.29×因子 F3 权重+0.36×因子 F4 权重(如表 5-78，图 5-36)。

表 5-78　**不同等级青少年男子网球运动员技战术指标权重**

	典型指标	最终指标权重模型
技术指标	一发成功次数百分比	0.11
	接发球得失分综合百分比	0.11
	运用抽球技术得失分综合百分比	0.13
	网前主动拦截得分百分比	0.12
	中前场拦截得分百分比	0.13
战术指标	主动得分百分比	0.13
	前四拍得分百分比	0.13
	相持阶段得分百分比	0.14

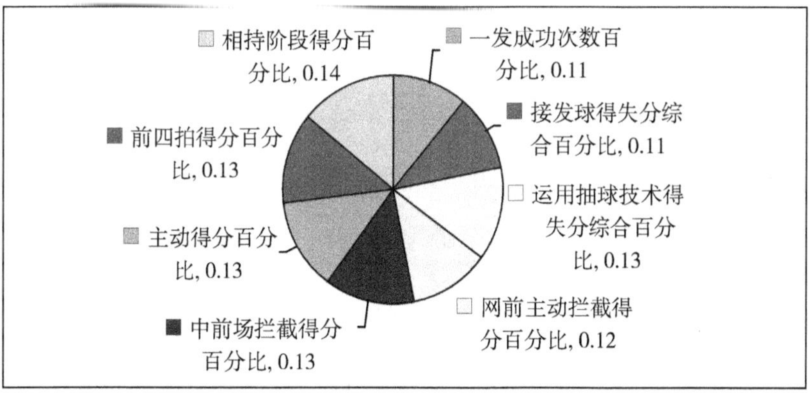

图 5-36　不同等级青少年男子网球运动员技战术权重模型

第七节　不同等级青少年男子网球运动员心理和智能指标的选择与分析

一、不同等级青少年男子网球运动员心理指标的选择与分析

运动员心理能力是构成运动员综合竞技能力的重要部分。心理状态又直接影响着运动训练效果的提高和比赛时技战术水平的发挥。因此对竞技心理能力和状态的诊断和评价不仅能对运动员的成长和运动技术水平的提高提供科学的监测，而且有助于运动员形成良好的竞赛心理状态并在比赛中创造优异运动成绩。本书结合运动员心理特征以及选材对运动员选材的要求，在征询专家意见的基础上，选择了从反映运动员心理能力的反应时指标、意志力指标、操作思维指标。

(一)不同等级青少年男子网球运动员反应时指标的选择与分析

经单因素方差分析结果表明(见表 5-79)，不同等级青少年男子网球运动员在翻转反应四刺激指标上具有显著性差异(P<0.05)。

表 5-79　不同等级青少年男子网球运动员反应时指标比较表(N=120)

反应时指标	等级($\bar{X}\pm s$)			P 值（方差分析）
	一级	二级	三级	
简单反应	243. 17±27. 39	255. 34±29. 25	255. 57±50. 10	0. 177
辨别反应	322. 23±24. 44	343. 43±34. 87	346. 28±50. 25	0. 06
复杂反应二	363. 64±37. 03	388. 69±44. 54	389. 07±48. 43	0. 060
复杂反应四	517. 88±56. 15	568. 61±70. 63	525. 85±43. 31	0. 134
翻转反应四刺激	570. 29±79. 18	648. 89±105. 2	581. 42±65. 72	0. 011*

注：“ * ”代表显著性水平低于 0. 05。

将不同等级青少年男子网球运动员相互之间进行反应时指标比较，经独立样本T检验(见表5-80)可知，不同等级青少年男子网球运动员在翻转反应四刺激指标上出现均出现显著性差异(P<0.05)。

表5-80　不同等级青少年男子网球运动员反应时指标比较结果表(N=120)

反应时指标	P值(独立样本T检验)					
	一级	二级	二级	三级	一级	三级
简单反应	0.723		0.213		0.268	
辨别反应	0.618		0.439		0.236	
复杂反应二	0.548		0.258		0.152	
复杂反应四	0.115		0.217		0.233	
翻转反应四刺激	0.015 *		0.026 *		0.013 *	

注："*"表示不同等级青少年男子网球运动员反应时比较P≤0.05；"**"表示P≤0.01。

由单因素方差分析以及独立样本T检验发现在运动员反应时指标上，运动员在翻转反应四刺激上能够显现出相互的差异，因此，本书选取翻转反应四刺激指标作为衡量运动员反应时指标

(二)不同等级青少年男子网球运动员操作思维指标的选择与分析

将不同等级青少年男子网球运动员相互之间进行操作思维指标比较。本研究运用《BTL-CW-1操作思维测试软件1.1》在电脑上对测试运动员的操作思维进行测试，严格控制实验每一步的操作时间，以限制逻辑思维思考的可能性。

在研究过程中发现不同等级青少年网球运动员在操作时间和操作步骤上均出现显著性差异，一级运动员的操作思维时间和操作步骤最少。经单因素方差分析结果表明(见表5-81)，不同等级青少年男子网球运

动员在总步数和总时间上具有显著性差异(P<0.05)。

表 5-81　不同等级青少年男子网球运动员操作思维指标比较表(N=120)

操作思维指标	等级($\bar{X}\pm s$)			P 值(方差分析)
	一级	二级	三级	
总步数	57.81±20.26	67.90±29.46	65.03±22.49	0.046*
总时间(s)	102.64±61.56	124.45±64.70	150.17±84.86	0.049*

注："*"代表显著性水平低于 0.05。

对操作时间和操作步骤进行独立样本 T 检验(由表 5-82 可知)，结果表明不同等级青少年男子网球运动员在操作思维步数和总时间上具有具有显著性差异(P<0.05)。

表 5-82　不同等级青少年男子网球运动员操作思维指标比较结果表(N=120)

操作思维指标	P 值(独立样本 T 检验)					
	一级	二级	二级	三级	一级	三级
总步数	0.035*		0.043*		0.019*	
总时间	0.042*		0.047*		0.038*	

注："*"表示不同等级青少年男子网球运动员操作思维指标比较 P≤0.05；"**"表示 P≤0.01。

(三)不同等级青少年男子网球运动员意志力指标的选择与分析

意志力可被视为一种能量，而且根据能量的大小，还可判断出一个人的意志力是薄弱的，还是强大的；是发展良好的，还是存在障碍的。心理学家通常认为，意志力既有静态的方面，又有动态的方面。一方面，它是引导人类行动的力量；而另一方面，它又是人们在这些行动中的行为。因此，当一个人能够在某一事件或一连串事件中表现出极大的决心与力量时，就会被认为拥有很强的意志力(静态的)；而他的意志力的特性，需要通过他的决心或行动的力度和持久性来体现出来。这样，在这一过程中所展现出来的意志力就变为了动态的意志力。他的决心也成了引导自我心理的行为。在网球运动中，运动员需要承受大强度，高负荷的运动，对运动员生理，心理上都是一个考验。运动员的意志水平决定运动员在比赛中的努力拼搏程度。本书通过借鉴前人的研究成果，制订了意志质量评分量表(见附件7)，对运动员的意志品质进行评分，以意志总分为评价指标。

经单因素方差分析结果表明(见表5-83)，不同等级青少年男子网球运动员在意志总分指标上具有显著性差异(P<0.05)。

表5-83　**不同等级青少年男子网球运动员意志力指标比较表(N=120)**

意志力指标	等级($\bar{X}\pm s$)			P值(方差分析)
	一级	二级	三级	
意志总分	192.05±19.06	185.75±23.25	189.33±18.59	0.026*

注："＊"代表显著性水平低于0.05。

将不同等级青少年男子网球运动员相互之间进行意志力指标比较，经独立样本T检验(由表5-84可知)，结果表明不同等级青少年男子网球运动员在意志得分上具有显著性等级差异(P<0.05)。运动员的意志品质是所有运动项目都关心的心理问题，与竞技能力有着密切的关系。本研究得到的结果是一级网球运动员在意志力上具有一定的优势。

表5-84　**不同等级青少年男子网球运动员意志力指标比较结果表(N=120)**

意志力指标	P值(独立样本T检验)					
	一级	二级	二级	三级	一级	三级
意志总分	0.037*		0.031*		0.021*	

注："＊"表示不同等级青少年男子网球运动员意志力比较P≤0.05；"＊＊"表示P≤0.01。

(四)不同等级青少年男子网球运动员气质类型指标的选择与分析

气质类型是指每一类人共同具有的各种气质特征的有规律的结合。就目前心理学对于气质类型的研究发现主要有胆汁质、多血质、黏液质、抑郁质四种基本类型，四种基本气质类型在情绪和行为方式方面以及智力活动方面有不同的典型表现。具体可以表现为：胆汁质的人反应速度快，具有较高的反应性与主动性；多血质的人行动具有很高的反应性；黏液质的人反应性低，情感和行为动作进行得迟缓、稳定、缺乏灵活性；抑郁质的人有较高的感受性。从心理学角度对运动员气质类型的研究认为不同的气质类型对运动员的比赛场上的判断和行为具有一定的影响。本书在借鉴前人研究成果的基础运动气质类型量表对运动员的气质进行判断，见附件8。

从表5-85分析看到，对不同等级青少年男子网球运动员在气质类型分布上进行调查发现，所有运动员的气质类型具有一定的倾向性。测试的所有运动员都集中在多血质、黏液质、黏液多血质以及胆汁黏液质上。一级运动员中多血质的运动员分布较多，黏液质的运动员分布较少，而三级运动员中，黏液质的人最少，黏液多血质的人最多。因此可见，对于网球运动员的气质类型以多血质较好，黏液质较差。网球运动需要运动员具有较高的反应能力，并且对于比赛的胜利具有较高的渴望，这负荷多血质性格特征。而黏液质的人反应较慢，这种气质特征对网球比赛不利。

表5-85　不同等级青少年男子网球运动员气质类型的人数分布率(%)

(N=120)

气质类型	等级($\bar{X}$±s)		
	一级	二级	三级
抑郁质	0.00	0.00	0.00
多血质	41.18	20.83	23.08

续表

气质类型	等级($\bar{X}\pm s$)		
	一级	二级	三级
黏液质	11.76	25.00	7.69
胆汁质	0.00	0.00	0.00
黏液多血质	29.41	29.17	38.46
胆汁多血质	0.00	0.00	0.00
胆汁黏液质	17.65	25.00	15.38

二、不同等级青少年男子网球运动员智能指标的选择与分析

运动智能是指运动员掌握和运用多学科知识以及比赛、训练中的技战术知识合理组织和利用，达到最佳运动效果的能力。通过查阅国内外相关文献发现，目前我国对于运动智能的评价和训练还没有针对性的研究，主要还是借鉴其他学科的评价方法。从网球运动的角度看，运动智能在网球比赛中和体能、技战术一样都对网球比赛的胜负起着至关重要的作用。运动智能较高的运动员可以很好地根据比赛场上的各种因素，合理地组织和控制自己的比赛行为，达到最为优秀的行为效果。同时运动智能对于运动员体能、技术、战术和心理的能力也是一种补充作用。本书在对评价不同等级青少年男子网球运动员运动智能能力指标进行筛选和衡量中，主要是借鉴前人的研究成果，采用专家问卷法对反应运动智能的指标进行筛选，最终确定智力总分作为评价运动员运动智能的指标。

经单因素方差分析检验结果表明(见表5-86，表5-87)，不同等级青少年男子网球运动员在智力总分指标上具有显著性差异($P<0.05$)。

表5-86　**不同等级青少年男子网球运动员智力指标比较表(N=120)**

智能指标	等级($\bar{X}\pm s$)			P值(方差分析)
	一级	二级	三级	
智力总分	48.32±19.06	46.75±23.25	42.97±21.47	0.039*

将不同等级青少年男子网球运动员相互之间进行智能指标比较，经独立样本T检验(由表5-87)可知，不同等级青少年男子网球运动员在智力总分指标上具有显著性差异(P<0.05)。

表5-87　**不同等级青少年男子网球运动员智力指标比较结果表(N=120)**

智能指标	P值(独立样本T检验)					
	一级	二级	二级	三级	一级	三级
智力总分	0.043*		0.041*		0.031*	

注："*"表示不同等级青少年男子网球运动员智能比较P≤0.05；"**"表示P≤0.01。

由此在本书中选取智力总分作为衡量运动员运动智能的指标。

三、不同等级青少年男子网球运动员心理和智能指标的统计优化

经过以上对不同等级青少年男子网球运动员的心理和智能指标进行单因素方差分析以及独立样本T检验，归纳出来了在反映运动员心智能力上具有显著性差异的指标，由表5-88可以发现，具有显著性差异的技术指标有5项，包括翻转反应时、河内塔步数、意志品质、气质类型、智力总分等。

表5-88　**不同等级青少年男子网球运动员心智能力指标统计筛选后的指标**

一级指标	二级指标
心理	翻转反应时
	河内塔步数
	意志品质
	气质类型
智能	智力总分

对不同等级青少年男子网球运动员身体机能指标做适当性度量的KMO值和巴特莱特球度检验，检验结果如表5-89所示：统计筛选出的5项身体机能指标的KMO（Kaiser-Meyer-Olkin）的值为0.586，Bartlett球度检验的相伴概率为0.000，小于显著水平0.05。由此可见，根据统计学家Kaiser给出的标准，所有选择的翻转反应时、河内塔步数、意志品质、气质类型以及智力总分指标在反映青少年男子网球运动员心智能力上适合做因子分析。

表5-89　**不同等级青少年男子网球运动员心理和智能样本适当性度量的KMO值和巴特莱特球度检验**

Kaiser-Meyer-Olkin Measure of Sampling Adequacy.		0.586
Bartlett's Test of Sphericity	Approx. Chi-Square	68.733
	df	10
	Sig.	0.000

如表5-90，从不同等级青少年男子网球运动员心理和智能提取因子的共同度来看，所选的心理和智能指标共同度均在0.6以上，由此可认为所选取的指标能够很好的包含网球运动员心智能力的大部分信息，能够反映各原始变量的信息。

表5-90　**不同等级青少年男子网球运动员心理和智能因子共同度**

	Initial	Extraction
翻转反应时	1.000	0.889
河内塔步数	1.000	0.970
意志品质	1.000	0.739
气质类型	1.000	0.971
智力总分	1.000	0.842

注：因子提取方法为主成分分析法。

根据不同等级青少年男子网球运动员心智能力指标由特征值以及方差百分比法进行主成分分析法确定为4个主要因子。从表5-91中可以看出对3个因子的载荷矩阵和旋转矩阵后得出了4个因子的贡献率和累计贡献率，且3个因子的累计贡献率达到了81.449%，概括了网球运动员心智能力的大部分信息。因此，可以接受这3个因子为主要因子。进而把不同等级青少年网球运动员的身体机能指标确定为3个主要因子进行概括。同时由公式：

$$Ti = \frac{\lambda P\%}{\sum_{i=1}^{k} \lambda P\%}$$

（其中：Ti 表示 I 因子在反应整体信息中所占的权重；$\sum_{i=1}^{k} \lambda P\%$ 表示 I 成分的贡献率，$\lambda P\%$表示 K 个成分的累计贡献率）

分别计算3个因子在整个心智能力指标中的权重，可以算出：因子F1的权重为0.17，因子F2的权重为0.35，因子F3的权重为0.48（见表5-92）。

表5-91　不同等级青少年男子网球运动员心理和智能因子分析总的方差解释

Component	Initial Eigenvalues			Extraction Sums of Squared Loadings			Rotation Sums of Squared Loadings		
	Total	% of Variance	Cumulative %	Total	% of Variance	Cumulative %	Total	% of Variance	Cumulative %
1	2.273	32.475	32.475	2.273	32.475	32.475	1.465	29.297	29.297
2	1.679	23.981	56.456	1.679	23.981	56.456	1.449	28.973	58.271
3	1.091	15.587	72.042	1.091	15.587	72.042	1.159	23.179	81.449
4	0.853	12.189	97.608						
5	3.604E-16	5.148E-15	100.000						

注：因子提取方法为主成分分析法

表 5-92　　不同因子成分权重表

因子	累计贡献率(%)	权重
F1	29.297	0.17
F2	58.271	0.35
F3	81.449	0.48

通过表 5-93 不同等级青少年男子网球运动员心理和智能指标的旋转矩阵情况可见，在因子 F1 中翻转反应时和河内塔步数占较大的权重；在因子 F2 中意志品质和气质类型占有较大的权重；在因子 F3 中智力总分占有较大权重。

表 5-93　不同等级青少年男子网球运动员心理和智能旋转后因子(成分)矩阵

	Component		
	F1	F2	F3
翻转反应时	0.903	0.108	-0.117
河内塔步数	-0.627	0.093	-0.596
意志品质	-0.101	0.894	0.129
气质类型	0.485	0.748	0.148
智力总分	-0.104	0.264	0.866

注：因子提取方法为主成分分析法；选择方法为方差极大正交旋转；提取因子为 3 个

运用因子分析法，按下述公式对表 5-93 中各指标的因子载荷进行归一化，可以计算出各个指标在相应因子中的权重值。

$$Ti = \frac{|\vartheta ij|}{\sum_{i=1}^{k} |\vartheta ij|}$$

（Ti：表示 i 指标在某因子中所占的权重，$|\vartheta ij|$ 表示 i 指标在 J 因子上载荷的绝对值，$\sum_{i=1}^{k} |\vartheta ij|$ 表示该因子中所有指标因子载荷绝对值

的代数和)

通过计算得出各个反应网球运动员心理和智能指标在各因子中的权重值(见表 5-94)。

表 5-94 不同等级青少年男子网球运动员心理和智能各因子中各指标权重

	F1 因子(a)	F2 因子(b)	F3 因子(c)
翻转反应时	0. 4068	0. 051	0. 063
河内塔步数	0. 2824	0. 044	0. 321
意志品质	0. 0455	0. 424	0. 07
气质类型	0. 2185	0. 355	0. 08
智力总分	0. 0468	0. 125	0. 467

通过上述分析和计算得出的各个指标在不同因子中所占的权重值可以算出每个指标在心智能力中所占有的综合权重值。计算公式如下:

指标最终权重=a×因子 F1 权重+b×因子 F2 权重+c×因子 F3 权重

(公式中的 a、b、c 分别代表各个因子在整个心理和智能中所占有的权重系数)

据此计算出不同等级青少年男子网球运动员各心理和智力指标最终权重=0. 17×因子 1 权重+0. 35×因子 2 权重+0. 48×因子 3 权重(见表 5-95,图 5-37)。

表 5-95 不同等级青少年男子网球运动员心理和智能指标权重

	典型指标	权重模型
心理能力指标	翻转反应时	0. 12
	河内塔步数	0. 21
	意志品质	0. 19
	气质类型	0. 20
智力能力指标	智力总分	0. 28

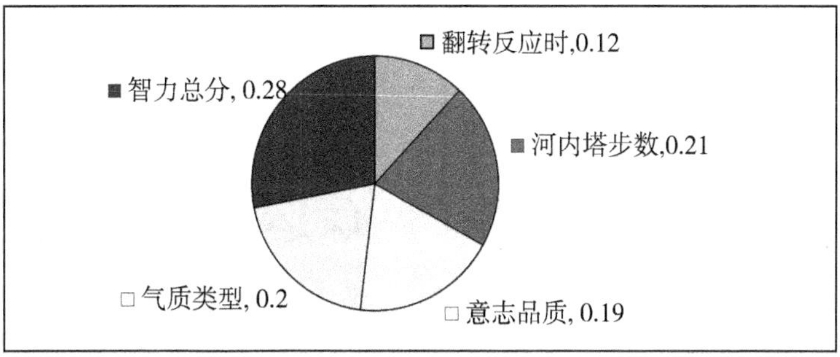

图 5-37　不同等级青少年男子网球运动员心理和智能权重模型

第六章　青少年男子网球运动员竞技能力评价体系的构建

第一节　青少年男子网球运动员竞技能力指标筛选原则

一、科学性原则

对于青少年网球运动员竞技能力评价指标体系的建立以及评价指标标准必须建立在科学的基础上。首先指标的筛选方法、实施过程等必须科学可行；其次所选取的指标必须能够反映竞技能力的特征；第三，指标能够反映和量度竞技能力指标系统结构的功能以及发展趋势。

二、客观性原则

所选指标和制订的评定标准必须客观准确；指标以及指标系统能够符合运动员的发展规律，反映青少年的在竞技能力中体能、技术、心理、以及智能等方面的特征；指标体系还应体现全面、客观评价的要求。

三、相对完整性原则

对于网球运动员竞技能力的评价以及标准的制订要能够全面、真实的反应运动员的综合情况并且能够全面，完整的反应竞技能力特征特点。所选取的指标应该具有代表性，保证评价指标体系的全面性、完整性。

四、相对独立性原则

所选取的竞技能力评价指标体系中应当尽可能的保证指标的相对独立性和完整性，从而增加对青少年男子网球运动员竞技能力评价的准确性和科学性。

五、可操作性原则

选取的指标应具有可操作性。涉及网球运动员竞技能力的指标有很多，在选取指标的时候除了能够反映运动员的竞技能力特征外，还要方便操作和测量，以保证建立的青少年男子网球运动员竞技能力特征具有可操作性。

六、简捷性原则

研究青少年网球运动员竞技能力特征，对反映各竞技能力的指标进行筛选并建立评价模型和评价标准，主要是为了给网球运动员和教练员提供训练理论参考，因此对于所选的指标以及指标测量过程要简洁，所选指标体系中应尽可能减少指标个数，包含更多的信息，这样既可以使评价突出重点，又可以减少工作量，便于数据处理。

七、突出专项性原则

在指标选取时，紧紧围绕网球运动专项制胜规律，体现专项特点，选取能较好反映网球专项本质的指标进入模型指标体系。

第二节 青少年男子网球运动员竞技能力指标筛选的依据和过程

一、青少年男子网球运动员竞技能力指标的初步筛选

本书通过查阅网球运动员选材方面的相关文献、书籍，并通过专家

问卷及专家访谈法确定出107项竞技能力初选指标。其中测试体能指标为71项，技能指标为20项，战术能力指标6项，心理能力指标9项，智能指标1项(见表6-1)。

表6-1　**青少年网球运动员竞技能力测试(复选)指标一览表**

一级		二级	原始指标三级
体能	形态	长度指标	身高、坐高、指间距、上肢长、前臂加手长、下肢长、跟腱长、足长、上肢长/身高×100、指间距/身高×100、下肢长/身高×100、小腿长+足高/身高×100、坐高/身高×100、(身高-坐高)/坐高×100、手长/身高×100
		围度指标	胸围、腰围、臀围、足踝围、胸围/身高×100、小腿围/身高×100、大腿围/身高×100、上臂放松围、上臂紧张围、上臂围松紧差/身高×100、胸围-1/2身高
		宽度指标	肩宽、髋宽、肩宽/身高×100、手宽/手长×100、足宽/足长×100
		充实度指标	体重、体重/身高×1000、(体重+胸围)/身高×100
		体型指标	体型指数[(肩宽-髋宽)/髋宽×身高]
		体成分指标	上臂部皮褶厚度、腹部皮褶厚度、肩胛下角皮褶厚度、身体水分含量、体脂肪含量、肌肉量推测值、去脂体重、体脂百分数、WHR、BMR和BMI
	素质	速度素质	30米跑、扇形跑
		力量素质	握力、背力、立定跳远、原地纵跳、五级蛙跳
		耐力素质	800米跑、3000米
		柔韧素质	坐位体前屈、正手侧摸背和反手侧摸背
		灵敏素质	左边线折返冲刺跑、右边线折返冲刺跑
		协调素质	一分钟双摇跳绳、闭眼单脚站立

续表

一级		二级	原始指标三级
体能	机能	循环机能	心功能指数
		呼吸机能	肺活量比、脉压差、台阶指数、安静脉搏、收缩压、舒张压、肺活量
		神经机能	反应时
技能	技术	发球技术	一发次数、一发成功百分比、一发得分、二发、双误
		接发球技术	直接得分、失分、破发成功、接发球得失分综合百分比
		底线抽球技术	主动得分、非受迫性失误(失分)、运用抽球技术得失分综合百分比
		网前主动拦截技术	平均每盘使用次数、成功次数、失败次数、网前主动拦截得分百分比
		中前场拦截技术	平均每盘使用次数、成功次数、失败次数、中前场拦截得分百分比
战术能力	战术	主动得分	平均每盘本方得失分、主动得分百分比、主被动失分百分比
		前四拍和相持阶段得失分	平均每盘本方得失分、前四拍得分百分比、相持阶段得分百分比
心理能力	心理	神经类型	简单反应、辨别反应、复杂反应二、复杂反应四、翻转反应时、
		操作思维	河内塔步数、时间
		意志	意志总分
		气质	气质类型
智能	智能	智力总分	智力总分

二、青少年男子网球运动员竞技能力指标的统计优化筛选

在对不同等级青少年男子网球运动员竞技能力指标体系进行测试的

基础上，本研究通过上述的统计筛选和论证，建立了青少年男子网球运动员科学选材典型指标体系。如表 6-2 所示，青少年网球运动员竞技能力评价指标体系不仅是科学认识和归纳网球运动员竞技能力及特征的依据，同时也是建立该项目运动科学选材标准的基础。

表 6-2　**青少年男子网球运动员竞技能力入选指标体系一览表**

	一级指标		二级指标
竞技能力	体能	形态	身高、上肢长、指间距、足长、大腿围指数、肩宽、体重、体型指数、身体水分含量、去脂体重、肌肉量推测值
		素质	三十米跑、扇形跑、3000 米、握力、背力、立定跳远、原地纵跳、坐位体前屈、正手侧摸背、反手侧摸背、一分钟双摇跳绳、闭眼单脚站立、左边线转前冲刺跑、右边线折返冲刺跑
		机能	肺活量/体重、脉压差、收缩压、台阶指数、舒张压、肺活量、反应时
	技能	技术	一发成功次数百分比、接发球得失分综合百分比、运用抽球技术得失分综合百分比、网前主动拦截得分百分比、中前场拦截得分百分比
	战术能力	战术	主动得分百分比、前四拍得分百分比、相持阶段得分百分比
	心理能力	神经类型	翻转反应时
		操作思维	河内塔步数
		意志品质	意志品质
		气质类型	气质类型
	智能	智力评定	智力总分

第三节　青少年男子网球运动员竞技能力结构模型的建立

青少年男子网球运动员竞技能力结构模型，是代表网球运动员竞技能力特征的一种数学模型，它通过对反映运动员竞技能力特征最有代表性的特征指标进行优化选择，使其指标包含的特征范围尽可能反映运动员的竞技水平(见表 6-3、表 6-4)。同时青少年男子网球运动员竞技能力结构模型是对运动员竞技能力特征进行数学描述和理论归纳，是优秀运动员竞技能力群体特征的集中概括。通过运动员竞技能力特征模型可以反映运动员竞技能力水平，从而深入分析和揭示竞技能力特征，以便为运动员在训练中提供参考依据，同时也为青少年网球运动员的选材提供帮助。

表 6-3　　青少年男子网球运动员竞技能力结构的一般模型

	一级指标		二级指标	一级(M±D)	二级(M±D)	三级(M±D)
网球运动员竞技能力	体能	形态	身体水分含量(%)	42.00±6.19	40.20±5.41	39.12±5.91
			去脂体重(kg)	60.53±8.81	57.94±7.73	56.42±8.42
			肌肉量推测值(kg)	57.29±8.43	54.83±7.38	53.36±8.06
			体重(kg)	69.04±9.84	66.90±8.51	56.42±8.42
			指间距(cm)	188.21±7.83	184.94±8.02	181.13±10.14
			上肢长(cm)	79.20±3.67	77.75±3.09	76.36±4.34
			肩宽(cm)	41.45±2.56	40.15±2.39	39.19±2.70
			足长(cm)	26.23±2.45	25.22±1.46	25.02±1.97
			身高(cm)	179.24±5.56	175.78±5.41	171.43±6.22
			体型指数	39.24±12.43	49.11±10.89	50.63±13.73
			大腿围指数	29.98±1.76	30.40±1.40	30.98±1.64

续表

	一级指标		二级指标	一级(M±D)	二级(M±D)	三级(M±D)
网球运动员竞技能力	体能	素质	三十米跑(s)	4.52±0.17	4.81±0.16	4.93±0.27
			扇形跑(s)	20.69±1.19	21.38±3.18	22.72±2.56
			握力(kg)	53.77±11.92	30.36±6.72	31.65±5.79
			背力(kg)	155.13±28.39	101.12±26.21	117.34±16.77
			立定跳远(cm)	2.12±0.07	2.00±0.15	1.94±0.09
			原地纵跳(cm)	41.67±5.24	32.99±3.68	28.77±6.08
			3000 米	678.62±16.83	692.04±9.53	697.52±11.16
			坐位体前屈(cm)	17.12±6.54	12.00±2.86	9.19±1.63
			正手侧摸背(cm)	4.70±0.49	4.93±0.62	5.17±0.49
			反手侧摸背(cm)	19.97±2.28	20.83±2.09	22.22±2.12
			一分钟双摇跳绳(n)	105.89±10.23	89.36±13.97	85.88±10.29
			闭眼单脚站立(s)	47.50±44.42	36.76±34.26	34.47±34.10
			左边线转前冲刺跑(s)	2.96±0.84	3.29±0.90	3.42±0.76
			右边线折返冲刺跑(s)	2.18±0.17	2.39±0.25	2.64±0.41
		机能	肺活量/体重(ml-kg-1)	59.34±10.26	56.86±11.73	50.72±11.29
			脉压差(mmHg)	40.68±10.78	40.26±9.50	38.43±9.66
			台阶指数	56.15±8.78	54.39±6.57	58.07±8.44
			收缩压(mmHg)	114.49±13.75	114.29±12.35	104.39±11.98
			舒张压(mmHg)	73.81±9.34	74.04±8.14	69.07±8.25
			肺活量(ml)	3852.00±805.64	3515.39±843.88	2725.97±651.86
			反应时	0.38±0.03	0.51±0.13	0.44±0.08

续表

	一级指标		二级指标	一级(M±D)	二级(M±D)	三级(M±D)
网球运动员竞技能力	技战术	技术	一发成功次数百分比	64.9	75.2	63.05
			接发球得失分综合百分比	-8.8	-12.6	-14.3
			运用抽球技术得失分综合百分比	2.7	-23.7	-27.8
			网前主动拦截得分百分比	69.4	52.9	47.8
			中前场拦截得分百分比	51.5	33.3	25.2
		战术	主动得分百分比	53.8	43.4	36.8
			前四拍得分百分比	51.2	52.3	57.9
			相持阶段得分百分比	48.8	47.7	46.9
	心智能力	心理	翻转反应时	570.29±79.18	648.89±105.2	581.42±65.72
			河内塔步数	57.81±20.26	67.90±29.46	65.03±22.49
			意志品质	192.05±19.06	185.75±23.25	189.33±18.59
			气质类型	多血质、多血质—黏液质		
		智能	智力总分	48.32±19.06	46.75±23.25	42.97±21.47

表 6-4 **青少年男子网球运动员竞技能力结构一般权重模型**

	一级指标	二级指标	二级权重
不同等级男子青少年网球运动员竞技能力	Y_1身体型态	X_1身体水分含量	0.07
		X_2去脂体重	0.07
		X_3肌肉量推测值	0.07
		X_4体重	0.08
		X_5指间距	0.10
		X_6上肢长	0.11
		X_7肩宽	0.10
		X_8足长	0.08
		X_9身高	0.08
		X_{10}体型指数	0.1
		X_{11}大腿围指数	0.14

续表

	一级指标	二级指标	二级权重
不同等级男子青少年网球运动员竞技能力	Y_2身体素质	X_{12}三十米跑	0.06
		X_{13}扇形跑	0.06
		X_{14}握力	0.06
		X_{15}背力	0.06
		X_{16}立定跳远	0.08
		X_{17}原地纵跳	0.1
		X_{18}3000 米	0.07
		X_{19}坐位体前屈	0.04
		X_{20}正手侧摸背	0.07
		X_{21}反手侧摸背	0.09
		X_{22}一分钟双摇跳绳	0.09
		X_{23}闭眼单脚站立	0.07
		X_{24}左边线转前冲刺跑	0.07
		X_{25}右边线折返冲刺跑	0.08
	Y_3身体机能	X_{26}肺活量/体重(ml. kg-1)	0.10
		X_{27}脉压差(mmHg)	0.18
		X_{28}台阶指数	0.12
		X_{29}收缩压(mmHg)	0.24
		X_{30}舒张压(mmHg)	0.19
		X_{31}肺活量(ml)	0.11
		X_{32}反应时(sec)	0.06
	Y_4技战术指标	X_{33}一发成功次数百分比	0.11
		X_{34}接发球得失分综合百分比	0.11
		X_{35}运用抽球技术得失分综合百分比	0.13
		X_{36}网前主动拦截得分百分比	0.12
		X_{37}中前场拦截得分百分比	0.13
		X_{38}主动得分百分比	0.13
		X_{39}前四拍得分百分比	0.13
		X_{40}相持阶段得分百分比	0.14
	Y_5心智能力指标	X_{41}翻转反应时	0.12
		X_{42}河内塔步数	0.21
		X_{43}意志品质	0.19
		X_{44}气质类型	0.20
		X_{45}智力总分	0.28

一、竞技能力综合指标权重的确定

(一)一级指标权重的确定

在网球运动比赛中，运动员的竞技能力体现在多个方面的协调配合。网球运动员竞技能力主要包括体能、技术、战术、心理和智能等能力，体能又分为身体形态、身体机能和身体素质三个方面。本书为了方便归纳以及数据的处理和评价，在征求专家意见的情况下，将网球运动员的竞技能力一级指标确定为身体形态、身体机能指标、身体素质指标、技战术指标和心智能力指标 5 个。并通过专家问卷请各位专家结合网球专项的特点按照各指标在竞技能力中重要程度进行打分。本书将各指标的重要程度分为非常重要、重要、比较重要、一般及不重要等 5 个等级，采用五级评分法对各一级指标的重要性进行赋值，赋值为 5、4、3、2、1。利用公式：

$$W_i = \frac{\sum_{j-1}^{20} pij}{\sum_{i-1}^{5} \sum_{j-1}^{20} pij} (i = 1，2\cdots\cdots 5)$$

其中：Wi 表示竞技能力结构 i 因素的权重；Pij 表示专家 j 对 i 因素的赋值。经过上述步骤，本书得到了 5 个一级指标的权重，见表 6-5。

表 6-5 **一级指标的权重**

指标名称	身体形态	身体素质	身体机能	技战术能力	心智能力
权重值	0.085	0.243	0.062	0.378	0.232

(二)二级指标综合权重确定

通过因子分析，确定了二级指标的权重，见表 6-6。

表 6-6　　二级指标综合权重的确定

	一级权重	典型指标	二级权重	综合权重
Y_1身体形态	0.085	X_1身体水分含量	0.07	0.00595
		X_2去脂体重	0.07	0.00595
		X_3肌肉量推测值	0.07	0.00595
		X_4体重	0.08	0.0068
		X_5指间距	0.10	0.0085
		X_6上肢长	0.11	0.00935
		X_7肩宽	0.10	0.0085
		X_8足长	0.08	0.0068
		X_9身高	0.08	0.0068
		X_{10}体型指数	0.10	0.0085
		X_{11}大腿围指数	0.14	0.0119
Y_2身体素质	0.243	X_{12}三十米跑	0.06	0.01458
		X_{13}扇形跑	0.06	0.01458
		X_{14}握力	0.06	0.01458
		X_{15}背力	0.06	0.01458
		X_{16}立定跳远	0.08	0.01944
		X_{17}原地纵跳	0.10	0.0243
		X_{18}3000 米	0.07	0.01701
		X_{19}坐位体前屈	0.04	0.00972
		X_{20}正手侧摸背	0.07	0.01701
		X_{21}反手侧摸背	0.09	0.02187
		X_{22}一分钟双摇跳绳	0.09	0.02187
		X_{23}闭眼单脚站立	0.07	0.01701
		X_{24}左边线转前冲刺跑	0.07	0.01701
		X_{25}右边线折返冲刺跑	0.08	0.01944

续表

	一级权重	典型指标	二级权重	综合权重
Y_3身体机能	0.062	X_{26}肺活量/体重(ml. kg-1)	0.10	0.0062
		X_{27}脉压差(mmHg)	0.18	0.01116
		X_{28}台阶指数	0.12	0.00744
		X_{29}收缩压(mmHg)	0.24	0.01488
		X_{30}舒张压(mmHg)	0.19	0.01178
		X_{31}肺活量(ml)	0.11	0.00682
		X_{32}反应时(sec)	0.06	0.00372
Y_4技战术指标	0.378	X_{33}一发成功次数百分比	0.11	0.04158
		X_{34}接发球得失分综合百分比	0.11	0.04158
		X_{35}运用抽球技术得失分综合百分比	0.13	0.04914
		X_{36}网前主动拦截得分百分比	0.12	0.04536
		X_{37}中前场拦截得分百分比	0.13	0.04914
		X_{38}主动得分百分比	0.13	0.04914
		X_{39}前四拍得分百分比	0.13	0.04914
		X_{40}相持阶段得分百分比	0.14	0.05292
Y_5心智能力指标	0.232	X_{41}翻转反应时	0.12	0.02784
		X_{42}河内塔步数	0.21	0.04872
		X_{43}意志品质	0.19	0.04408
		X_{44}气质类型	0.20	0.0464
		X_{45}智力总分	0.28	0.06496

二、确立竞技能力的评价模型

根据运动员竞技能力特征，初步拟定的评价青少年网球运动员竞技能力的指标库，通过专家咨询和访谈确定评价竞技能力的筛选指标库，并对筛选指标库中的指标进行测试统计分析，并通过秩和比评价方法(RSR)确定各个指标的权重，从而建立青少年男子网球运动员竞技能力模型。然后根据竞技能力评价指标的测试值及与总体值间的相关系数及百分比，获得各组的权重，最终得到个能力的综合评价模型。

身体形态模型：

$$Y_1 = 0.07X_1 + 0.07X_2 + 0.07X_3 + 0.08X_4 + 0.1X_5 + 0.11X_6 + 0.1X_7 + 0.08X_8 + 0.08X_9 + 0.1X_{10} + 0.14X_{11}$$

身体素质评价的模型为：

$$Y_2 = 0.06X_{12} + X0.06_{13} + 0.06X_{14} + 0.06X_{15} + 0.08X_{16} + 0.1X_{17} + 0.07X_{18} + 0.04X_{19} + 0.07X_{20} + 0.09X_{21} + 0.09X_{22} + 0.07X_{23} + 0.07X_{24} + 0.08X_{25}$$

身体机能评价的模型为：

$$Y_3 = 0.1X_{26} + 0.18X_{27} + 0.12X_{28} + 0.24X_{29} + 0.19X_{30} + 0.11X_{31} + 0.06X_{32}$$

专项技战术能力评价的模型为：

$$Y_4 = 0.11X_{33} + 0.11X_{34} + 0.13X_{35} + 0.12X_{36} + 0.13X_{37} + 0.13X_{38} + 0.13X_{39} + 0.14X_{40}$$

专项心智力能力评价的模型为：

$$Y_6 = 0.12X_{41} + 0.21X_{42} + 0.19X_{43} + 0.2X_{44} + 0.28X_{45}$$

综合评价的模型为：

$$Y = 0.00595X_1 + 0.00595X_2 + 0.00595X_3 + 0.0068X_4 + 0.0085X_5 + 0.00935X_6 + 0.0085X_7 + 0.0068X_8 + 0.0068X_9 + 0.0085X_{10} + 0.0119X_{11} + 0.01458X_{12} + 0.01458X_{13} + 0.01458X_{14} + 0.01458X_{15} + 0.01944X_{16} + 0.0243X_{17} + 0.01701X_{18} + 0.00972X_{19} + 0.01701X_{20} + 0.02187X_{21} + 0.02187X_{22} + 0.01701X_{23} + 0.01701X_{24} + 0.01944X_{25} + 0.0062X_{26} + 0.01116X_{27} + 0.00744X_{28} + 0.01488X_{29} + 0.01178X_{30} + 0.00682X_{31} + 0.00372X_{32} + 0.04158X_{33} + 0.04158X_{34} + 0.04914X_{35} + 0.04536X_{36} + 0.04914X_{37} + 0.04914X_{38} + 0.04914X_{39} + 0.05292X_{40} + 0.02784X_{41} + 0.04872X_{42} + 0.04408X_{43} + 0.0464X_{44} + 0.06496X_{45}$$

第七章　青少年男子网球运动员竞技能力评价标准建立

第一节　单项指标评分标准

对制订的不同等级青少年男子网球运动员评价模型中各个指标分别建立单项指标评分标准，不同级别运动员分布按照五级评分赋值。单项评价标准的制订依照百分位数法来确定。

主要步骤为：

(1)计算全样本各典型指标的 P_{10}、P_{30}、P_{70}、P_{90}百分位数，确定各等级指标值的临界范围。

(2)根据专家问卷和访谈将运动员评分标准按照五等评价，即分别为五级、四级、三级、二级和一级，对于百分制理论分值为划分标准(见表 7-1、表 7-2 所示)。

(3)根据专家咨询及问卷调查将单项指标评分按照百分制计算，等级按照五等进行划分，建立各典型指标的单项评分标准(见表 7-3、表 7-4、表 7-5)。

表 7-1 **单项指标评分标准**

划分标准	理论分数	等级
P90+△ 以上	100	五
P70+△～P90	80	四
P30～P70	60	三
P10～P30-△	40	二
P10-△以下	20	一

注：△为最小单位

表 7-2 **青少年男子网球运动员竞技能力综合评价标准**

划分标准	综合得分	等级
P90+△ 以上	74 以上	五(优秀)
P70+△～P90	73～65	四(良好)
P30～P70	64～53	三(合格)
P10～P30-△	52～50	二(不合格)
P10-△以下	49 以下	一

表 7-3 **青少年男子网球一级运动员单项指标评分表**

指标	五等		四等		三等		二等		一等	
	标准	得分	标准	得分	标准	得分	标准	得分	标准	得分
身高(cm)	185.3 以上	0.68	185.2~183.6	0.544	183.5~176.9	0.408	176.9~172.3	0.272	172.2 以下	0.136
上肢长(cm)	84.0 以上	0.935	83.9~81.4	0.748	81.3~76.7	0.561	76.7~73.2	0.374	73.1 以下	0.187
指间距(cm)	198.1 以上	0.85	198.0~191.7	0.68	191.6~184.0	0.51	183.9~176.6	0.34	176.5 以下	0.17
足长(cm)	29.3 以上	0.68	29.2~26.7	0.544	26.6~25.2	0.408	25.1~23.9	0.272	23.8 以下	0.136
大腿围指数	32.0 以上	1.19	31.9~30.9	0.952	30.9~29.0	0.714	28.9~27.5	0.476	27.4 以下	0.238
肩宽(cm)	43.6 以上	0.85	43.5~42.3	0.68	42.2~39.5	0.51	39.4~35.5	0.34	35.4 以下	0.17
体重(kg)	82.0 以上	0.68	81.9~76.7	0.544	76.8~61.6	0.408	61.7~55.3	0.272	55.2 以下	0.136
体型指数	27.2 以下	0.85	27.3~34.8	0.68	34.9~47.2	0.51	47.3~56.1	0.34	56.2 以上	0.17
身体水分含量(%)	50.0 以上	0.595	49.9~47.5	0.476	47.4~37.8	0.357	37.7~33.8	0.238	33.7 以下	0.119
去脂体重(kg)	71.9 以上	0.595	71.8~68.3	0.476	68.2~54.7	0.357	54.6~49.0	0.238	48.9 以下	0.119
肌肉量推测值(kg)	68.2 以上	0.595	68.1~64.8	0.476	64.7~51.8	0.357	51.7~46.3	0.238	46.2 以下	0.119

续表

指标	五等		四等		三等		二等		一等	
	标准	得分	标准	得分	标准	得分	标准	得分	标准	得分
三十米跑(s)	4.40 以下	1.458	4.41~4.45	1.1664	4.46~4.55	0.8748	4.66~4.79	0.5832	4.8 以上	0.2916
扇形跑(s)	18.9 以下	1.458	18.9~19.5	1.1664	19.6~20.1	0.8748	20.2~20.7	0.5832	20.8 以上	0.2916
握力(kg)	59.4 以上	1.458	59.5~52.6	1.1664	52.5~45.3	0.8748	45.2~36.3	0.5832	36.2 以下	0.2916
背力(kg)	168.0 以上	1.458	167.9~143.3	1.1664	143.2~112.8	0.8748	112.7~95.1	0.5832	95.0 以下	0.2916
立定跳远(m)	2.15 以上	1.944	2.14~2.08	1.5552	2.07~2.01	1.1664	2.00~1.98	0.7776	1.97 以下	0.3888
原地纵跳(cm)	44.2 以上	2.43	44.1~40.9	1.944	40.8~36.7	1.458	36.6~32.5	0.972	32.4 以下	0.486
3000 米	661.79 以下	1.701	661.80~672.35	1.3608	672.36~680.40	1.0206	680.41~695.44	0.6804	695.45 以上	0.3402
坐位体前屈(cm)	9.25 以上	0.972	9.25~9.21	0.7776	9.20~9.12	0.5832	9.11~8.8	0.3888	8.79 以下	0.1944
正手侧摸背(cm)	4.1 以下	1.701	4.2~4.4	1.3608	4.5~4.9	1.0206	5.0~5.4	0.6804	5.5 以下	0.3402
反手侧摸背(cm)	17.0 以下	2.187	17.1~17.8	1.7496	17.9~20.9	1.3122	21~24	0.8748	24.1 以上	0.4374
一分钟双摇跳绳(n)	108 以上	2.187	107~100	1.7496	99~95	1.3122	94~86	0.8748	85 以下	0.4374

续表

指标	五等		四等		三等		二等		一等	
	标准	得分	标准	得分	标准	得分	标准	得分	标准	得分
闭眼单脚站立(s)	106 以上	1.701	105~60	1.3608	59~21	1.0206	20~8	0.6804	7 以下	0.3402
左边线转前冲刺跑(s)	2.3 以下	1.701	2.4~3.1	1.3608	3.2~3.9	1.0206	4~4.5	0.6804	4.6 以上	0.3402
右边线折返冲刺跑(s)	2.0 以下	1.944	2.1~2.2	1.5552	2.3~2.4	1.1664	2.4~2.5	0.7776	2.6 以上	0.3888
肺活量/体重(ml-kg-1)	74.40 以上	0.62	74.39~65.60	0.496	65.59~53.20	0.372	53.19~42.52	0.248	42.51 以下	0.124
脉压差(mmHg)	55.00 以上	1.116	54.00~44.00	0.8928	43.00~35.00	0.6696	34.00~30.00	0.4464	29 以下	0.2232
台阶指数	64.93 以上	0.744	64.92~58.25	0.5952	58.24~52.15	0.4464	52.14~47.38	0.2976	47.37 以下	0.1488
收缩压(mmHg)	132.00 以上	1.488	131.00~120.00	1.1904	119.00~108.00	0.8928	107.00~100.00	0.5952	99 以下	0.2976
舒张压(mmHg)	85.00 以上	1.178	84.00~80.00	0.9424	79.00~70.00	0.7068	69.00~60.00	0.4712	59 以下	0.2356
肺活量(ml)	4795 以上	0.682	4794~4205	0.5456	4205~3360	0.4092	3360~2576	0.2728	2575 以下	0.1364
反应时	0.35 以下	0.372	0.36~0.37	0.2976	0.38~0.39	0.2232	0.40~0.41	0.1488	0.42 以上	0.0744
一发成功次数百分比	85.0 以上	4.158	84.9~75	3.3264	74.9~65	2.4948	64.9~59	1.6632	58.9 以下	0.8316
接发球得失分综合百分比	−5 以上	4.158	−4.9~−6.5	3.3264	−6.6~−8.8	2.4948	−8.9~−12	1.6632	−12.1 以下	0.8316

续表

指标	五等		四等		三等		二等		一等	
	标准	得分	标准	得分	标准	得分	标准	得分	标准	得分
运用抽球技术得失分综合百分比	5 以上	4.914	5~2.7	3.9312	2.6~-2	2.9484	-2.1~-9	1.9656	-9.1 以下	0.9828
网前主动拦截得分百分比	80.0 以上	4.536	79.9~69.5	3.6288	69.4~55	2.7216	54.9~48.1	1.8144	48 以下	0.9072
中前场拦截得分百分比	70.5 以上	4.914	70.4~64.3	3.9312	64.2~51.5	2.9484	51.4~31.9	1.9656	31.8 以下	0.9828
主动得分百分比	65 以上	4.914	64.9~58.9	3.9312	58.8~50.1	2.9484	50.0~42.7	1.9656	42.6 以下	0.9828
前四拍得分百分比	60 以上	4.914	59.9~56.3	3.9312	56.3~52.2	2.9484	52.1~47.8	1.9656	47.7 以下	0.9828
相持阶段得分百分比	55 以上	5.292	54.9~52.9	4.2336	52.8~49.8	3.1752	49.7~46.0	2.1168	45.9 以下	1.0584
翻转反应时(s)	491.11 以下	2.784	491.12~520.34	2.2272	520.35~570.29	1.6704	570.30~649.46	1.1136	649.47 以上	0.5568
河内塔步数	37.55 以下	4.872	37.56~43.26	3.8976	43.27~51.81	2.9232	51.82~78.06	1.9488	78.07 以上	0.9744
意志品质	172.99 以下	4.408	173~179.51	3.5264	179.52~185.05	2.6448	185.06~200.11	1.7632	200.12 以上	0.8816
X44 气质类型	多血质	4.64	黏液多血质	3.712	胆汁黏液质	2.784	黏液质	1.856	其他	0.928
智力总分	65 以上	6.496	65~59	5.1968	58.5~51	3.8976	50.9~40	2.5984	39.9 以下	1.2992

表 7-4 **青少年男子网球二级运动员单项指标评分表**

指标	五等		四等		三等		二等		一等	
	标准	得分	标准	得分	标准	得分	标准	得分	标准	得分
身高(cm)	183.9 以上	0.68	183.8~178.5	0.544	178.4~172.3	0.408	172.2~169.9	0.272	169.8 以下	0.136
上肢长(cm)	81.8 以上	0.935	81.7~79.9	0.748	79.8~76.4	0.561	76.3~73.4	0.374	73.3 以下	0.187
指间距(cm)	197.1 以上	0.85	197.0~189.6	0.68	189.5~178.4	0.51	178.3~174.2	0.34	174.1 以下	0.17
足长(cm)	27.6 以上	0.68	27.5~25.6	0.544	25.5~24.6	0.408	24.5~23.1	0.272	23.0 以下	0.136
大腿围指数	32.1 以上	1.19	32.0~31.2	0.952	31.1~29.4	0.714	29.3~28.2	0.476	28.1 以下	0.238
肩宽(cm)	44.8 以上	0.85	44.7~42.0	0.68	41.9~40.0	0.51	39.9~36.0	0.34	35.9 以下	0.17
体重(kg)	82.6 以上	0.68	82.5~71.2	0.544	71.1~60.4	0.408	60.3~55.6	0.272	55.5 以下	0.136
体型指数	31.3 以下	0.85	31.4~44.3	0.68	44.4~54.9	0.51	54.8~64.3	0.34	64.4 以上	0.17
身体水分含量(%)	48.6 以上	0.595	48.5~43.2	0.476	43.1~36.2	0.357	36.1~33.8	0.238	33.7 以下	0.119
去脂体重(kg)	69.9 以上	0.595	69.8~62.2	0.476	62.1~52.1	0.357	52.0~48.8	0.238	48.7 以下	0.119
肌肉量推测值(kg)	66.2 以上	0.595	66.2~58.8	0.476	58.7~49.3	0.357	49.2~46.1	0.238	46.0 以下	0.119

续表

指标	五等		四等		三等		二等		一等	
	标准	得分	标准	得分	标准	得分	标准	得分	标准	得分
三十米跑(s)	4.71 以下	1.458	4.72~4.84	1.1664	4.85~4.91	0.8748	4.92~5.04	0.5832	5.05 以上	0.2916
扇形跑(s)	18.24 以下	1.458	18.25~19.03	1.1664	19.04~25.5	0.8748	25.5~25.9	0.5832	26 以上	0.2916
握力(kg)	37.3 以上	1.458	37.2~33.8	1.1664	33.7~29.5	0.8748	29.4~23.1	0.5832	23.0 以下	0.2916
背力(kg)	131.0 以上	1.458	130.9~112.6	1.1664	112.5~97.5	0.8748	97.4~76.1	0.5832	76.0 以下	0.2916
立定跳远(m)	2.16 以上	1.944	2.15~1.94	1.5552	1.93~1.85	1.1664	1.85~1.76	0.7776	1.76 以下	0.3888
原地纵跳(cm)	34.32 以上	2.43	34.31~34.00	1.944	33.99~33.40	1.458	33.39~26.16	0.972	26.15 以下	0.486
3000 米	682.51 以下	1.701	682.51~688.30	1.3608	688.31~694.15	1.0206	694.16~701.56	0.6804	701.57 以上	0.3402
坐位体前屈(cm)	14.18 以上	0.972	14.17~12.20	0.7776	12.19~10.89	0.5832	10.88~10.01	0.3888	10.00 以下	0.1944
正手侧摸背(cm)	4.12 以下	1.701	4.13~4.49	1.3608	4.50~5.33	1.0206	5.34~5.89	0.6804	5.90 以上	0.3402
反手侧摸背(cm)	18.10 以下	2.187	18.12~19.49	1.7496	19.50~21.57	1.3122	21.58~24.25	0.8748	24.26 以上	0.4374
一分钟双摇跳绳(n)	103 以上	2.187	103~101	1.7496	100~90	1.3122	89~80	0.8748	79 以下	0.4374

续表

指标	五等		四等		三等		二等		一等	
	标准	得分	标准	得分	标准	得分	标准	得分	标准	得分
闭眼单脚站立(s)	100 以上	1.701	99~56	1.3608	55~19	1.0206	18~8	0.6804	7 以下	0.3402
左边线转前冲刺跑(s)	2.3 以下	1.701	2.4~2.7	1.3608	2.8~3.5	1.0206	3.6~4.8	0.6804	4.9 以上	0.3402
右边线折返冲刺跑(s)	2.02 以下	1.944	2.03~2.20	1.5552	2.21~2.60	1.1664	2.61~2.78	0.7776	2.79 以上	0.3888
肺活量/体重(ml-kg-1)	72.86 以上	0.62	72.85~63.08	0.496	63.07~49.40	0.372	49.39~39.01	0.248	39 以下	0.124
脉压差(mmHg)	50.00 以上	1.116	49.00~40.00	0.8928	39.00~34.00	0.6696	33.00~30.00	0.4464	29 以下	0.2232
台阶指数	60.96 以上	0.744	60.95~56.35	0.5952	56.34~52.15	0.4464	52.14~47.83	0.2976	47.82 以下	0.1488
收缩压(mmHg)	130.00 以上	1.488	129.00~120.00	1.1904	119.00~108.00	0.8928	107.00~100.00	0.5952	99 以下	0.2976
舒张压(mmHg)	86.00 以上	1.178	85.00~80.00	0.9424	79.00~70.00	0.7068	69.00~60.00	0.4712	59 以下	0.2356
肺活量(ml)	4555 以上	0.682	4554~3964	0.5456	3963~2901	0.4092	2900~2257	0.2728	2256 以下	0.1364
反应时	0.38 以下	0.372	0.39~0.46	0.2976	0.47~0.54	0.2232	0.55~0.63	0.1488	0.64 以上	0.0744
一发成功次数百分比	80 以上	4.158	79.9~71.5	3.3264	71.4~69	2.4948	68.9~60	1.6632	60 以下	0.8316

续表

指标	五等		四等		三等		二等		一等	
	标准	得分	标准	得分	标准	得分	标准	得分	标准	得分
接发球得失分综合百分比	-5 以上	4.158	-5.1～-7	3.3264	-7.1～-9	2.4948	-9～-14	1.6632	-14.1 以下	0.8316
运用抽球技术得失分综合百分比	-15 以上	4.914	-15～-17	3.9312	-17.1～-21	2.9484	-21～-24	1.9656	-24.1 以下	0.9828
网前主动拦截得分百分比	70 以上	4.536	69.9～63.5	3.6288	63.4～57.8	2.7216	57.7～45.6	1.8144	45.5 以下	0.9072
中前场拦截得分百分比	55 以上	4.914	54.9～48	3.9312	47.9～40.6	2.9484	40.5～30.1	1.9656	30 以下	0.9828
主动得分百分比	50 以上	4.914	49.9～46.3	3.9312	46.2～40.1	2.9484	40～35.9	1.9656	35.8 以下	0.9828
前四拍得分百分比	60 以上	4.914	59.9～56	3.9312	55.9～53.1	2.9484	53～41.4	1.9656	41.3 以下	0.9828
相持阶段得分百分比	55 以上	5.292	54.9～51.9	4.2336	51.8～46.3	3.1752	46.2～44.5	2.1168	44.4 以下	1.0584
翻转反应时	545.32 以下	2.784	545.33～570.34	2.2272	570.35～610.29	1.6704	610.30～720.54	1.1136	720.55 以上	0.5568
河内塔步数	41.58 以下	4.872	41.59～49.26	3.8976	49.27～59.80	2.9232	59.81～81.49	1.9488	81.5 以上	0.9744
意志品质	165.35 以下	4.408	165.36～171.51	3.5264	171.52～181.05	2.6448	181.06～201	1.7632	201.1 以上	0.8816
气质类型	多血质	4.64	黏液多血质	3.712	胆汁黏液质	2.784	黏液质	1.856	其他	0.928
智力总分	60 以上	6.496	59.9～54.5	5.1968	54.4～44.7	3.8976	44.6～32.8	2.5984	32.7 以下	1.2992

表 7-5 **青少年男子网球三级运动员单项指标评分表**

指标	五等		四等		三等		二等		一等	
	标准	得分	标准	得分	标准	得分	标准	得分	标准	得分
身高(cm)	181.2 以上	0.68	181.1~174.3	0.544	174.3~167.7	0.408	167.6~164.2	0.272	164.1 以下	0.136
上肢长(cm)	81.1 以上	0.935	81.2~77.6	0.748	77.5~73.8	0.561	73.7~71.7	0.374	71.6 以下	0.187
指间距(cm)	193.7 以上	0.85	193.6~186.2	0.68	186.1~174.2	0.51	174.1~169.1	0.34	169.0 以下	0.17
足长(cm)	27.4 以上	0.68	27.3~25.4	0.544	25.3~23.7	0.408	23.6~23.2	0.272	23.1 以下	0.136
大腿围指数	32.8 以上	1.19	32.7~32.1	0.952	32.0~30.1	0.714	30.0~28.6	0.476	28.5 以下	0.238
肩宽(cm)	42.9 以上	0.85	42.8~41.5	0.68	41.4~37.6	0.51	37.5~36.9	0.34	36.8 以下	0.17
体重(kg)	74.7 以上	0.68	74.6~70.2	0.544	70.1~59.3	0.408	59.2~56.7	0.272	56.6 以下	0.136
体型指数	32.8 以下	0.85	32.9~44.9	0.68	45.0~56.2	0.51	56.3~65.2	0.34	65.3 以上	0.17
身体水分含量(%)	47.7 以上	0.595	47.6~42.8	0.476	42.7~35.5	0.357	35.5~32.4	0.238	32.3 以下	0.119
去脂体重(kg)	68.8 以上	0.595	68.7~61.7	0.476	61.6~51.3	0.357	51.2~46.8	0.238	46.7 以下	0.119
肌肉量推测值(kg)	65.2 以上	0.595	65.1~58.5	0.476	58.4~48.5	0.357	48.4~44.1	0.238	44.0 以下	0.119

续表

指标	五等		四等		三等		二等		一等	
	标准	得分	标准	得分	标准	得分	标准	得分	标准	得分
三十米跑(s)	4.61 以下	1.458	4.62~4.70	1.1664	4.71~4.90	0.8748	4.91~5.19	0.5832	5.20 以上	0.2916
扇形跑(s)	18.31 以下	1.458	18.32~23.10	1.1664	23.11~24.78	0.8748	24.79~25.50	0.5832	25.51 以上	0.2916
握力(kg)	37.3 以上	1.458	37.2~35.6	1.1664	35.5~30.1	0.8748	30.1~26.6	0.5832	26.5 以下	0.2916
背力(kg)	131.0 以上	1.458	130.9~128.5	1.1664	128.4~113.1	0.8748	113.0~97	0.5832	96.9 以下	0.2916
立定跳远(m)	2.01 以上	1.944	2.00~1.95	1.5552	1.94~1.89	1.1664	1.88~1.86	0.7776	1.85 以下	0.3888
原地纵跳(cm)	34.72 以上	2.43	34.71~34.09	1.944	34.08~22.65	1.458	22.64~22.35	0.972	22.34 以下	0.486
3000 米	686.35 以下	1.701	686.36~693.25	1.3608	693.26~700.45	1.0206	700.46~708.67	0.6804	708.68 以上	0.3402
坐位体前屈(cm)	25.12 以上	0.972	25.11~21.25	0.7776	21.24~15.33	0.5832	15.32~10.22	0.3888	10.21 以下	0.1944
正手侧摸背(cm)	4.41 以下	1.701	4.42~4.80	1.3608	4.81~5.40	1.0206	5.41~5.80	0.6804	5.81 以上	0.3402
反手侧摸背(cm)	19.31 以下	2.187	19.32~20.83	1.7496	20.84~22.31	1.3122	22.32~24.01	0.8748	24.02 以上	0.4374
一分钟双摇跳绳(n)	92 以上	2.187	91~89	1.7496	88~85	1.3122	84~80	0.8748	79 以下	0.4374

续表

指标	五等		四等		三等		二等		一等	
	标准	得分	标准	得分	标准	得分	标准	得分	标准	得分
闭眼单脚站立(s)	92.01 以上	1.701	92.00~50.40	1.3608	50.39~15.01	1.0206	15.00~6.00	0.6804	5.9 以下	0.3402
左边线转前冲刺跑(s)	2.52 以下	1.701	2.53~3.10	1.3608	3.11~3.60	1.0206	3.61~4.69	0.6804	4.70 以上	0.3402
右边线折返冲刺跑(s)	2.11 以下	1.944	2.12~2.30	1.5552	2.31~2.80	1.1664	2.81~3.20	0.7776	3.21 以上	0.3888
肺活量/体重(ml-kg-1)	68.10 以上	0.62	68.09~53.80	0.496	58.79~45.90	0.372	45.89~35.20	0.248	35.19 以下	0.124
脉压差(mmHg)	50 以上	1.116	49~45	0.8928	45~39	0.6696	39~30	0.4464	29 以下	0.2232
台阶指数	66.51 以上	0.744	66.50~60.45	0.5952	60.44~54.35	0.4464	54.34~49.64	0.2976	49.63 以下	0.1488
收缩压(mmHg)	126.01 以上	1.488	126.00~117.80	1.1904	117.79~100.01	0.8928	100.00~95.01	0.5952	95 以下	0.2976
舒张压(mmHg)	85 以上	1.178	84~80	0.9424	79~70	0.7068	69~60	0.4712	59 以下	0.2356
肺活量(ml)	4280.00 以上	0.682	4279.00~3475.40	0.5456	3475.39~2518.00	0.4092	2517.00~1950.00	0.2728	1949	0.1364
反应时	0.36 以下	0.372	0.37~0.41	0.2976	0.42~0.46	0.2232	0.47~0.51	0.1488	0.52 以上	0.0744
一发成功次数百分比	70 以上	4.158	69.9~64.3	3.3264	64.2~59.5	2.4948	59.4~50.1	1.6632	50 以下	0.8316
接发球得失分综合百分比	-6 以上	4.158	-6.1~-8.2	3.3264	-8.3~-12	2.4948	-12.1~-17.3	1.6632	-17.4 以下	0.8316

续表

指标	五等		四等		三等		二等		一等	
	标准	得分	标准	得分	标准	得分	标准	得分	标准	得分
运用抽球技术得失分综合百分比	−16 以上	4. 914	−16. 1~19. 3	3. 9312	−19. 4~−25	2. 9484	−25~−30	1. 9656	−30. 1 以下	0. 9828
网前主动拦截得分百分比	60 以上	4. 536	59. 9~54. 4	3. 6288	54. 3~47. 8	2. 7216	47. 7~41. 3	1. 8144	41. 2 以下	0. 9072
中前场拦截得分百分比	40 以上	4. 914	39. 9~32. 7	3. 9312	32. 6~24. 8	2. 9484	34. 7~19. 6	1. 9656	19. 5 以下	0. 9828
主动得分百分比	50 以上	4. 914	49. 9~42. 1	3. 9312	42. ~36. 1	2. 9484	36~31. 8	1. 9656	31. 7 以下	0. 9828
前四拍得分百分比	60 以上	4. 914	59. 9~57. 2	3. 9312	57. 1~54. 1	2. 9484	54~50	1. 9656	49. 9 以下	0. 9828
相持阶段得分百分比	60 以上	5. 292	59. 9~53. 5	4. 2336	53. 4~46. 7	3. 1752	46. 6~40. 5	2. 1168	40. 4 以下	1. 0584
翻转反应时	560. 55 以下	2. 784	560. 56~580. 34	2. 2272	580. 35~630. 33	1. 6704	630. 34~741. 55	1. 1136	742. 56 以上	0. 5568
河内塔步数	40. 49 以下	4. 872	40. 5~47. 71	3. 8976	47. 72~60. 33	2. 9232	60. 34~82. 51	1. 9488	82. 52 以上	0. 9744
意志品质	167. 10 以下	4. 408	167. 11~173. 52	3. 5264	173. 53~182. 21	2. 6448	182. 22~203. 47	1. 7632	203. 48 以上	0. 8816
气质类型	多血质	4. 64	黏液多血质	3. 712	胆汁黏液质	2. 784	黏液质	1. 856	其他	0. 928
智力总分	60 以上	6. 496	59. 9~52. 1	5. 1968	52~42. 9	3. 8976	42. 8~29. 8	2. 5984	29. 7 以下	1. 2992

第二节　竞技能力综合评价标准的建立

青少年网球运动员的综合竞技能力是一个动态的过程，我们需要建立综合评价标准以适应运动员竞技能力的变化。因此，在对单项指标进行评分的基础上，建立针对运动员综合竞技能力指标的评价标准，以便对运动员进行实时跟踪监测，可以全面、客观地反映青少年网球运动员的竞技实力。

综合评价标准的制订方法是：

根据全样本各典型指标测试的数据，按单项评分标准对各指标进行分等和评分。在此基础上，将各指标的理论分数乘以它在该级指标中的综合权重，得到各指标的加权分，然后将各指标的加权分数累加，就是运动员竞技能力综合评分。最后计算样本总分数的 p10、p30、p50、p70、p90 百分位数，得到综合评价标准（如表 7-2 所示）。

第三节　综合评价标准的回代检验

判断竞技能力评价标准和模型对运动员的专项能力有一个很好预测和评价。通过对所选取的 25 名一级运动员、36 名二级运动员以及 49 名三级运动员按照竞技能力评价模型计算了综合能力评价等级后进行了回判。

由表 7-6 可以看出，经过青少年男子网球运动员回代检验，25 名一级运动员中评分标准在五级的有 9 名运动员，四级的 13 人，三级标准的有 3 人；36 名二级运动员中评价等级在五级的只有 2 人，四级的 3 人，在三级和四级的人数最多，分别达到了 17 人和 14 人；49 名三级运动员中五级的有 4 人，四级的有 3 人，一级的运动员有 1 人，而处于三级和二级的运动员分别有 11 人和 30 人。一级运动员均为国家队集训队员，运动水平较高，竞技能力较强；二、三级运动员大部分为省队队员或者有专业体校队员，训练水平和训练年限均与一级运动员优秀组有一定差距。因此回代结果符合实际情况，可以说综合评价系统较好地反映不同水平运动员之间竞技能力的差异。

表 7-6　　**运动员回代检验结果**

等级	一级运动员	二级运动员	三级运动员
五级	9	2	4
四级	13	3	3
三级	3	17	11
二级	0	14	30
一级	0	0	1
合计	25	36	49

第八章　青少年网球运动员竞技能力训练计划的制订与评价标准的验证

第一节　针对竞技能力评价标准设计训练验证试验步骤

(1)在不同等级网球运动员中随机挑选运动员，对反映其竞技能力的各项指标进行测试，包含形态、机能、素质、技术、战术、心理和智能等指标。

(2)对测试指标值进行汇总处理，并与综合评价表中的数据指标进行比较，划分各指标的范围标准。

(3)根据对比分析计算的结果，分析网球运动员各项指标的等级，并分析运动员在表现竞技能力的各指标中的优劣情况，得出结论。

(4)根据各个指标与评价标准的对比分析结果制订针对性的训练计划。在制订针对性的训练计划中要充分利用评价标准，针对运动员较差的指标或者竞技能力子因素安排训练内容。

(5)在武汉市一级、二级、三级运动员中各挑取了 3 名运动员共计 12 名运动员针对评价标准制订的训练计划进行为期两个月的训练。

(6)针对性的训练计划实施结束以后对 12 名运动员进行测试。

(7)数据的分析及效果分析。根据测试结果与原先的测试结果进行对比，比较其各个指标的变化情况，得出相应的结论。

第二节　青少年网球运动员竞技能力训练计划的制订

一、青少年网球运动员体能训练计划的制订

训练周期为两个月，训练安排分为三个阶段，第一阶段是准备性训练阶段，第二阶段为提高训练阶段，第三个阶段为训练保持阶段(见表8-1)。第一阶段是一般性体能的训练，负荷量尽量保持适中，让每一位运动员进入一个准备训练阶段，并适应体能训练的安排。第二阶段是一般体能训练和专项体能训练，在训练过程中结合器材进行练习。第三阶段是关于网球专项方面的训练，即专项力量训练和专项体能训练。其中专项体能训练的内容是：跪姿投掷实心球、斜上方掷实心球、双手前掷实心球、20米折返跑、双手后掷实心球、右边线转前冲刺跑、3RM卧推、

表8-1　**体能训练方案(单周)**

阶段	周次	周一	周二	周三	周四	周五
准备适应阶段	1	力量训练	体能训练	力量训练	体能训练	力量训练
	2	力量训练结合球训练	体能训练结合球训练	力量训练结合球训练	体能训练结合球训练	力量训练结合球训练
训练提高阶段	3	力量训练结合球训练	体能训练结合球训练	力量训练结合球训练	体能训练结合球训练	力量训练结合球训练
	4	力量训练结合球训练	体能训练结合球训练	力量训练结合球训练	体能训练结合球训练	力量训练结合球训练
	5	力量训练结合球训练	体能训练结合球训练	力量训练结合球训练	体能训练结合球训练	力量训练结合球训练
训练保持阶段	6	力量训练	专项体能训练	力量训练	专项体能训练	力量训练

单打边线折返跑、5 米冲刺跑、10 米冲刺跑、立姿前掷网球、20 米冲刺跑、反手侧摸背、左边线转前冲刺跑、左边线折返冲刺跑、右边线折返冲刺跑、正手侧摸背和六边跳练习等 18 项训练内容等训练内容(见表 8-2)。

表 8-2　**体能训练计划**

训练内容	训练负荷
跪姿投掷实心球	3 * 8(75~80%)
斜上方掷实心球	3 * 8(75~80%)
立姿前掷网球	3 * 8(75~80%)
双手前掷实心球	3 * 8(75~80%)
双手后掷实心球	3 * 8(75~80%)
3RM 卧推	3 * 8(75~80%)
单打边线折返跑	3 * 最快值
5 米冲刺跑	3 * 最快值
10 米冲刺跑	3 * 最快值
20 米冲刺跑	3 * 最快值
20 米折返跑	2 组，组间休息 30~90 秒
正手侧摸背	3 * 最大值
反手侧摸背	3 * 最大值
左边线转前冲刺跑	3 * 最快值
右边线转前冲刺跑	3 * 最快值
左边线折返冲刺跑	3 * 最快值
右边线折返冲刺跑	3 * 最快值
六边跳测试	3 * 最快值

二、青少年网球运动员技战术训练计划的制订

训练周期为两个月，训练安排分为每周一至周五，训练内容包含目标发球练习、发球进球率练习、发球质量练习、正反手定点击球练习、截击球练习、侧身躲击球练习、接发球练习、底线深球练习、中场底线球练习、“网前——底线”三人练习、底线“一打二”练习、Z型对拉球练习等13项技战术训练内容。结合竞技能力的评价标准，综合各项基本训练内容结合成具有针对性训练的周计划方案(见表8-3、表8-4)。

表8-3　**技战术训练计划**

训练名称	训练要求及时间
目标发球练习	训练内容：底线发球 训练形式：多球 训练要求：球员需击中平分区及占先区内角、外角及中路放置的标志桶。一级运动员要求每个区击中五次，二级运动员要求击中两次，三级运动员要求集中一次。 训练时间：30分钟
发球进球率练习	训练内容：底线发球 训练形式：多球 训练要求：球员分别在平分区及占先区采用一发力量的70%进行发球，要求连续十次不失误，成功一次为1组，平分区及占先区各3组，共6组 训练时间：30分钟
发球质量练习	训练内容：底线发球 训练形式：多球 训练要求：球员分别进行一发和二发的多球练习，一发要求一定的角度和速度，二发要求稳定性以及旋转。 训练时间：平分区及占先区各15分钟，共30分钟

续表

训练名称	训练要求及时间
正反手定点击球练习	训练内容：底线正反手抽击球 训练形式：多球 训练要求：球员针对教练员的定点抛球分别进行正反手的直线与斜线抽击球，击球落点要求在规定区域，正反手交替进行，直线15个，斜线15个共30个为1组，共3组一级运动员要求打进28个以上，二级运动员要求打进20以上，三级运动员要求打球15个以上。 训练时间：30分钟
截击球练习	训练内容：网球正反手截击球 训练形式：多球 训练要求：教练员进行一定角度正反手位的交替抛球，需要球员在网前采用正反手截击扑球，过程中球员的脚步不能停顿，要求击球线路明确。20个球为1组，共3组。 训练时间：20分钟
侧身躬击球练习	训练内容：正手多点进攻球 训练形式：多球 训练要求：教练员交替抛送右侧底线、中场底线以及前场位的多球，球员全部采用正手侧身进攻，击球落点要求在后场区域，三个球为1轮，5轮为一组，共四组。一级运动员要求成功12个以上，二级运动员要求成功10个以上，三级运动员要求成功7个以上。 训练时间：30分钟
接发球练习	训练内容：底线正反手抽击球 训练形式：两人一组 训练要求：两名球员交替进行发球与接发球，要求接发球运动员回球有一定的成功率。一名球员成功10个球换球员接发。 训练时间：20分钟

续表

训练名称	训练要求及时间
底线深球练习	训练内容：底线正反手击球 训练形式：多球 训练要求：教练员采用大角度隔网抛送左右区域的多球，要求运动员采用正反手交替击球将球回致后场区域，从 0 开始计分，下网扣 2 分，出界或出浅扣 1 分，打够 10 分为一组，共 3 组 训练时间：30 分钟
中场底线球练习	训练内容：底线与中场的正反手击球 训练形式：多球 训练要求：教练员隔网交替抛送中场和底线的多球，10 个正手位中场底线交替，10 个反手位中场底线交替，共 20 个球为一组，要求运动员积极跑动，击球线路明确。一级运动员要求打进 15 个以上，二级运动员要求打进 12 个以上，三级运动员要求打进一半以上。 训练时间：30 分钟
“网前—底线”三人练习	训练内容：一人网前截击，另两人底线正反手击球 训练形式：三人一组 训练要求：截击的球员将球交替截至底线两名球员的站位附近，底线球员可以任意采用正反手进行回球，以回合球为主，10 分钟换人。 训练时间：60 分钟
底线“一打二”练习	训练内容：针对性的回合球练习 训练要求：三名球员一片场地，采用底线 1 对 2 的形式，前 10 分钟，一边底线 2 名球员的只打正反手直线，一边底线 1 名球员在跑动过程中只回斜线，后 10 分钟，一边底线 2 名球员的只打正反手斜线，一边底线 1 名球员在跑动过程中只回直线。20 分钟换人。 训练时间：60 分钟

续表

训练名称	训练要求及时间
Z 型对拉球练习	训练内容：底线正反手回合球 训练形式：两人一组 训练要求：两名球员都在底线附近，一名球员只打正反手直线，另一名球员只打斜线。十分钟一组交换，共 4 组。 训练时间：40 分钟

表 8-4　**专项技战术周训练方案**

周次	技战术训练方案
周一	上午 1. 目标发球练习：球员需击中平分区及占先区内角、外角及中路放置的标志桶。一级运动员要求每个区击中五次，二级运动员要求击中两次，三级运动员要求集中一次。训练时间 30 分钟 2. 正反手定点击球练习：球员针对教练员的定点抛球分别进行正反手的直线与斜线抽击球，击球落点要求在规定区域，正反手交替进行，直线 15 个，斜线 15 个共 30 个为 1 组，共 3 组。一级运动员要求打进 28 个以上，二级运动员要求打进 20 以上，三级运动员要求打球 15 个以上。训练时间 30 分钟 3. 底线“一打二”练习：三名球员一片场地，采用底线 1 对 2 的形式，前 10 分钟，一边底线 2 名球员的只打正反手直线，一边底线 1 名球员在跑动过程中只回斜线，后 10 分钟，一边底线 2 名球员的只打正反手斜线，一边底线 1 名球员在跑动过程中只回直线。20 分钟换人。训练时间 60 分钟 下午 1. 截击球练习：教练员进行一定角度正反手位的交替抛球，需要球员在网前采用正反手截击扑球，过程中球员的脚步不能停顿，要求击球线路明确。20 个球为 1 组，共 3 组。训练时间 20 分钟 2. Z 型对拉球练习：两名球员都在底线附近，一名球员只打正反手直线，另一名球员只打斜线。十分钟一组交换，共 4 组。训练时间 40 分钟

续表

周次	技战术训练方案
周二	上午 1. 发球进球率练习：球员分别在平分区及占先区采用一发力量的70%进行发球，要求连续十次不失误，成功一次为1组，平分区及占先区各3组，共6组。训练时间30分钟 2. 侧身躬击球练习：教练员交替抛送右侧底线、中场底线以及前场位的多球，球员全部采用正手侧身进攻，击球落点要求在后场区域，三个球为1轮，5轮为一组，共四组。一级运动员要求成功12个以上，二级运动员要求成功10个以上，三级运动员要求成功7个以上。训练时间30分钟 3. Z型对拉球练习：两名球员都在底线附近，一名球员只打正反手直线，另一名球员只打斜线。十分钟一组交换，共4组。训练时间40分钟 下午 1. 接发球练习：两名球员交替进行发球与接发球，要求接发球运动员回球有一定的成功率。一名球员成功10个球换球员接发。训练时间20分钟 2. “网前——底线”三人练习：截击的球员将球交替截至底线两名球员的站位附近，底线球员可以任意采用正反手进行回球，以回合球为主，10分钟换人。训练时间60分钟
周三	上午 1. 发球质量练习：球员分别进行一发和二发的多球练习，一发要求一定的角度和速度，二发要求稳定性以及旋转。训练时间：平分区及占先区各15分钟，共30分钟 2. 截击球练习：教练员进行一定角度正反手位的交替抛球，需要球员在网前采用正反手截击扑球，过程中球员的脚步不能停顿，要求击球线路明确。20个球为1组，共3组。训练时间20分钟 3. “网前——底线”三人练习：截击的球员将球交替截至底线两名球员的站位附近，底线球员可以任意采用正反手进行回球，以回合球为主，10分钟换人。训练时间60分钟 下午 1. 底线深球练习：教练员采用大角度隔网抛送左右区域的多球，要求运动员采用正反手交替击球将球回致后场区域，从0开始计分，下网扣2分，出界或出浅扣1分，打够10分为一组，共3组训练时间：30分钟 2. Z型对拉球练习：两名球员都在底线附近，一名球员只打正反手直线，另一名球员只打斜线。十分钟一组交换，共4组。训练时间40分钟

续表

周次	技战术训练方案
周四	上午 1. 目标发球练习：球员需击中平分区及占先区内角、外角及中路放置的标志桶。一级运动员要求每个区击中五次，二级运动员要求击中两次，三级运动员要求集中一次。训练时间 30 分钟 2. 侧身躬击球练习：教练员交替抛送右侧底线、中场底线以及前场位的多球，球员全部采用正手侧身进攻，击球落点要求在后场区域，三个球为 1 轮，5 轮为一组，共四组。一级运动员要求成功 12 个以上，二级运动员要求成功 10 个以上，三级运动员要求成功 7 个以上。训练时间 30 分钟 3. 底线“一打二”练习：三名球员一片场地，采用底线 1 对 2 的形式，前 10 分钟，一边底线 2 名球员的只打正反手直线，一边底线 1 名球员在跑动过程中只回斜线，后 10 分钟，一边底线 2 名球员的只打正反手斜线，一边底线 1 名球员在跑动过程中只回直线。20 分钟换人。训练时间 60 分钟 下午 休息
周五	发球 1. 发球进球率练习：球员分别在平分区及占先区采用一发力量的 70% 进行发球，要求连续十次不失误，成功一次为 1 组，平分区及占先区各 3 组，共 6 组训练时间 30 分钟 2. 中场底线球练习：教练员隔网交替抛送中场和底线的多球，10 个正手位中场底线交替，10 个反手位中场底线交替，共 20 个球为一组，要求运动员积极跑动，击球线路明确。一级运动员要求打进 15 个以上，二级运动员要求打进 12 个以上，三级运动员要求打进一半以上。训练时间 30 分钟 下午 1. 中场底线球练习：教练员隔网交替抛送中场和底线的多球，10 个正手位中场底线交替，10 个反手位中场底线交替，共 20 个球为一组，要求运动员积极跑动，击球线路明确。一级运动员要求打进 15 个以上，二级运动员要求打进 12 个以上，三级运动员要求打进一半以上。训练时间 30 分钟 2. Z 型对拉球练习：两名球员都在底线附近，一名球员只打正反手直线，另一名球员只打斜线。十分钟一组交换，共 4 组。训练时间 40 分钟

三、青少年网球运动员心理能力训练计划的制订

训练周期为两个月，训练安排分为每周一至周五，训练内容包含自信心练习、场景模拟练习、自控能力练习、自我谈话练习和竞争意识练习5项训练内容。结合具体的体能以及技战术训练内容，综合制订了心理能力的周计划训练方案(见表8-5、表8-6)。

表8-5　**心理能力训练计划**

训练方式	训练内容
自信心练习	在模拟性质的教学比赛以及日常的专项训练中，教练员在第一时间教导运动员出现特定问题时应如何保持良好心态、采用怎样的战术，给予相应鼓励，以提高运动员比赛中出现紧张情绪时的调整能力和突发事件的应变能力，使运动员在对待实际比赛时做到有备无患，信心十足。
场景模拟练习	网球运动员通过模拟真实比赛场景来克服比赛中各种可能遇到的突发问题。作为教练员尽可能逼真地模拟某些比赛条件。结合实际比赛中可能发生的情况将这些干扰因素纳入训练计划当中①。
自控能力练习	1. 教练员通过在训练或模拟比赛时制造类似实际比赛时可能出现地干扰环境，以提高运动员的注意力。 2. 例举优秀职业网球运动员在某一比赛中经历巨大压力时换被动为主动的成功事例，以激励运动员自身在面对压力时的心理承受能力。 3. 在训练和比赛中，教练员及时用手势语言动作安抚运动员的情绪。

① 周映春，陈贵奇，刘兴鹏．高校高水平乒乓球运动员心理训练方法的研究[J]．沈阳体育学院学报，2007(05)：87-90.

续表

训练方式	训练内容
自控能力练习	4. 适当采用奖惩方法，使运动员切实感受自己的情绪管理能力，通过训练，才能在正式比赛中遇到困境时控制好情绪，及时调整，扭转战局。
自我谈话练习	1. 无论比赛情况困难与否，运动员都要从好的方面进行自我谈话，不能采用悲观消极的言词。网球比赛时一旦出现消极被动的情绪，一方面战斗力会大大地削弱，另一方面对手会抓住空挡导致自己连续失分。 2. 针对某些运动员在大赛中出现的消极心态和自我怀疑，教练员要时刻引导其加强个人自我谈话训练，使运动员坚定信心①。 3. 在局势领先时，运动员容易心态上松懈，所以教练员在训练中需要求运动员通过自我谈话，保持冷静，不去想比分的领先，将注意力保持在当下的一分。 4. 在比赛落后时，运动员最容易不知所措，甚至反复丢分，这时要及时调整情绪反思比赛中容易丢分的环节，通过发现问题及时调整战术扭转战局。 5. 针对运动员关键分时容易失误丢分的情况，训练中要专门做相关性的训练，配合自我谈话促使运动员果断实施技术手段，变消极想法为积极想法，使运动员将注意力集中在自己的战术行动上。
竞争意识练习	教练员通过给运动员设立竞争对手和目标，使他们处于竞争氛围中，促进其竞争意识的提高，意图打败对手，获得驱动力。通过运动队内的比赛排名，结合运动员实际情况，分级别发放运动员补助。

① 曹育农．加强乒乓球心理训练是高水平运动员比赛取胜之关键——谈乒乓国手阎森的心理训练[J]．南京体育学院学报，2000（1）：56-58.

表 8-6　　心理能力周训练方案

周次	周一	周二	周三	周四	周五
上午	自信心练习(教学性质的比赛 教练员及时指导)	模拟比赛练习(加大比赛环境的干扰)	刻意安排比分领先时或落后时的模拟比赛	模拟比赛练习配合积极的自我谈话训练	自控能力训练(有意识的变换训练内容)
下午	模拟比赛练习配合积极的自我谈话训练	竞争意识练习(队内排名赛)	自信心练习(练习比赛中常出现问题的技术动作)	竞争意识练习(队内排名赛)	自信心练习(教学性质的比赛 教练员及时指导)

四、青少年网球运动员运动智能训练计划的制订

对于运动员运动智能的训练需深度结合实际的技战术训练以及心理能力的训练内容。训练周期为两个月，训练安排分至每周一到周五，训练内容包含语言智能、空间智能、身体智能、观察智能、节奏智能等①5 项网球运动智能的训练内容。结合具体的技战术训练以及心理能力的练习，综合制订了运动智能的周计划训练方案(见表 8-7、表 8-8)。

表 8-7　　运动智能训练计划

训练方式	训练内容
语言智能	教练员与运动员之间通过语言、手势交流以及听力反馈的活动清晰地教授运动员网球技术和战术概念，经历更多有效体验并及时反馈在比赛当中。

① 加德纳．智能的结构[M]．北京：光明日报出版社，1990：81-343.

续表

训练方式	训练内容
空间智能	1. 教练在球场上给定某一个对手的位置，使运动员根据该选手的方位快速做出下一步的击球动作并制订出相应的作战策略； 2. 选手通过记录并观看自己训练中技战术运用的视频录像，根据自己的表现，结合教练员指导指出自己在击球或技战术的选择时的合理以及非合理因素，并给予改正。
身体智能	在教练员进行各项技术动作的讲解和实际示范时，运动员进行模仿练习；在技术动作学习或纠正的过程当中，运动员通过扮演教练，向教练或者同队的队员演示某一击球动作，并细化成各个部分描述该部分的关键要领①，加深对该动作习得过程。
观察智能	观看学习优秀网球运动员的范例动作视频以及战术的布局；通过观察在脑海中模拟优秀运动员的某一技术动作并在训练中记录下自己的该项技术动作，通过视频比对，发现问题并及时纠正解决。
节奏智能	在训练过程中选择适合自己节奏的音乐，通过音乐以调节比赛前夕的心理波动，稳定自己的竞技状态。

表 8-8　**运动智能周训练方案**

周次	周一	周二	周三	周四	周五
上午	自信心练习结合身体智能练习	空间智能练习结合运动员特定薄弱技术的专门练习	通过观察智能结合实际网球技战术训练回合球的巩固练习	模拟比赛训练穿插节奏音乐以调整赛前心态	自我控制训练结合空间智能进行实际的网球技战术演练

① 彭志雄．多元智能理论在网球教学中的运用[J]．体育科技文献通报，2009，17(01)：28-30.

续表

周次	周一	周二	周三	周四	周五
下午	语言智能结合网球单项技术的多球练习	观察智能结合运动员自身综合技战术能力的训练	空间智能结合运动员发球后的战术衔接练习	通过模拟比赛的结果反馈，教练员针对性的给予身体智能方面的指导	充分发挥观察智能训练的内容并结合各项技术的多球训练

第三节　青少年网球运动员评价标准的验证

对选取的 12 名运动员在制订训练计划之前将测试后的数据带到评价模型中算出了运动员各项测试指标的评价等级，通过评价模型可以反映运动员的各项指标等级以及综合竞技能力标准(见表 8-9 至表 8-12)，对选取的不同等级运动员分别进行分析可以发现：

(1)张 ** 在身体形态上大腿围指数较优秀，身高处于良好状态，上肢长、指间距、足长、肩宽、体型指数处于合格状态，身体水成分含量、肌肉量推测值和去脂体重指标不合格或者非常差；在身体素质上扇形跑、立定跳远、原地纵跳、坐位体前屈、正手侧摸背、一分钟双摇跳绳、闭眼单脚站立、左边线转前冲刺跑、左边线转前冲刺跑等指标上良好或者优秀，而在三十米跑、握力、背力、反手侧摸背等指标上表现较差；在身体机能上，肺活量/体重、舒张压、肺活量等指标较差；在技术方面，除了一发成功次数百分比较差以外，其他各项指标均为良好；在战术方面，该运动员主动得分百分比较低，得分较差，而在前四拍得分百分比、相持阶段得分百分比指标上较好；在心理和智能上各项指标表现均为良好。综合评分为 75. 6054 分，竞技能力水平表现为优秀状态。

表 8-9　**12 名网球运动员的竞技能力综合水平测试结果表(1)**

		张 **（一级运动员）	等级	得分	王 **（二级运动员）	等级	得分	刘 **（三级运动员）	等级	得分
形态	身高(cm)	184.5	四等	0.544	181.6	四等	0.544	168.5	三等	0.408
	上肢长(cm)	81.1	三等	0.561	80.5	四等	0.748	75.3	四等	0.748
	指间距(cm)	189.2	三等	0.51	195.2	四等	0.68	174.2	三等	0.51
	足长(cm)	26.2	三等	0.408	26.5	四等	0.544	24.2	三等	0.408
	大腿围指数	51	五等	1.19	53	五等	1.19	54.5	五等	1.19
	肩宽(cm)	40.5	三等	0.51	42.8	四等	0.68	38	三等	0.51
	体重(kg)	55.3	二等	0.272	69.3	三等	0.408	61	三等	0.408
	体型指数	42.71	三等	0.51	69.13	一等	0.17	44.9	四等	0.68
	身体水分含量(%)	34	二等	0.238	42.7	三等	0.357	36.1	三等	0.357
	肌肉量推测值(kg)	46.4	二等	0.238	58.2	三等	0.357	49.3	三等	0.357
	去脂体重(kg)	49.2	二等	0.238	61.5	三等	0.357	52.1	三等	0.357
身体素质	三十米跑(s)	4.76	二等	0.5832	4.85	三等	0.8748	5.2	一等	0.2916
	扇形跑(s)	18.97	四等	1.1664	19.03	三等	0.8748	21.4	四等	1.1664
	握力(kg)	37.5	二等	0.5832	27.1	二等	0.5832	23	一等	0.2916
	背力(kg)	131	三等	0.8748	113	四等	1.1664	95	一等	0.2916
	立定跳远(m)	2.16	五等	1.944	1.97	四等	1.5552	1.93	三等	1.1664
	原地纵跳(cm)	44.4	五等	2.43	33.4	三等	1.458	25.2	三等	1.458
	3000 米	686.32	三等	1.0206	685.51	四等	1.3608	694.48	三等	1.0206
	坐位体前屈(cm)	10.8	五等	0.972	9.2	一等	0.1944	8.7	一等	0.1944
	正手侧摸背(cm)	4.1	五等	1.701	5.2	三等	1.0206	5.8	二等	0.6804
	反手侧摸背(cm)	19.5	三等	1.3122	17	五等	2.187	18	五等	2.187
	一分钟双摇跳绳(n)	130	五等	2.187	108	五等	2.187	100	五等	2.187
	闭眼单脚站立(s)	86	四等	1.3608	51	三等	1.0206	44	三等	1.0206
	左边线转前冲刺跑(s)	2.5	四等	1.3608	4.8	二等	0.6804	3.1	四等	1.3608
	右边线折返冲刺跑(s)	2.1	四等	1.5552	2.5	三等	1.1664	2.2	四等	1.5552

续表

		张 **(一级运动员)	等级	得分	王 **(二级运动员)	等级	得分	刘 **(三级运动员)	等级	得分
身体机能	肺活量/体重(ml-kg-1)	59.3	三等	0.372	46.7	二等	0.248	42.9	二等	0.248
	脉压差(mmHg)	54	四等	0.8928	45	四等	0.8928	36	二等	0.4464
	台阶指数	61	四等	0.5952	54	三等	0.4464	48	二等	0.2976
	收缩压(mmHg)	130	四等	1.1904	118	三等	0.8928	116	三等	0.5952
	舒张压(mmHg)	72	三等	0.7068	62	二等	0.4712	58	一等	0.2356
	肺活量(ml)	2805	二等	0.2728	2564	二等	0.2728	2465	二等	0.2728
	反应时	0.38	三等	0.2232	0.56	二等	0.1488	0.48	二等	0.1488
技术	一发成功次数百分比	77	二等	1.6632	72	三等	2.4948	66	二等	1.6632
	接发球得失分综合百分比	-5	四等	3.3264	-6	四等	3.3264	-7	四等	3.3264
	运用抽球技术得失分综合百分比	4	四等	3.9312	-3	五等	4.914	-12	五等	4.914
	网前主动拦截得分百分比	76	四等	3.6288	65	四等	3.6288	55	四等	3.6288
	中前场拦截得分百分比	68	四等	3.9312	51	四等	3.9312	36	四等	3.9312
战术	主动得分百分比	62	三等	2.9484	48	四等	3.9312	45	四等	3.9312
	前四拍得分百分比	58	四等	3.9312	55	三等	2.9484	54	二等	1.9656
	相持阶段得分百分比	53	四等	4.2336	52	四等	4.2336	53	三等	3.1752

续表

		张**（一级运动员）	等级	得分	王**（二级运动员）	等级	得分	刘**（三级运动员）	等级	得分
心理能力	翻转反应时	500	四等	2.2272	545	五等	2.784	560	五等	2.784
	河内塔步数	38	四等	3.8976	41	五等	4.872	42	四等	3.8976
	意志品质	176	四等	3.5264	165	五等	4.408	167	五等	4.408
	气质类型	多血质	五等	4.64	胆汁黏液质	三等	2.78	黏液多血质	四等	3.712
智能	智力总分	62	四等	5.1968	56	四等	5.1968	53	四等	5.1968
综合评价		优秀	五等	75.6054	优秀	五等	75.1866	良好	四等	69.583

表 8-10 **12 名网球运动员的竞技能力综合水平测试结果表(2)**

		陈**（一级运动员）	等级	得分	赵**（二级运动员）	等级	得分	仲**（三级运动员）	等级	得分
形态	身高(cm)	186.5	五等	0.68	179.5	三等	0.408	166.5	二等	0.272
	上肢长(cm)	81.1	三等	0.561	80.5	四等	0.748	75.3	四等	0.748
	指间距(cm)	189.2	三等	0.51	195.2	四等	0.68	174.2	三等	0.51
	足长(cm)	29.5	五等	0.68	26.5	四等	0.544	24.2	三等	0.408
	大腿围指数	51	五等	1.19	53	五等	1.19	54.5	五等	1.19
	肩宽(cm)	40.5	三等	0.51	42.8	四等	0.68	38	三等	0.51
	体重(kg)	79.3	四等	0.544	69.3	三等	0.408	61	三等	0.408
	体型指数	42.71	三等	0.51	69.13	一等	0.17	44.9	四等	0.68
	身体水分含量(%)	49	四等	0.476	42.7	三等	0.357	36.1	三等	0.357
	肌肉量推测值(kg)	55.2	二等	0.357	58.2	三等	0.357	49.3	三等	0.357
	去脂体重(kg)	49.2	二等	0.238	61.5	三等	0.357	52.1	三等	0.357

续表

		陈**（一级运动员）	等级	得分	赵**（二级运动员）	等级	得分	仲**（三级运动员）	等级	得分
身体素质	三十米跑(s)	4.76	二等	0.5832	4.85	三等	0.8748	5.2	一等	0.2916
	扇形跑(s)	18.97	四等	1.1664	19.03	三等	0.8748	21.4	四等	1.1664
	握力(kg)	37.5	二等	0.5832	27.1	二等	0.5832	23	一等	0.2916
	背力(kg)	131	三等	0.8748	110.5	三等	0.8748	95	一等	0.2916
	立定跳远(m)	2.16	五等	1.944	1.89	三等	1.1664	1.93	三等	1.1664
	原地纵跳(cm)	44.4	五等	2.43	33.4	三等	1.458	25.2	三等	1.458
	3000米	686.32	三等	1.0206	685.51	四等	1.3608	710.35	一等	0.3402
	坐位体前屈(cm)	10.8	五等	0.972	9.2	一等	0.1944	8.7	一等	0.1944
	正手侧摸背(cm)	4.1	五等	1.701	5.2	三等	1.0206	5.8	二等	0.6804
	反手侧摸背(cm)	16.5	五等	2.187	17	五等	2.187	18	五等	2.187
	一分钟双摇跳绳(n)	130	五等	2.187	108	五等	2.187	100	五等	2.187
	闭眼单脚站立(s)	89	四等	1.3608	51	三等	1.0206	44	三等	1.0206
	左边线转前冲刺跑(s)	2.5	四等	1.3608	4.8	二等	0.6804	3.1	四等	1.3608
	右边线折返冲刺跑(s)	2.1	四等	1.5552	2.5	三等	1.1664	2.2	四等	1.5552
身体机能	肺活量/体重(ml-kg-1)	59.3	三等	0.372	46.7	二等	0.248	42.9	二等	0.248
	脉压差(mmHg)	54	四等	0.8928	45	四等	0.8928	36	二等	0.4464
	台阶指数	61	四等	0.5952	54	三等	0.4464	48	二等	0.2976
	收缩压(mmHg)	130	四等	1.1904	118	三等	0.8928	116	三等	0.5952
	舒张压(mmHg)	72	三等	0.7068	62	二等	0.4712	58	一等	0.2356
	肺活量(ml)	2805	二等	0.2728	2564	二等	0.2728	2465	二等	0.2728
	反应时	0.39	三等	0.2232	0.56	二等	0.1488	0.48	二等	0.1488

续表

		陈**（一级运动员）	等级	得分	赵**（二级运动员）	等级	得分	仲**（三级运动员）	等级	得分
技术	一发成功次数百分比	87	五等	4.158	72	三等	2.4948	66	二等	1.6632
	接发球得失分综合百分比	-5	四等	3.3264	-6	四等	3.3264	-7	四等	3.3264
	运用抽球技术得失分综合百分比	4	四等	3.9312	-3	五等	4.914	-22.5	三等	2.9484
	网前主动拦截得分百分比	76	四等	3.6288	65	四等	3.6288	55	四等	3.6288
	中前场拦截得分百分比	68	四等	3.9312	51	四等	3.9312	36	四等	3.9312
战术	主动得分百分比	67	五等	4.914	35.2	一等	0.9828	45	四等	3.9312
	前四拍得分百分比	58	四等	3.9312	55	三等	2.9484	54	二等	1.9656
	相持阶段得分百分比	53	四等	4.2336	52	四等	4.2336	53	三等	3.1752
心理能力	翻转反应时	500	四等	2.2272	545	五等	2.784	560	五等	2.784
	河内塔步数	38	四等	3.8976	41	五等	4.872	71	二等	1.9488
	意志品质	176	四等	3.5264	165	五等	4.408	195	二等	1.7632
	气质类型	多血质	五等	4.64	胆汁黏液质	三等	2.78	黏液多血质	四等	3.712
智能	智力总分	62	四等	5.1968	56	四等	5.1968	53	四等	5.1968
综合评价		优秀	五等	81.9776	优秀	五等	71.4218	合格	三等	62.2074

表 8-11　**12 名网球运动员的竞技能力综合水平测试结果表(3)**

		方**(一级运动员)	等级	得分	郭**(二级运动员)	等级	得分	朱**(三级运动员)	等级	得分
形态	身高(cm)	180.5	三等	0.408	180.6	四等	0.544	167.5	二等	0.272
	上肢长(cm)	81.1	三等	0.561	80.5	四等	0.748	75.3	四等	0.748
	指间距(cm)	189.2	三等	0.51	195.2	四等	0.68	174.2	三等	0.51
	足长(cm)	26.2	三等	0.408	26.5	四等	0.544	24.2	三等	0.408
	大腿围指数	51	五等	1.19	53	五等	1.19	54.5	五等	1.19
	肩宽(cm)	40.5	三等	0.51	42.8	四等	0.68	38	三等	0.51
	体重(kg)	55.3	二等	0.272	69.3	三等	0.408	61	三等	0.408
	体型指数	42.71	三等	0.51	69.13	一等	0.17	44.9	四等	0.68
	身体水分含量(%)	34	二等	0.238	42.7	三等	0.357	36.1	三等	0.357
	肌肉量推测值(kg)	46.4	二等	0.238	58.2	三等	0.357	49.3	三等	0.357
	去脂体重(kg)	55.2	三等	0.357	61.5	三等	0.357	52.1	三等	0.357
身体素质	三十米跑(s)	4.33	五等	1.458	4.85	三等	0.8748	5.2	一等	0.2916
	扇形跑(s)	18.97	四等	1.1664	19.03	三等	0.8748	21.4	四等	1.1664
	握力(kg)	37.5	二等	0.5832	27.1	二等	0.5832	23	一等	0.2916
	背力(kg)	131	三等	0.8748	113	四等	1.1664	95	一等	0.2916
	立定跳远(m)	2.16	五等	1.944	1.97	四等	1.5552	1.93	三等	1.1664
	原地纵跳(cm)	44.4	五等	2.43	33.4	三等	1.458	25.2	三等	1.458
	3000 米	675.32	三等	1.0206	685.51	四等	1.3608	694.48	三等	1.0206
	坐位体前屈(cm)	10.8	五等	0.972	9.2	一等	0.1944	8.7	一等	0.1944
	正手侧摸背(cm)	4.1	五等	1.701	5.2	三等	1.0206	5.8	二等	0.6804
	反手侧摸背(cm)	19.5	三等	1.3122	17	五等	2.187	18	五等	2.187
	一分钟双摇跳绳(n)	130	五等	2.187	108	五等	2.187	100	五等	2.187
	闭眼单脚站立(s)	86	四等	1.3608	51	三等	1.0206	44	三等	1.0206
	左边线转前冲刺跑(s)	2.5	四等	1.3608	4.8	二等	0.6804	3.1	四等	1.3608
	右边线折返冲刺跑(s)	2.1	四等	1.5552	2.5	三等	1.1664	2.2	四等	1.5552

续表

		方**（一级运动员）	等级	得分	郭**（二级运动员）	等级	得分	朱**（三级运动员）	等级	得分
身体机能	肺活量/体重（ml-kg-1）	59.3	三等	0.372	46.7	二等	0.248	42.9	二等	0.248
	脉压差（mmHg）	54	四等	0.8928	45	四等	0.8928	36	二等	0.4464
	台阶指数	61	四等	0.5952	54	三等	0.4464	48	二等	0.2976
	收缩压（mmHg）	130	四等	1.1904	118	三等	0.8928	116	三等	0.5952
	舒张压（mmHg）	72	三等	0.7068	62	二等	0.4712	58	一等	0.2356
	肺活量（ml）	2805	二等	0.2728	2564	二等	0.2728	2465	二等	0.2728
	反应时	0.38	三等	0.2232	0.56	二等	0.1488	0.48	二等	0.1488
技术	一发成功次数百分比	77	二等	1.6632	72	三等	2.4948	66	二等	1.6632
	接发球得失分综合百分比	-5	四等	3.3264	-12	二等	1.6632	-7	五等	4.158
	运用抽球技术得失分综合百分比	4	四等	3.9312	-3	五等	4.914	-12	五等	4.914
	网前主动拦截得分百分比	76	四等	3.6288	65	四等	3.6288	55	四等	3.6288
	中前场拦截得分百分比	68	四等	3.9312	51	四等	3.9312	36	四等	3.9312
战术	主动得分百分比	62	三等	2.9484	48	四等	3.9312	45	四等	3.9312
	前四拍得分百分比	58	四等	3.9312	55	三等	2.9484	54	二等	1.9656
	相持阶段得分百分比	53	四等	4.2336	52	四等	4.2336	53	三等	3.1752

续表

		方**（一级运动员）	等级	得分	郭**（二级运动员）	等级	得分	朱**（三级运动员）	等级	得分
心理能力	翻转反应时	500	四等	2.2272	650	二等	1.6704	560	五等	2.784
	河内塔步数	38	四等	3.8976	70.87	二等	1.9488	42	四等	3.8976
	意志品质	210.12	一等	0.8816	192	二等	1.7632	167	五等	4.408
	气质类型	多血质	五等	4.64	胆汁黏液质	三等	2.78	黏液多血质	四等	3.712
智能	智力总分	62	四等	5.1968	56	四等	5.1968	53	四等	5.1968
综合评价		良好	四等	73.8184	良好	四等	64.8418	良好	四等	70.2786

表 8-12　**12 名网球运动员的竞技能力综合水平测试结果表(4)**

		余**（一级运动员）	等级	得分	苏**（二级运动员）	等级	得分	江**（三级运动员）	等级	得分
形态	身高(cm)	177.5	四等	0.408	174.6	三等	0.408	188.5	五等	0.68
	上肢长(cm)	81.1	三等	0.561	80.5	四等	0.748	75.3	四等	0.748
	指间距(cm)	189.2	三等	0.51	195.2	四等	0.68	174.2	三等	0.51
	足长(cm)	26.2	三等	0.408	26.5	四等	0.544	24.2	三等	0.408
	大腿围指数	51	五等	1.19	53	五等	1.19	54.5	五等	1.19
	肩宽(cm)	40.5	三等	0.51	42.8	四等	0.68	38	三等	0.51
	体重(kg)	55.3	二等	0.272	69.3	三等	0.408	61	三等	0.408
	体型指数	42.71	三等	0.51	31.2	五等	0.85	44.9	四等	0.68
	身体水分含量(%)	34	二等	0.238	42.7	三等	0.357	36.1	三等	0.357
	肌肉量推测值(kg)	46.4	二等	0.238	58.2	三等	0.357	49.3	三等	0.357
	去脂体重(kg)	49.2	二等	0.238	61.5	三等	0.357	52.1	三等	0.357

续表

		余**（一级运动员）	等级	得分	苏**（二级运动员）	等级	得分	江**（三级运动员）	等级	得分
身体素质	三十米跑(s)	4.32	四等	1.458	4.85	三等	0.8748	5.2	一等	0.2916
	扇形跑(s)	18.05	五等	1.458	19.03	三等	0.8748	21.4	四等	1.1664
	握力(kg)	57.3	四等	1.1664	30	三等	0.8748	23	一等	0.2916
	背力(kg)	133	三等	0.8748	113	四等	1.1664	95	一等	0.2916
	立定跳远(m)	2.16	五等	1.944	1.97	四等	1.5552	1.93	三等	1.1664
	原地纵跳(cm)	44.5	五等	2.43	33.4	三等	1.458	25.2	三等	1.458
	3000米	665.46	四等	1.3608	685.51	四等	1.3608	710.7	一等	0.3402
	坐位体前屈(cm)	11	五等	0.972	9.2	一等	0.1944	8.7	一等	0.1944
	正手侧摸背(cm)	4.1	五等	1.701	5.2	三等	1.0206	5.8	二等	0.6804
	反手侧摸背(cm)	19.5	三等	1.3122	17	五等	2.187	18	五等	2.187
	一分钟双摇跳绳(n)	90	二等	0.8748	108	五等	2.187	100	五等	2.187
	闭眼单脚站立(s)	16	二等	0.6804	51	三等	1.0206	44	三等	1.0206
	左边线转前冲刺跑(s)	2.5	四等	1.3608	4.8	二等	0.6804	3.1	四等	1.3608
	右边线折返冲刺跑(s)	2.1	四等	1.5552	2.5	三等	1.1664	2.2	四等	1.5552
身体素质	肺活量/体重(ml-kg-1)	59.3	三等	0.372	46.7	二等	0.248	42.9	二等	0.248
	脉压差(mmHg)	54	四等	0.8928	45	四等	0.8928	36	二等	0.4464
	台阶指数	61	四等	0.5952	54	三等	0.4464	48	二等	0.2976
	收缩压(mmHg)	130	四等	1.1904	118	三等	0.8928	116	三等	0.5952
	舒张压(mmHg)	72	三等	0.7068	62	二等	0.4712	58	一等	0.2356
	肺活量(ml)	2805	二等	0.2728	2564	二等	0.2728	2465	二等	0.2728
	反应时	0.38	三等	0.2232	0.56	二等	0.1488	0.48	二等	0.1488

续表

		余**（一级运动员）	等级	得分	苏**（二级运动员）	等级	得分	江**（三级运动员）	等级	得分
技术	一发成功次数百分比	77	二等	1.6632	72	三等	2.4948	66	二等	1.6632
	接发球得失分综合百分比	-5	四等	3.3264	-6	四等	3.3264	-7	四等	3.3264
	运用抽球技术得失分综合百分比	-2.1	二等	1.9656	-3	五等	4.914	-12	五等	4.914
	网前主动拦截得分百分比	76	四等	3.6288	65	四等	3.6288	45	二等	1.8144
	中前场拦截得分百分比	68	四等	3.9312	51	四等	3.9312	20.3	二等	1.9656
战术	主动得分百分比	62	三等	2.9484	48	四等	3.9312	45	四等	3.9312
	前四拍得分百分比	58	四等	3.9312	55	三等	2.9484	54	二等	1.9656
	相持阶段得分百分比	48	二等	2.1168	52	四等	4.2336	53	三等	3.1752
心理能力	翻转反应时	500	四等	2.2272	545	五等	2.784	560	五等	2.784
	河内塔步数	38	四等	3.8976	41	五等	4.872	42	四等	3.8976
	意志品质	176	四等	3.5264	165	五等	4.408	167	五等	4.408
	气质类型	多血质	五等	4.64	胆汁黏液质	三等	2.78	黏液多血质	四等	3.712
智能	智力总分	62	四等	5.1968	36	二等	2.5984	28	一等	1.2992
综合评价		良好	四等	71.4842	优秀	四等	73.4238	合格	三等	61.497

(2)王 ** 在形态身高、上肢长、指间距、足长、大腿围指数、肩宽等指标上表现为良好状态，在体重、体型指数、身体水分含量、肌肉量推测值、去脂体重等指标上表现较差；在素质指标上，背力、立定跳远、反手侧摸背、一分钟双摇跳绳等指标表现为较好，在其他指标上表现较差；在身体机能上，肺活量/体重、收缩压、舒张压、肺活量等指标上表现较差；在技术上，除了一发成功次数百分比以外其他指标表现均为良好或者优秀；战术上则前四拍得分百分比较差，心理和智能较为优秀。综合评分为 75.1866 分，竞技能力水平表现为优秀状态。

(3)刘 ** 在身体心态上，除了上肢长、大腿围指数、体型指数外其他指标表现均不合格和较差；在身体素质上，扇形跑(s)、反手侧摸背(cm)、一分钟双摇跳绳、左边线转前冲刺跑、右边线折返冲刺跑等指标较好，其他指标均不合格，可见该运动员的身体素质较差，而身体机能各项指标均较差；在技术上，接发球得失分综合百分比、运用抽球技术得失分综合百分比、网前主动拦截得分百分比、中前场拦截得分百分比等指标表现优异但一发成功次数百分比较差；在战术上该运动员主动得分较好，其他较差；在心理和智能上较为优秀。综合评分为 69.583 分，竞技能力水平表现为良好。

(4)陈 ** 在身体形态上身高、足长、大腿围指数较优秀，体重处于良好状态，而上肢长、指间距、足长、肩宽、体型指数处于合格状态，而肌肉量推测值和去脂体重指标不合格；在身体素质上立定跳远、原地纵跳、坐位体前屈、正手侧摸背、一分钟双摇跳绳、闭眼单脚站立、左边线转前冲刺跑、左边线转前冲刺跑等指标上良好或者优秀，而在三十米跑、握力、背力、反手侧摸背等指标上表现较差；在身体机能上，脉压差、台阶指数、收缩压指数较好，肺活量/体重、舒张压、肺活量等指标较差；在技术方面，一发成功次数百分比为优秀，其他各项指标均为良好；在战术方面，该运动员主动得分百分比最高，得分能力优秀，而在前四拍得分百分比、相持阶段得分百分比指标上较好；在心理和智能上各项指标表现均为良好。综合评分为 81.9776 分，竞技能力水平表现为优秀状态。

(5)赵 ** 在身体形态上大腿围指数表现为优秀，上肢长、指间距、足长、肩宽等指标上表现为良好状态，在身高、体重、身体水分含量、肌肉量推测值等指标上表现合格，在体型指数上表现最差；在素质指标上，反手侧摸背、一分钟双摇跳绳等指标表现为优秀，背力、立定跳远等指标表现为良好，在其他指标上表现合格或较差；在身体机能上，脉压差表现较好，肺活量/体重、收缩压、舒张压、肺活量等指标上表现较差；在技术上，除了一发成功次数百分比以外其他指标表现均为良好或者优秀；战术上则前四拍得分百分比合格，心理和智能较为优秀。综合评分为 71.4218 分，竞技能力水平表现为良好状态。

(6)仲 ** 在身体形态上，大腿围指数表现优秀，除了上肢长、体型指数合格外其他指标表现均不合格和较差；在身体素质上，反手侧摸背(cm)、一分钟双摇跳绳指标表现为优秀，扇形跑、左边线转前冲刺跑、右边线转前冲刺跑指标表现良好，闭眼单脚站立指数表现合格，其他指标均不合格，可见该运动员的身体素质较差，而身体机能各项指标均较差；在技术上，接发球得失分综合百分比、运用抽球技术得失分综合百分比、网前主动拦截得分百分比、中前场拦截得分百分比等指标表现优异但一发成功次数百分比较差；在战术上该运动员主动得分较好，其他合格；在心理上河内塔步数和意志品质指标不合格。综合评分为 62.2074 分，竞技能力水平表现为合格。

(7)方 ** 在身体形态上大腿围指数较优秀，身高，上肢长、指间距、足长、肩宽、去脂体重、体型指数处于合格状态，而体重，身体水成分含量、肌肉量推测值不合格或者非常差；在身体素质上三十米跑、扇形跑、立定跳远、原地纵跳、坐位体前屈、正手侧摸背、一分钟双摇跳绳、闭眼单脚站立、左边线转前冲刺跑、左边线转前冲刺跑等指标上良好或者优秀，在背力、反手侧摸背等指标上表现合格；而在握力上表现较差；在身体机能上，脉压差、台阶指数、收缩压指数表现良好，除肺活量等指标较差外肺活量/体重、舒张压表现合格；在技术方面，除了一发成功次数百分比较差以外，其他各项指标均为良好或合格；在战术方面，该运动员主动得分百分比较低，得分一般，而在前四拍得分百分比、相持阶段得分百分比指标上较好；在心理和智能上意志品质指标表现较差，其他良好，综合评分为73.8184分，竞技能力水平表现为良好状态。

(8)郭**在身体形态上大腿围指数表现为优秀，身高、上肢长、指间距、足长、肩宽等指标上均表现为良好，在体重、体型指数、身体水分含量、肌肉量推测值、去脂体重等指标上表现一般；在身体素质指标上，背力、立定跳远、三千米跑等指标表现为较好，在三十米跑、扇形跑、原地纵跳、正手侧模背，闭眼单脚站立、左、右边线折返冲刺跑等指标表现合格或较差；在身体机能上，除肺活量指标表现较差外，其他均为良好或合格；在技术上，除了一发成功次数百分比以外其他指标表现均为良好或者优秀；战术上则前四拍得分百分比较差，其他均为良好；心理能力总体指标较差；智能表现良好。综合评分为64.8418分，竞技能力水平表现为良好状态。

(9)朱**在身体形态上大腿围指数表现优秀，上肢长和体型指数表现良好，其他指数均为合格或较差；在身体素质上，扇形跑(s)、反手侧摸背(cm)、一分钟双摇跳绳、左边线转前冲刺跑、右边线折返冲刺跑等指标优秀或良好，立定跳远、原地纵跳、3000米、闭眼单脚站立表现合格，其他指标均不合格，可见该运动员的身体素质一般，而身体机能各项指标均较差；在技术上，接发球得失分综合百分比、运用抽球技术得失分综合百分比、网前主动拦截得分百分比、中前场拦截得分百分比等指标表现优异，但一发成功次数百分比较差；在战术上该运动员主动得分较好，前四拍得分百分比较差；在心理和智能上较为优秀。综合评分为70.2786分，竞技能力水平表现为良好。

(10)余**在身体形态上，身高及大腿围指数表现较好，除了体重指数不合格外其他均为三等合格；在身体素质上，一分钟双摇跳绳和闭眼单脚跳指标表现较差，扇形跑、立定跳远、原地纵跳表现优秀，背力和反手侧摸背指数表现合格，该运动员的身体素质良好，总体而言协调能力稍差；在技术上，接发球得失分综合百分比、网前主动拦截得分百分比、中前场拦截得分百分比等指标表现优异但一发成功次数百分比、运用抽球技术得失分综合百分比较差；在战术上该运动员比赛中相持阶段得分不够稳定；在心理和智能指数表现优异。综合评分为 71.4842 分，竞技能力水平表现为良好。

(11)苏 ** 在身体形态上身高，体重，肌肉量推测值处于合格状态，而其他各项指数均表现为优秀或良好；在身体素质上三十米跑、扇形跑、立定跳远、原地纵跳、正手侧摸背、一分钟双摇跳绳、闭眼单脚站立、右边线转前冲刺跑、背力、反手侧摸背等指标上良好或者合格，坐位体前屈、左边线转前冲刺跑等指标不合格；在身体机能上，脉压差、台阶指数、收缩压指数表现良好，除肺活量等指标较差外肺活量/体重、舒张压表现合格；在技术方面，除了一发成功次数百分比仅合格意外，其他各项指标均为良好或优秀；在战术方面，该运动员前四拍得分百分比表现一般、其他指标上较好；在心理和智能上意志品质指标表现较差，其他良好，综合评分为 73.4238 分，竞技能力水平表现为良好状态。

(12)江 ** 身体形态上身高、大腿围指数表现为优秀，上肢长、体型指数表现为良好，指间距、足长、肩宽、身体水分含量、肌肉量推测值、去脂体重等指标上表现一般；在身体素质指标上，反手侧摸背、一分钟双摇绳两项指标表现为优秀，在坐位体前屈、三千米、正手侧摸背、闭眼单脚站立等指标表现合格或较差；在身体机能上，除收缩压合格外其他均不合格或较差；在技术上，一发成功次数百分比、网前截击球以及中前场截击球成功率较差，其他指标表现均为良好或者优秀；战术上则前四拍得分百分比较差，其他均为良好；心理能力总体指标优秀；智能表现较差。综合评分为 61.497 分，竞技能力水平综合表现为良好状态。

为各不同等级运动员制订的针对性训练内容如下：

张 ** 的训练内容指导：

通过分析发现张 ** 在身体形态上，上肢长、指间距、足长、肩宽、体重、体形指数、身体水分含量，肌肉量推测值、去脂体重等指标上较差，因此在制订训练计划的时候主要发展这些指标，如增加体重，发展肌肉力量等训练内容；在身体素质上，运动员在三十米、握力、背力以及反手测摸背上较差，由此可见运动员应加强力量素质、速度素质以及柔韧素质训练；在身体机能上，运动员的肺活量/体重、舒张压、肺活量等指标上较差，运动员的呼吸机能较差，对于有氧耐力运动较差。在运动技术上，应该加强运动员发球技术的练习，提高一发成功率；在运动战术上应该加强进攻，合理抓住得分时机变防守为进攻，提高主动得分率。

身体素质练习：

力量素质练习

跪姿投掷实心球：2~3 组/次，10~15 次/组，练习 2~4 次/周，每组的间歇 1~2min；

斜上方掷实心球：2~3 组/次，10~15 次/组，练习 2~4 次/周，每组的间歇 1~2min；

立姿前掷网球：3~5 组/次，6~8 次/组，练习 2~4 次/周，每组的间歇 1~2min；

3RM 卧推：2~3 组/次，10~15 次/组，练习 2~4 次/周，每组的间歇 1~2min。

速度素质练习

单打边线折返跑：3~4 组/次，4~10 次/组，练习 2~4 次/周，每组的间歇 1~2min；

5 米冲刺跑：3~6 组/次，1~2 次/组，2~4 次/周，每组的间歇 2~5min；

20 米冲刺跑：3~6 组/次，1~2 次/组，2~4 次/周，每组的间歇

2～5min。

有氧耐力训练

20 米折返跑，该训练中有多个急停、起动和改变方向的动作，与网球运动比较类似，训练安排：3～5 组/次，2～3 次/组，组间歇时间为 1～2min，2～4 次/周。

3000 米 1 组

柔韧素质练习

正手侧摸背，右手臂朝后伸直，左手从下朝上两臂握住，一般练习 3～5 组/次，4～10 次/组，组间歇时间为 1～2min，2～4 次/周。

反手侧摸背，左手臂朝后伸直，右手从下朝上两臂握紧，一般练习 3～5 组/次，4～10 次/组，组间歇时间为 1～2min，2～4 次/周。

专项技战术练习：

发球进球率练习

分别在平分区及占先区采用一发力量的 70%进行发球，要求连续十次不失误，成功一次为 1 组，平分区及占先区各 3 组，共 6 组。

侧身躬击球练习

教练员交替抛送右侧底线、中场底线以及前场位的多球，球员全部采用正手侧身进攻，击球落点要求在后场区域，三个球为 1 轮，5 轮为一组，共四组。要求打进 12 个以上。

综合训练

正反手定点击球练习结合“网前—底线”三人练习

目标发球练习结合截击球练习

王 ** 的训练内容指导：

王 ** 在身体形态上体重、体型指数、身体水分含量(%)、肌肉量推测值(kg)、去脂体重(kg)等指标较差，在素质指标上三十米跑(s)、扇形跑(s)、握力(kg)、原地纵跳(cm)、坐位体前屈(cm)、正手侧摸背(cm)、闭眼单脚站立(s)、左边线转前冲刺跑(s)、右边线折返冲刺跑(s)等指标较差，在身体机能上肺活量/体重(ml-kg-1)、收缩压(mmHg)、舒张压(mmHg)、肺活量(ml)等指标较差，可见该运动员在速度、力量、柔韧、协调上均需要加强；在运动技术上同样是要提高运动员一发成功率，在运动战术上要加强运动员前四拍的得分率。

身体素质练习：

耐力素质练习

3000 米 1 组

结合专项的多球耐力练习

运动员站在底线，由教练员选择性的给其喂球，运动员快速跑动，运动员根据之间跑动的位置选择正手或反手将球打过网，可以选择常规落地后击球，也可以选择凌空抽球。练习安排：8~10 组/次，4~6 次/组，组间歇时间为 1~2min，2~4 次/周。

柔韧素质练习

正手侧摸背，右手臂朝后伸直，左手从下朝上两臂握住，一般练习 3~5 组/次，4~10 次/组，组间歇时间为 1~2min，2~4 次/周。

反手侧摸背，左手臂朝后伸直，右手从下朝上两臂握紧，一般练习 3~5 组/次，4~10 次/组，组间歇时间为 1~2min，2~4 次/周。

力量素质练习

斜上方掷实心球：2~3 组/次，10~15 次/组，练习 2~4 次/周，每组的间歇 1~2min

转体传球，主要发展躯干的快速力量，两人面对面站立，中间相距 1 米距离，一人持实心球转体时抛向另外一人，另外一人接住球时，再将球传出，进行重复练习。一般练习组数为 2~3 组，每组练习 10~15 次，组间歇时间为 1~2 分，每周练习 2~4 次。

速度素质练习

单打边线折返跑，主要培养运动员不同方向的起跑能力和平衡控制能力。3 ~ 4 组/次，4 ~ 10 次/组，练习 2 ~ 4 次/周，每组的间歇1 ~ 2min。

小步跑，主要发展运动员脚掌的动作速度和踝关节的屈伸肌群的力量。采用很小的步长慢跑，膝关节放松，强调脚掌的蹬地和踝关节的屈伸动作，以脚掌蹬离地面，跑 15 米为一组，一般练习组数为 3~5 组，每组练习 3~5 次，组间歇时间为 1~2 分，每周练习 2~4 次。

协调素质练习

闭眼单脚站立 1 分钟练习　共三组

专项技术练习：

发球进球率练习

球员分别在平分区及占先区采用一发力量的 70%进行发球，要求连续十次不失误，成功一次为 1 组，平分区及占先区各 3 组，共 6 组

底线"一打二"练习

三名球员一片场地，采用底线 1 对 2 的形式，前 10 分钟，一边底线 2 名球员的只打正反手直线，一边底线 1 名球员在跑动过程中只回斜线，后 10 分钟，一边底线 2 名球员的只打正反手斜线，一边底线 1 名球员在跑动过程中只回直线。20 分钟换人。

刘 ** 的训练内容指导：

对于刘 ** 的竞技能力评价发现，运动员在体能中，身高、指间距、足长、肩宽、体重、身体水分含量、肌肉量推测值、去脂体重较为差，三十米、握力、背力、立定跳远、原地纵跳、坐位体前屈、正手侧摸背以及闭眼单脚站立上较差，身体机能上各项指标都较差的，因此在发展运动员体能上要有针对性的训练；在运动技术上主要是提高运动员的一发成功次数，加强发球准确性；在战术上运动员应该加强前四拍的得分，并且需提高相持阶段的得分百分比。

身体素质练习：

下肢力量素质练习

跳横箱，提高下肢的快速力量，侧重于侧向移动能力及平衡稳定能力。运动员一脚着地，另一脚在箱子上面正中位置，视线在箱子上，双臂微展，以持拍动作，稍稍上台箱子上的腿，迅速移动中心至另一侧，训练过程中注意保持低重心，跳过箱子后，双脚同时触地(即同时落在地面和箱子上)，迅速向反方向重复该练习。一般练习组数为 2~3 组，每组练习 10~15 次，组间歇时间为 1~2 分，每周练习 2~4 次。

立定跳远，一般练习组数为 3~4 组，每组练习 6~8 次，组间歇时间为 1~2 分，每周练习 2~4 次。

加重的挥拍练习

30 次一组，3 组

柔韧素质练习

正手侧摸背，右手臂朝后伸直，左手从下朝上两臂握住，一般练习 3~5 组/次，4~10 次/组，组间歇时间为 1~2min，2~4 次/周。

反手侧摸背，左手臂朝后伸直，右手从下朝上两臂握紧，一般练习 3~5 组/次，4~10 次/组，组间歇时间为 1~2min，2~4 次/周。

专项技术练习：

发球进球率练习

球员分别在平分区及占先区采用一发力量的 70%进行发球，要求连续十次不失误，成功一次为 1 组，平分区及占先区各 3 组，共 6 组

底线深球练习

教练员采用大角度隔网抛送左右区域的多球，要求运动员采用正反手交替击球将球回致后场区域，从 0 开始计分，下网扣 2 分，出界或出浅扣 1 分，打够 10 分为一组，共 3 组。

陈 ** 的训练内容指导：

对于陈 ** 的竞技能力评价发现，运动员在身体形态中，上肢长、指间距、肩宽、体型指数较为一般，身体素质方面，扇形跑、立定跳远、原地纵跳等指标均表现优异，但握力、背力、三千米等指标上较差，说明该运动员需要加强上肢的力量训练以及耐力素质的练习；身体机能上肺活量指标较差，也充分说明加强其有氧耐力能力的重要性，因此在发展运动员体能上要有针对性的训练；在运动技术和战术上运动员表现优异。

身体素质练习：

上肢力量素质练习

立姿前掷网球：3~5 组/次，6~8 次/组，练习 2~4 次/周，每组的间歇 1~2min；

双手前掷实心球：3~5 组/次，6~8 次/组，练习 2~4 次/周，每组的间歇 1~2min；

双手后掷实心球：2~3 组/次，5~10 次/组，练习 2~4 次/周，每组的间歇 1~2min；

3RM 卧推：2~3 组/次，10~15 次/组，练习 2~4 次/周，每组的间歇 1~2min。

耐力素质练习

一般耐力素质练习

20 米折返跑，该训练中有多个急停、起动和改变方向的动作，与网球运动比较类似，训练安排：3~5 组/次，2~3 次/组，组间歇时间为 1~2min，2~4 次/周。

专项耐力素质练习

不带发球的网球比赛，使用乒乓球比赛的计分办法，回合从一个落地球开始，不允许在发球区打凌空球。两名运动员中的一方只允许在场地 2/3 处打正手(反手)，得 10 分后交换。一个运动员在回合开始时站在场地一角，回合从该运动员沿底线冲刺跑动接球开始，每个回合后交换，两名运动员中的一方站在网前位置(球拍触网)。由对方打出高球，回合从网前运动员向后跑动击球开始，每个回合后交换。一般练习组数为 2~3 组/次，20~30 次/组，组间歇时间为 20~30min，2~4 次/周。

一名运动员站在反手角的位置发球，将球向左或向右打出。第 2 名运动员尽力回球给第 1 名运动员。一般练习组数为 8~10 组，每组练习 4~6 次，组间歇时间为 1~2 分，每周练习 2~4 次。

专项技术练习：

综合训练

正反手接发球练习结合正反手中场底线球练习

侧身躬击球练习结合正反手网球截击球练习

赵 ** 的训练内容指导：

对于赵 ** 的竞技能力评价发现，在身体形态上上肢长、指间距、足长、肩宽等指标上表现为良好状态，在身高、体重、身体水分含量、肌肉量推测值等指标上表现合格，在体型指数上表现最差；身体素质方面，坐位体前屈、左右边线转前冲等指标表现较差，说明其柔韧素质、速度素质有待加强；在身体机能上，肺活量/体重、收缩压、舒张压、肺活量等指标上表现较差说明该运动员需要针对性提高有氧耐力素质的练习；在技术上，一发成功次数百分比表现较差。

身体素质练习：

柔韧素质的练习

正手侧摸背，右手臂朝后伸直，左手从下朝上两臂握住，一般练习 3~5 组/次，4~10 次/组，组间歇时间为 1~2min，2~4 次/周。

反手侧摸背，左手臂朝后伸直，右手从下朝上两臂握紧，一般练习3~5组/次，4~10次/组，组间歇时间为1~2min，2~4次/周。

速度素质的练习

坐姿起动训练，培养运动员快速起动能力、制动能力和灵活性。运动员坐在地上，腿部向前伸直，两脚着地，听到信号时，快速起身，向前冲刺5米，运动员通过用力摆臂加快腿部频率，在标志物处迅速停住，然后放松走到起点。从坐姿开始重复以上训练。一般练习3~6组/次，3~5次/组，组间歇时间为1~2min，2~4次/周。

5米冲刺跑：3~6组/次，1~2次/组，2~4次/周，每组的间歇2~5min；

10米冲刺跑：3~6组/次，1~2次/组，2~4次/周，每组的间歇2~5min；

20米冲刺跑：3~6组/次，1~2次/组，2~4次/周，每组的间歇2~5min。

一般耐力素质的练习

三千米跑　一组

八百米跑　两组

20米折返跑，3~5组/次，2~3次/组，组间歇时间为1~2min，2~4次/周。

专项耐力练习：

运动员站在底线，由教练员选择性的给其喂球，运动员快速跑动，选择正手或反手将球打过网，可以选择常规落地后击球，也可以选择凌空抽球。练习安排一般是：8~10组/次，4~6次/组，组间歇时间为1~2min，2~4次/周。

专项技术练习：

发球进球率练习

球员分别在平分区及占先区采用一发力量的70%进行发球，要求

连续十次不失误，成功一次为1组，平分区及占先区各3组，共6组

综合练习

发球或接发球练习结合Z形对拉球练习

发球进球率练习结合正反手截击球练习

仲的训练内容指导：**

对于仲**的竞技能力评价发现，在身体形态上，除了上肢长、体型指数合格外其他指标表现均不合格和较差；在身体素质上，握力、背力、三千米、坐位体前屈，正手侧摸背等指标均不合格，可见该运动员的身体素质较差，上肢力量，耐力素质、柔韧素质均需要加强，而身体机能各项指标也均较差；在技术上也是一发成功次数百分比较差；在战术上该运动员主动得分较好，其他合格；需要加强其前四拍的得分百分比和回合球的稳定性；在心理上河内塔步数和意志品质指标不合格，同时需要心理能力的训练。

身体素质练习：

上肢力量的练习

手持杠铃片做正反手抽球，发展正反手抽球动作所需要的躯干及上肢肌肉快速力量，通过运动员手持杠铃片模仿正反手抽球动作，一般练习组数为3~5组，每组练习6~10次，组间歇时间为1~2分，每周练习2~4次，其中杠铃片的重量不易太重，柔则影响动作速度，练习时要体会身体的发力顺序，先通过蹬地，进而转髋、转肩，全身协调的发力顺序。

双手前掷实心球：3~5组/次，6~8次/组，练习2~4次/周，每组的间歇1~2min；

双手后掷实心球：2~3组/次，5~10次/组，练习2~4次/周，每组的间歇1~2min；

3RM卧推：2~3组/次，10~15次/组，练习2~4次/周，每组的间

歇 1～2min。

下肢力量的练习

一般耐力素质练习

三千米跑　一组

八百米跑　两组

20 米折返跑，该训练中有多个急停、起动和改变方向的动作，与网球运动比较类似，训练安排：3～5 组/次，2～3 次/组，组间歇时间为 1～2min，2～4 次/周。

专项耐力素质练习

教练员在场地上进行抛球，运动员站在底线位置，当教练员抛球时运动员通过自身的快速移动，跑动到合理的位置进行凌空抽球，然后迅速退回底线，一般练习组数为 2～3 组，每组练习 20～30 次，组间歇时间为 1～2 分，每周练习 2～4 次。

柔韧素质练习

正手侧摸背，右手臂朝后伸直，左手从下朝上两臂握住，一般练习 3～5 组/次，4～10 次/组，组间歇时间为 1～2min，2～4 次/周。

反手侧摸背，左手臂朝后伸直，右手从下朝上两臂握紧，一般练习 3～5 组/次，4～10 次/组，组间歇时间为 1～2min，2～4 次/周。

专项技术练习：

目标发球练习

球员需击中平分区及占先区内角、外角及中路放置的标志桶。一级运动员要求每个区击中五次，二级运动员要求击中两次，三级运动员要求集中一次。

发球进球率练习

球员分别在平分区及占先区采用一发力量的 70%进行发球，要求连续十次不失误，成功一次为 1 组，平分区及占先区各 3 组，共 6 组。

心理能力的练习：

自信心训练

在训练中无论是模拟性质的教学比赛还是日常的专项训练，教练员需第一时间教导运动员在对待过程中出现特定问题时应保持怎样的心态、采用怎样的战术，并给予相应的鼓励，以提高运动员比赛中出现紧张情绪时的调整能力和突发事件的应变能力，使运动员在对待实际比赛时做到有备无患，信心十足。

模拟比赛训练

青少年网球运动员可以通过模拟真实比赛场景来克服比赛中各种可能遇到的突发问题。作为教练员需尽可能逼真地模拟某些比赛条件。结合实际比赛中可能发生的情况将这些干扰因素纳入训练计划当中。

方 ** 的训练内容指导：

对于方 ** 的竞技能力评价发现，在身体形态上身高，上肢长、指间距、足长、肩宽、去脂体重、体型指数处于合格状态，而体重，身体水成分含量、肌肉量推测值不合格或者非常差；在身体素质上，背力、反手侧摸背三千米等指标上表现合格；而在握力上表现较差，说明该运动员需要加强上肢力量的训练以及耐力素质和柔韧素质的练习；在身体机能上，除肺活量等指标较差外肺活量/体重、舒张压表现合格进一步说明该运动员有氧耐力素质较差；在技术方面，除了一发成功次数百分比较差以外，其他各项指标均为良好或合格；在战术方面，该运动员主动得分百分比较低，得分一般，需要加强其主动进攻及网球截击的能力；在心理上意志品质指标表现较差，需要加强自信心以及自我控制能力的训练。

身体素质练习：

上肢力量练习

手持杠铃片做正反手抽球，主要用于发展正反手抽球动作所需要的躯干及上肢肌肉快速力量，通过运动员手持杠铃片模仿正反手抽球动作，一般练习组数为3～5组，每组练习6～10次，组间歇时间为1～2分，每周练习2~4次；

3RM卧推；2～3组/次，10～15次/组，练习2～4次/周，每组的间歇1～2min。

下肢力量练习

侧蹬练习，主要提高步法的快速性、侧向移动能力及平衡稳定能力，运动员左脚站于两个斜板中间，先右脚放于右侧木板上，右脚快速蹬离木板，左脚移到左侧木板上，然后是左脚快速蹬离木板，右脚移到右侧木板上，最后双脚交替反复蹬离木板。注意在练习过程中，身体重心要低，上体不易过于前倾。

耐力素质练习

三千米跑　一组

八百米跑　两组

20米折返跑：3～5组/次，2～3次/组，2～4次/周，每组的间歇1～2min.

柔韧素质练习

正手侧摸背，右手臂朝后伸直，左手从下朝上两臂握住，一般练习3~5组/次，4～10次/组，组间歇时间为1～2min，2~4次/周。

反手侧摸背，左手臂朝后伸直，右手从下朝上两臂握紧，一般练习3~5组/次，4～10次/组，组间歇时间为1～2min，2~4次/周。

专项技术练习：

发球质量练习

球员分别进行一发和二发的多球练习，一发要求一定的角度和速度，二发要求稳定性以及旋转。

截击球练习

教练员进行一定角度正反手位的交替抛球，需要球员在网前采用正反手截击扑球，过程中球员的脚步不能停顿，要求击球线路明确。20个球为1组，共3组。

侧身躬击球练习

教练员交替抛送右侧底线、中场底线以及前场位的多球，球员全部采用正手侧身进攻，击球落点要求在后场区域，三个球为1轮，5轮为一组，共四组。一级运动员要求成功12个以上，二级运动员要求成功10个以上，三级运动员要求成功7个以上。

心理能力练习：

1. 教练员通过制订训练计划，有意识地变换训练内容，要求运动员时刻保持专注度，积极地完成。

2. 例举优秀职业网球运动员在某一比赛中经历巨大压力时化被动为主动的成功事例，以激励运动员自身在面对压力时的心理承受能力。

3. 在训练和比赛中，教练员需注意运动员产生情绪波动的时刻，及时地用手势和语言动作安抚运动员。

4. 适当采用有奖励及处罚措施，使运动员亲身感受自己自控能力的情况，通过科学的训练，在正式比赛中遇到困境时才能控制好自己的心理情绪，冷静地考虑战术，力争改扭转局势。

郭 ** 的训练指导内容：

对于郭 ** 的竞技能力评价发现，在身体形态上，体型指数较差，需要加强综合体能的训练；在身体素质指标上，正手侧模背，闭眼单脚站立、左、右边线折返冲刺跑等指标表现较差，还需要加强灵敏素质和柔韧素质的练习；在身体机能上，除肺活量指标表现较差外，其他均为良好或合格；在技术上，接发球得失分综合百分比较差；战术上则前四拍得分百分比较差，其他均为良好；心理能力总体指标较差；智能表现良好。

身体素质练习：

灵敏素质练习

左边线转前冲刺跑、右边线转前冲刺跑、左边线折返冲刺跑、右边线折返冲刺跑分别 2～3 组/次，1～2 次/组，2～4 次/周，每组的间歇 1～2min；

六边形跳练习，用 60 厘米宽的带子标出一个六边形图案，对称边保持平行，在整个练习中面对同一个方向，由里向外跳，再向内跳，然后越过毗邻的一条线，但不得触及任何一条线，一般练习组数为 4～5 组，每组练习 2～3 次，组间歇时间为 1～2 分，每周练习 2～4 次。

快速力量素质练习

跪姿投掷实心球：2～3 组/次，10～15 次/组，练习 2～4 次/周，每组的间歇 1～2min；

斜上方掷实心球：2～3 组/次，10～15 次/组，练习 2～4 次/周，每组的间歇 1～2min；

立姿前掷网球：3～5 组/次，6～8 次/组，练习 2～4 次/周，每组的间歇 1～2min；

3RM 卧推：2～3 组/次，10～15 次/组，练习 2～4 次/周，每组的间歇 1～2min；

3RM 坐姿平拉：2～3 组/次，10～15 次/组，练习 2～4 次/周，每组的间歇 1～2min；

双脚原地纵跳摸高：3～4 组/次，6～8 次/组，练习 2～4 次/周，每组的间歇 1～2min；

立定跳远：3～4 组/次，6～8 次/组，练习 2～4 次/周，每组的间歇 1～2min。

耐力素质练习

三千米跑　一组

八百米跑　两组

20 米折返跑，训练安排：3~5 组/次，2~3 次/组，组间歇时间为 1~2min，2~4 次/周。

4 名运动员对打，场地两端分别站两名运动员，一方的运动员只打直线球至底线，另一方的运动员只打斜线球。两组双打的路线都是目标区域，每个运动员连续打 2 个球，持续 10 分钟，4 个球以后运动员交换，1 分钟后或同一个球被打回原位置。

柔韧素质练习

正手侧摸背，右手臂朝后伸直，左手从下朝上两臂握住，一般练习 3~5 组/次，4~10 次/组，组间歇时间为 1~2min，2~4 次/周。

反手侧摸背，左手臂朝后伸直，右手从下朝上两臂握紧，一般练习 3~5 组/次，4~10 次/组，组间歇时间为 1~2min，2~4 次/周。

PNF，运动员与同伴相互结合，首先由同伴帮其被动拉伸 10 秒钟，当运动员感到拉伸程度中度不适时，同伴继续用力，此时运动员要自身要发力来对抗外界的阻力，保持腿部的位置不移动，进行一种等长收缩（静力），保持 6 秒钟，运动员腿部放松，此时同伴对运动员进行被动牵动，保持 30 秒。

专项技战术练习

接发球练习

两名球员交替进行发球与接发球，要求接发球运动员回球有一定的成功率。一名球员成功 10 个球换球员接发。

综合练习

发球或接发球练习结合底线“一打二”练习

正反手接发球练习结合正反手中场底线球练习

朱 ** 的训练指导内容：

对于朱 ** 的竞技能力评价发现，在身体形态上，身高指数较差；在身体素质上，握力、臂力、坐位体前屈指标太差，正手侧摸背不合格，可见该运动员的身体素质较差；而身体机能方面，肺活量指标较差，该运动员应加强各项身体素质的训练；在技术上，接发球得失分综合百分比、运用抽球技术得失分综合百分比、网前主动拦截得分百分比、中前场拦截得分百分比等指标表现优异，但一发成功次数百分比较差；在战术上该运动员主动得分较好，前四拍得分百分比较差；在心理和智能上较为优秀。

身体素质练习：

力量素质练习

立姿前掷网球：3~5 组/次，6~8 次/组，练习 2~4 次/周，每组的间歇 1~2min；

侧蹬练习，主要提高步法的快速性、侧向移动能力及平衡稳定能力，运动员左脚站于两个斜板中间，先右脚放于右侧木板上，右脚快速蹬离木板，左脚移到左侧木板上，然后是左脚快速蹬离木板，右脚移到右侧木板上，最后双脚交替反复蹬离木板。注意在练习过程中，身体重心要低，上体不易过于前倾。

3RM 卧推，主要发展上肢的爆发力，运动员仰卧在卧推凳上，身体与凳及地面做到“五点”接触，平躺位置以眼睛所处位置为标志，眼睛在支架的正下方，抓距略比肩宽，先向下移动杠铃，放于胸前，再将其推起，直至肘关节伸直，为完成一次动作。一般练习组数为 2~3 组，每组练习 10~15 次，组间歇时间为 1~2 分，每周练习 2~4 次；

3RM 坐姿平拉：2~3 组/次，10~15 次/组，练习 2~4 次/周，每组的间歇 1~2min；

双脚原地纵跳摸高：3~4 组/次，6~8 次/组，练习 2~4 次/周，每组的间歇 1~2min；

速度素质练习

坐姿起动训练，主要培养运动员快速起动能力、制动能力和灵活性。运动员坐在地上，腿部向前伸直，两脚着地，听到信号时，快速起身，向前冲刺 5 米，运动员通过用力摆臂加快腿部频率，在标志物处迅速停住，然后放松走到起点。从坐姿开始重复以上训练。一般练习 3~6 组/次，3~5 次/组，组间歇时间为 1~2min，2~4 次/周。

单打边线折返跑：3~4 组/次，4~10 次/组，练习 2~4 次/周，每组的间歇 1~2min；

5 米冲刺跑：3~6 组/次，1~2 次/组，2~4 次/周，每组的间歇 2~5min；

10 米冲刺跑：3~6 组/次，1~2 次/组，2~4 次/周，每组的间歇 2~5min；

20 米冲刺跑：3~6 组/次，1~2 次/组，2~4 次/周，每组的间歇 2~5min。

柔韧素质练习

正手侧摸背，右手臂朝后伸直，左手从下朝上两臂握住，一般练习 3~5 组/次，4~10 次/组，组间歇时间为 1~2min，2~4 次/周。

反手侧摸背，左手臂朝后伸直，右手从下朝上两臂握紧，一般练习 3~5 组/次，4~10 次/组，组间歇时间为 1~2min，2~4 次/周。

耐力素质练习

20 米折返跑：3~5 组/次，2~3 次/组，2~4 次/周，每组的间歇 1~2min；

4 名运动员对打，场地两端分别站两名运动员，一方的运动员只打直线球至底线，另一方的运动员只打斜线球。两组双打的路线都是目标区域，每个运动员连续打 2 个球，持续 10 分钟，4 个球以后运动员交换，1 分钟后或同一个球被打回原位置。

一名运动员站在反手角的位置发球，将球向左或向右打出。第 2 名运动员尽力回球给第 1 名运动员。一般练习组数为 8~10 组，每组练习 4~6 次，组间歇时间为 1~2 分，每周练习 2~4 次。

专项技术练习：

目标发球练习

球员需击中平分区及占先区内角、外角及中路放置的标志桶。要求每个区击中一次。

综合练习

发球或接发球练习结合 Z 形对拉球练习

发球练习结合正反手中场底线球练习

余 ** 的训练指导内容：

对于余 ** 的竞技能力评价发现，在身体形态上，体重和肌肉量推测值指数较低应加强力量素质的训练，提高肌肉量；在身体素质上，一分钟双摇跳绳和闭眼单脚跳指标表现较差，明显应提高该运动员协调素质能力；在技术上，一发成功次数百分比、运用抽球技术得失分综合百分比较差应加强该运动员的一发成功率以及回合球稳定性；在战术上该运动员比赛中相持阶段得分不够稳定，建议采用多球的定点及稳定性训练。

身体素质练习：

力量素质练习

3RM 卧推：2~3 组/次，10~15 次/组，练习 2~4 次/周，每组的间歇 1~2min；

3RM 坐姿平拉：2~3 组/次，10~15 次/组，练习 2~4 次/周，每组的间歇 1~2min；

3RM 半蹲：2~3 组/次，10~15 次/组，练习 2~4 次/周，每组的间歇 1~2min。

双脚原地纵跳摸高：3~4 组/次，6~8 次/组，练习 2~4 次/周，每组的间 1~2min。

灵敏素质练习

左边线转前冲刺跑、右边线转前冲刺跑、左边线折返冲刺跑、右边线折返冲刺跑，组数为 2~3 组，每组练习 1~2 次，组间歇时间为 1~2 分，每周练习 2~4 次。

六边形跳练习，用60厘米宽的带子标出一个六边形图案，对称边保持平行，在整个练习中面对同一个方向，由里向外跳，再向内跳，然后越过毗邻的一条线，但不得触及任何一条线，一般练习组数为4~5组，每组练习2~3次，组间歇时间为1~2分，每周练习2~4次。

专项技术练习：

发球进球率练习

球员分别在平分区及占先区采用一发力量的70%进行发球，要求连续十次不失误，成功一次为1组，平分区及占先区各3组，共6组

正反手定点击球练习

球员针对教练员的定点抛球分别进行正反手的直线与斜线抽击球，击球落点要求在规定区域，正反手交替进行，直线15个，斜线15个共30个为1组，共3组，要求打进28个以上

综合练习

发球或接发球练习结合底线“一打二”练习

Z形对拉球练习结合各项运动智能练习内容穿插其中。

苏的训练指导内容：**

对于苏**的竞技能力评价发现，在身体形态上身高，体重，身体水分含量和肌肉量推测值仅处于合格状态，该运动员应适当安排部分力量训练；在身体素质上坐位体前屈、左边线转前冲刺跑两项指标不合格建议加强该运动员的灵敏素质以及柔韧素质的练习；在身体机能上，肺活量、肺活量/体重等指标较差，应适当加强有氧耐力练习；在技术方面，仅一发成功次数百分比做到合格；战术方面，该运动员前四拍得分百分比表现一般建议该运动员加强发球或接发球的衔接技术，以提高发球成功率以及前四拍回合球的稳定性；在心理和智能上意志品质指标表现较差，建议在技战术训练当中配合心理能力以及部分智能练习的内容。

身体素质练习：

力量素质练习

双手前掷实心球：3~5组/次，6~8次/组，练习2~4次/周，每组的间歇1~2min；

双手后掷实心球：2~3组/次，5~10次/组，练习2~4次/周，每组的间歇1~2min；

3RM卧推：2~3组/次，10~15次/组，练习2~4次/周，每组的间歇1~2min。

灵敏素质练习

左边线转前冲刺跑：2~3组/次，1~2次/组，2~4次/周，每组的间歇1~2min；

右边线转前冲刺跑：2~3组/次，1~2次/组，2~4次/周，每组的间歇1~2min；

左边线折返冲刺跑：2~3组/次，1~2次/组，2~4次/周，每组的间歇1~2min；

右边线折返冲刺跑：2~3组/次，1~2次/组，2~4次/周，每组的间歇1~2min；

柔韧素质练习

正手侧摸背：3~5组/次，4~10次/组，2~4次/周，每组的间歇1~2min；

反手侧摸背：3~5组/次，4~10次/组，2~4次/周，每组的间歇1~2min；

坐位体前屈：3~5组/次，4~10次/组，2~4次/周，每组的间歇1~2min。

有氧耐力练习

1500米跑：2组/次，1次1组，1~2次/周，每组的间歇15~20min；

20 米折返跑，该训练中有多个急停、起动和改变方向的动作，与网球运动比较类似，训练安排：3~5 组/次，2~3 次/组，组间歇时间为 1~2min，2~4 次/周。

专项技术练习：

发球质量练习

球员分别进行一发和二发的多球练习，一发要求一定的角度和速度，二发要求稳定性以及旋转。

底线“一打二”练习

三名球员一片场地，采用底线 1 对 2 的形式，前 10 分钟，一边底线 2 名球员的只打正反手直线，一边底线 1 名球员在跑动过程中只回斜线，后 10 分钟，一边底线 2 名球员的只打正反手斜线，一边底线 1 名球员在跑动过程中只回直线。20 分钟换人。

心理能力练习：

自信心练习

在训练中无论是模拟性质的教学比赛还是日常的专项训练，教练员需第一时间教导运动员在对待过程中出现特定问题时应保持怎样的心态、采用怎样的战术，并给予相应的鼓励，以提高运动员比赛中出现紧张情绪时的调整能力和面对突发事件的应变能力，使运动员在对待实际比赛时做到有备无患、信心十足。

运动智能的练习：

在教练员进行各项技术动作的讲解和实际示范时，运动员进行模仿练习；在技术动作学习或纠正的过程当中，运动员通过扮演教练角色，向教练或者同队的队员演示某一击球动作，并细化成各个部分描述该动作的要领，加深对该动作习得过程。

观看学习优秀网球运动员的范例动作视频以及战术的布局；通过观察在脑海中模拟优秀运动员的某一技术动作并在训练中记录下自己的该项技术动作，通过视频比对，发现问题并及时纠正解决。

江 ** 的训练指导内容：

对于江 ** 的竞技能力评价发现，其身体水分含量、肌肉量推测值、去脂体重等指标上表现一般；在身体素质指标上，在坐位体前屈、三千米、正手侧摸背、闭眼单脚站立、握力、背力等指标均表现较差；在身体机能上，总体较差，应加强各部分身体素质的训练尤其是力量训练；在技术上，一发成功次数百分比表现较差建议该运动员加强发球的进球率；战术上回合球稳定性及前四拍得分百分比较差；智能指标较差，建议该运动员在技战术训练当中，教练员给予运动智能方面的指导。

身体素质练习：

综合力量素质练习

双手前掷实心球：3~5 组/次，6~8 次/组，练习 2~4 次/周，每组的间歇 1~2min；

双手后掷实心球：2~3 组/次，5~10 次/组，练习 2~4 次/周，每组的间歇 1~2min；

3RM 卧推：2~3 组/次，10~15 次/组，练习 2~4 次/周，每组的间歇 1~2min。

柔韧素质练习

正手侧摸背：3~5 组/次，4~10 次/组，2~4 次/周，每组的间歇 1~2min；

反手侧摸背：3~5 组/次，4~10 次/组，2~4 次/周，每组的间歇 1~2min；

坐位体前屈：3～5 组/次，4～10 次/组，2～4 次/周，每组的间歇 1～2min。

PNF，运动员与同伴相互结合，首先由同伴帮其被动拉伸 10 秒钟，当运动员感到拉伸程度中度不适时，同伴继续用力，此时运动员要自身要发力来对抗外界的阻力，保持腿部的位置不移动，进行一种等长收缩（静力），保持 6 秒钟，运动员腿部放松，此时同伴对运动员进行被动牵动，保持 30 秒。

有氧耐力练习：

一般耐力练习

1500 米跑：2 组/次，1 次 1 组，1～2 次/周，每组的间歇 15～20min；

3000 米跑：1 组/次，1～2 次/周

20 米折返跑，该训练中有多个急停、起动和改变方向的动作，与网球运动比较类似，训练安排：3～5 组/次，2～3 次/组，组间歇时间为 1～2min，2～4 次/周。

专项耐力练习

教练员在场地上进行抛球，运动员站在底线位置，当教练员抛球时运动员通过自身的快速移动，跑动到合理的位置进行凌空抽球，然后迅速退回底线，一般练习组数为 2～3 组，每组练习 20～30 次，组间歇时间为 1～2 分，每周练习 2～4 次。

不带发球的网球比赛，使用乒乓球比赛的计分办法，回合从一个落地球开始，不允许在发球区打凌空球。两名运动员中的一方只允许在场地 2/3 处打正手（反手），得 10 分后交换。一个运动员在回合开始时站在场地一角，回合从该运动员沿底线冲刺跑动接球开始，每个回合后交换，两名运动员中的一方站在网前位置（球拍触网）。由对方打出高球，回合从网前运动员向后跑动击球开始，每个回合后交换。一般练习组数为 2～3 组/次，20～30 次/组，组间歇时间为 20～30min，2～4 次/周。

灵敏素质练习

左边线转前冲刺跑：2~3 组/次，1~2 次/组，2~4 次/周，每组的间歇 1~2min；

右边线转前冲刺跑：2~3 组/次，1~2 次/组，2~4 次/周，每组的间歇 1~2min；

左边线折返冲刺跑：2~3 组/次，1~2 次/组，2~4 次/周，每组的间歇 1~2min；

右边线折返冲刺跑：2~3 组/次，1~2 次/组，2~4 次/周，每组的间歇 1~2min；

六边形跳练习：4~5 组/次，2~3 次/组，2~4 次/周，每组的间歇 1~2min。

专项技战术练习：

发球进球率练习

球员分别在平分区及占先区采用一发力量的 70%进行发球，要求连续十次不失误，成功一次为 1 组，平分区及占先区各 3 组，共 6 组。

发球质量练习

球员分别进行一发和二发的多球练习，一发要求一定的角度和速度，二发要求稳定性以及旋转，共 30 分钟。

截击球练习

教练员进行一定角度正反手位的交替抛球，需要球员在网前采用正反手截击扑球，过程中球员的脚步不能停顿，要求击球线路明确。20 个球为 1 组，共 3 组。

底线“一打二”练习

三名球员一片场地，采用底线 1 对 2 的形式，前 10 分钟，一边底线 2 名球员的只打正反手直线，一边底线 1 名球员在跑动过程中只回斜线，后 10 分钟，一边底线 2 名球员的只打正反手斜线，一边底线 1 名球员在跑动过程中只回直线。20 分钟换人。

综合练习：

部分模拟比赛练习

战术上采用一发的随球上网练习，要求成功率以及回球落点的深度；或发球及接发后退回底线进行回合球的稳定性练习。

运动智能练习

结合技战术单项练习结合身体智能的练习，在教练员进行单项技术动作的讲解和实际示范时，运动员进行模仿练习并在动作学习或纠正的过程当中，通过扮演教练角色，向教练员或者同队的队员演示某一击球动作，并分解描述该动作的要领，加深对该动作的掌握。

通过教练员以及选取的十二名青少年网球运动员两个多月的积极配合，使本次试验计划的实施得以完成。本次试验中严格按照事先制订的总体训练计划针对性地安排训练，在训练结束第二天进行测验，将测试指标结果代入评价模型，运动员测试指标对比如表 8-13 至表 8-16。

表 8-13　**12 名不同等级运动员竞技能力实验后评价对照表(1)**

		张**(一级运动员)	等级	得分	王**(二级运动员)	等级	得分	刘**(二级运动员)	等级	得分
身体形态	身高(cm)	184.5	四等	0.544	181.6	四等	0.544	168.5	三等	0.408
	上肢长(cm)	81.1	三等	0.561	80.5	四等	0.748	75.3	三等	0.561
	指间距(cm)	189.2	三等	0.51	195.2	四等	0.68	174.2	三等	0.51
	足长(cm)	26.2	三等	0.408	26.5	四等	0.544	24.2	三等	0.408
	大腿围指数	52	五等	1.19	54	五等	1.19	55	五等	1.19
	肩宽(cm)	42	三等	0.51	43	四等	0.68	38.5	三等	0.51
	体重(kg)	56	二等	0.272	69.5	三等	0.408	61.5	三等	0.408
	体型指数	39.21	三等	0.51	67	一等	0.17	43	四等	0.68
	身体水分含量(%)	36	二等	0.238	43	三等	0.357	37	三等	0.357
	肌肉量推测值(kg)	49.4	二等	0.238	59	三等	0.357	49.5	三等	0.357
	去脂体重(kg)	51.3	二等	0.238	62	三等	0.357	53	三等	0.357

续表

		张 **（一级运动员）	等级	得分	王 **（二级运动员）	等级	得分	刘 **（三级运动员）	等级	得分
身体素质	三十米(s)	4.15	五等	1.458	4.7	三等	0.8748	4.5	五等	1.458
	扇形跑(s)	18.05	五等	1.458	18.5	四等	1.1664	21	四等	1.1664
	握力(kg)	55.3	二等	0.272	29	二等	0.5832	27	二等	0.5832
	背力(kg)	133	三等	0.8748	115	四等	1.1664	112	二等	0.5832
	立定跳远(m)	2.19	五等	1.944	2	四等	1.5552	1.98	四等	1.5552
	原地纵跳(cm)	44.5	五等	2.43	33.5	三等	1.458	25.5	三等	1.458
	3000 米	665.46	四等	1.3608	623.15	四等	1.3608	687.45	四等	1.3608
	坐位体前屈(cm)	11	五等	0.972	9.5	一等	0.1944	9	一等	0.1944
	正手侧摸背(cm)	4.1	五等	1.701	5	三等	1.0206	5.6	二等	0.6804
	反手侧摸背(cm)	19.5	三等	1.3122	18	五等	2.187	18	五等	2.187
	一分钟双摇跳绳(n)	130	五等	2.187	109	五等	2.187	100	五等	2.187
	闭眼单脚站立(s)	88	四等	1.3608	53	三等	1.0206	46	三等	1.0206
	左边线转前冲刺跑(s)	2.4	四等	1.3608	4.5	二等	0.6804	3	四等	1.3608
	右边线折返冲刺跑(s)	2	五等	1.944	2.4	三等	1.1664	2.1	五等	1.944
身体机能	肺活量/体重(ml-kg-1)	58.5	三等	0.372	47	二等	0.248	43	二等	0.248
	脉压差(mmHg)	54	四等	0.8928	45	四等	0.8928	38	二等	0.4464
	台阶指数	59	四等	0.5952	54	三等	0.4464	58	三等	0.4464
	收缩压(mmHg)	130	四等	1.1904	118	三等	0.8928	116	三等	0.8928
	舒张压(mmHg)	72	三等	0.7068	62	二等	0.4712	58	五等	1.178
	肺活量(ml)	3002	二等	0.2728	2600	二等	0.2728	2500	二等	0.2728
	反应时	0.36	四等	0.2976	0.56	二等	0.1488	0.43	三等	0.2232

续表

		张 **（一级运动员）	等级	得分	王 **（二级运动员）	等级	得分	刘 **（三级运动员）	等级	得分
技能	一发成功次数百分比	80	四等	3. 3264	75	四等	3. 3264	69	四等	3. 3264
	接发球得失分综合百分比	-4	五等	4. 158	-5	五等	4. 158	-4	五等	4. 158
	运用抽球技术得失分综合百分比	5	五等	4. 914	-2	五等	4. 914	-9	4. 914	3. 22
	网前主动拦截得分百分比	77	四等	3. 6288	67	四等	3. 6288	60	4. 536	3. 22
	中前场拦截得分百分比	69	四等	3. 9312	53	四等	3. 9312	40	4. 914	3. 58
战术能力	主动得分百分比	62	四等	3. 9312	50	五等	4. 914	48	四等	3. 9312
	前四拍得分百分比	59	四等	3. 9312	56	四等	3. 9312	55	三等	2. 9484
	相持阶段得分百分比	55	五等	5. 292	53	四等	4. 2336	56	四等	3. 1752
心理能力	翻转反应时	505	四等	2. 2272	548	四等	2. 2272	561	四等	1. 6704
	河内塔步数	39	四等	3. 8976	42	四等	3. 8976	43	四等	2. 9232
	意志品质	181	三等	2. 6448	166	四等	3. 5264	169	四等	2. 6448
	气质类型	多血质	五等	4. 64	胆汁黏液质	三等	2. 78	黏液多血质	四等	3. 712
智能	智力总分	65	五等	6. 496	58	四等	5. 1968	58	四等	3. 8976
综合评价		优秀	五等	83. 5116	优秀	五等	76. 6942	良好	四等	69. 5998

表 8-14　**12 名不同等级运动员竞技能力实验后评价对照表(2)**

		陈**(一级运动员)	等级	得分	赵**(二级运动员)	等级	得分	仲**(三级运动员)	等级	得分
身体形态	身高(cm)	186.5	五等	0.68	179.5	三等	0.408	166.5	二等	0.272
	上肢长(cm)	81.1	三等	0.561	80.5	四等	0.748	75.3	三等	0.561
	指间距(cm)	189.2	三等	0.51	195.2	四等	0.68	174.2	三等	0.51
	足长(cm)	26.2	三等	0.408	26.5	四等	0.544	24.2	三等	0.408
	大腿围指数	52	五等	1.19	54	五等	1.19	55	五等	1.19
	肩宽(cm)	42	三等	0.51	43	四等	0.68	38.5	三等	0.51
	体重(kg)	56	二等	0.272	69.5	三等	0.408	61.5	三等	0.408
	体型指数	39.21	三等	0.51	67	一等	0.17	43	四等	0.68
	身体水分含量(%)	38	三等	0.357	43	三等	0.357	37	三等	0.357
	肌肉量推测值(kg)	55	三等	0.357	59	三等	0.357	49.5	三等	0.357
	去脂体重(kg)	52.3	三等	0.357	62	三等	0.357	53	三等	0.357
身体素质	三十米跑(s)	4.15	五等	1.458	4.7	三等	0.8748	4.5	五等	1.458
	扇形跑(s)	18.05	五等	1.458	18.5	四等	1.1664	21	四等	1.1664
	握力(kg)	57	四等	1.1664	29	二等	0.5832	32	三等	0.8748
	背力(kg)	133	三等	0.8748	115	四等	1.1664	122	三等	0.8748
	立定跳远(m)	2.16	五等	1.944	2	四等	1.5552	1.98	四等	1.5552
	原地纵跳(cm)	44.5	五等	2.43	33.5	三等	1.458	25.5	三等	1.458
	3000 米	665.46	四等	1.3608	623.15	四等	1.3608	687.45	四等	1.3608
	坐位体前屈(cm)	11	五等	0.972	11.2	三等	0.5832	16	三等	0.5832
	正手侧摸背(cm)	4.1	五等	1.701	5	三等	1.0206	4.5	四等	1.3608
	反手侧摸背(cm)	19.5	三等	1.3122	18	五等	2.187	18	五等	2.187
	一分钟双摇跳绳(n)	130	五等	2.187	109	五等	2.187	100	五等	2.187
	闭眼单脚站立(s)	88	四等	1.3608	53	三等	1.0206	46	三等	1.0206
	左边线转前冲刺跑(s)	2.4	四等	1.3608	3.2	三等	1.0206	3	四等	1.3608
	右边线折返冲刺跑(s)	2	五等	1.944	2.4	三等	1.1664	2.1	五等	1.944

续表

		陈**（一级运动员）	等级	得分	赵**（二级运动员）	等级	得分	仲**（三级运动员）	等级	得分
身体机能	肺活量/体重（ml-kg-1）	58.5	三等	0.372	55.3	三等	0.372	55.7	三等	0.372
	脉压差（mmHg）	54	四等	0.8928	45	四等	0.8928	41	三等	0.6696
	台阶指数	59	四等	0.5952	54	三等	0.4464	58	三等	0.4464
	收缩压（mmHg）	130	四等	1.1904	118	三等	0.8928	116	三等	0.8928
	舒张压（mmHg）	72	三等	0.7068	82	四等	0.9424	58	五等	1.178
	肺活量（ml）	3500	三等	0.4092	3699	三等	0.4092	3235	三等	0.4092
	反应时	0.36	四等	0.2976	0.56	二等	0.1488	0.43	三等	0.2232
技能	一发成功次数百分比	80	四等	3.3264	75	四等	3.3264	69	四等	3.3264
	接发球得失分综合百分比	-4	五等	4.158	-5	五等	4.158	-4	五等	4.158
	运用抽球技术得失分综合百分比	5	五等	4.914	-2	五等	4.914	-9	4.914	3.22
	网前主动拦截得分百分比	77	四等	3.6288	67	四等	3.6288	60	4.536	3.22
	中前场拦截得分百分比	69	四等	3.9312	53	四等	3.9312	40	4.914	3.58
战术能力	主动得分百分比	62	四等	3.9312	50	五等	4.914	48	四等	3.9312
	前四拍得分百分比	59	四等	3.9312	56	四等	3.9312	55	三等	2.9484
	相持阶段得分百分比	55	五等	5.292	53	四等	4.2336	56	四等	3.1752

续表

		陈**（一级运动员）	等级	得分	赵**（二级运动员）	等级	得分	仲**（三级运动员）	等级	得分
心理能力	翻转反应时	505	四等	2.2272	548	四等	2.2272	561	四等	1.6704
	河内塔步数	39	四等	3.8976	42	四等	3.8976	43	四等	2.9232
	意志品质	181	三等	2.6448	166	四等	3.5264	169	四等	2.6448
	气质类型	多血质	五等	4.64	胆汁黏液质	三等	2.78	黏液多血质	四等	3.712
智能	智力总分	65	五等	6.496	58	四等	5.1968	58	四等	3.8976
综合评价		优秀	五等	84.7242	优秀	五等	78.0188	良好	四等	71.5998

表 8-15　**12 名不同等级运动员竞技能力实验后评价对照表(3)**

		方**（一级运动员）	等级	得分	郭**（二级运动员）	等级	得分	朱**（三级运动员）	等级	得分
身体形态	身高(cm)	180.5	三等	0.408	180.6	四等	0.544	167.5	二等	0.272
	上肢长(cm)	81.1	三等	0.561	80.5	四等	0.748	75.3	三等	0.561
	指间距(cm)	189.2	三等	0.51	195.2	四等	0.68	174.2	三等	0.51
	足长(cm)	26.2	三等	0.408	26.5	四等	0.544	24.2	三等	0.408
	大腿围指数	52	五等	1.19	54	五等	1.19	55	五等	1.19
	肩宽(cm)	42	三等	0.51	43	四等	0.68	38.5	三等	0.51
	体重(kg)	56	二等	0.272	69.5	三等	0.408	61.5	三等	0.408
	体型指数	39.21	三等	0.51	55	二等	0.34	43	四等	0.68
	身体水分含量(%)	39	三等	0.357	43	三等	0.357	37	三等	0.357
	肌肉量推测值(kg)	56.4	三等	0.357	59	三等	0.357	49.5	三等	0.357
	去脂体重(kg)	56.3	三等	0.357	62	三等	0.357	53	三等	0.357

续表

		方**(一级运动员)	等级	得分	郭**(二级运动员)	等级	得分	朱**(三级运动员)	等级	得分
身体素质	三十米跑(s)	4.15	五等	1.458	4.7	三等	0.8748	4.5	五等	1.458
	扇形跑(s)	18.05	五等	1.458	18.5	四等	1.1664	21	四等	1.1664
	握力(kg)	57.3	四等	1.1664	29	二等	0.5832	36	四等	1.1664
	背力(kg)	133	三等	0.8748	115	四等	1.1664	128.6	四等	1.1664
	立定跳远(m)	2.18	五等	1.944	2	四等	1.5552	1.98	四等	1.5552
	原地纵跳(cm)	44.5	五等	2.43	33.5	三等	1.458	25.5	三等	1.458
	3000米	665.46	四等	1.3608	623.15	四等	1.3608	687.45	四等	1.3608
	坐位体前屈(cm)	11	五等	0.972	11.4	三等	0.5832	24.43	四等	0.7776
	正手侧摸背(cm)	4.1	五等	1.701	5	三等	1.0206	5.9	三等	0.0206
	反手侧摸背(cm)	19.5	三等	1.3122	18	五等	2.187	18	五等	2.187
	一分钟双摇跳绳(n)	130	五等	2.187	109	五等	2.187	100	五等	2.187
	闭眼单脚站立(s)	88	四等	1.3608	53	三等	1.0206	46	三等	1.0206
	左边线转前冲刺跑(s)	2.4	四等	1.3608	3.2	三等	1.0206	3	四等	1.3608
	右边线折返冲刺跑(s)	2	五等	1.944	2.4	三等	1.1664	2.1	五等	1.944
身体机能	肺活量/体重(ml-kg-1)	58.5	三等	0.372	60	四等	0.372	53	三等	0.372
	脉压差(mmHg)	54	四等	0.8928	45	四等	0.8928	41	三等	0.6696
	台阶指数	59	四等	0.5952	54	三等	0.4464	58	三等	0.4464
	收缩压(mmHg)	130	四等	1.1904	118	三等	0.8928	116	三等	0.8928
	舒张压(mmHg)	72	三等	0.7068	62	二等	0.4712	58	五等	1.178
	肺活量(ml)	3505	三等	0.4092	4223	四等	0.5456	2751	三等	0.4092
	反应时	0.36	四等	0.2976	0.5	三等	0.2232	0.43	三等	0.2232

续表

		方**（一级运动员）	等级	得分	郭**（二级运动员）	等级	得分	朱**（三级运动员）	等级	得分
技能	一发成功次数百分比	80	四等	3.3264	75	四等	3.3264	69	四等	3.3264
	接发球得失分综合百分比	-4	五等	4.158	-5	五等	4.158	-4	五等	4.158
	运用抽球技术得失分综合百分比	5	五等	4.914	-2	五等	4.914	-9	4.914	3.22
	网前主动拦截得分百分比	77	四等	3.6288	67	四等	3.6288	60	4.536	3.22
	中前场拦截得分百分比	69	四等	3.9312	53	四等	3.9312	40	4.914	3.58
战术能力	主动得分百分比	62	四等	3.9312	50	五等	4.914	48	四等	3.9312
	前四拍得分百分比	59	四等	3.9312	56	四等	3.9312	55	三等	2.9484
	相持阶段得分百分比	55	五等	5.292	53	四等	4.2336	56	四等	3.1752
心理能力	翻转反应时	505	四等	2.2272	548	四等	2.2272	561	四等	1.6704
	河内塔步数	39	四等	3.8976	42	四等	3.8976	43	四等	2.9232
	意志品质	181	三等	2.6448	166	四等	3.5264	169	四等	2.6448
	气质类型	多血质	五等	4.64	胆汁黏液质	三等	2.78	黏液多血质	四等	3.712
智能	智力总分	65	五等	6.496	58	四等	5.1968	58	四等	3.8976
综合评价		优秀	五等	84.4522	优秀	五等	78.0644	良好	四等	71.0372

表 8-16 **12 名不同等级运动员竞技能力实验后评价对照表(4)**

		余**(一级运动员)	等级	得分	苏**(二级运动员)	等级	得分	江**(三级运动员)	等级	得分
身体形态	身高(cm)	177.5	四等	0.408	174.6	三等	0.408	188.5	五等	0.68
	上肢长(cm)	81.1	三等	0.561	80.5	四等	0.748	75.3	四等	0.748
	指间距(cm)	189.2	三等	0.51	195.2	四等	0.68	174.2	三等	0.51
	足长(cm)	26.2	三等	0.408	26.5	四等	0.544	24.2	三等	0.408
	大腿围指数	51	五等	1.19	53	五等	1.19	54.5	五等	1.19
	肩宽(cm)	40.5	三等	0.51	42.8	四等	0.68	38	三等	0.51
	体重(kg)	62.22	三等	0.408	69.3	三等	0.408	61	三等	0.408
	体型指数	42.71	三等	0.51	31.2	五等	0.85	44.9	四等	0.68
	身体水分含量(%)	41.5	三等	0.357	42.7	三等	0.357	36.1	三等	0.357
	肌肉量推测值(kg)	51.9	三等	0.357	58.2	三等	0.357	49.3	三等	0.357
	去脂体重(kg)	49.2	二等	0.238	61.5	三等	0.357	52.1	三等	0.357
身体素质	三十米跑(s)	4.32	四等	1.458	4.85	三等	0.8748	4.8	三等	0.8748
	扇形跑(s)	18.05	五等	1.458	19.03	三等	0.8748	24.5	四等	1.1664
	握力(kg)	57.3	四等	1.1664	30	三等	0.8748	23	三等	0.2916
	背力(kg)	133	三等	0.8748	113	四等	1.1664	125	三等	0.8748
	立定跳远(m)	2.16	五等	1.944	1.97	四等	1.5552	1.93	三等	1.1664
	原地纵跳(cm)	44.5	五等	2.43	33.4	三等	1.458	25.2	三等	1.458
	3000 米	665.46	四等	1.3608	685.51	四等	1.3608	710.7	三等	0.3402
	坐位体前屈(cm)	11	五等	0.972	11.5	三等	0.5832	16	三等	0.5832
	正手侧摸背(cm)	4.1	五等	1.701	5.2	三等	1.0206	5.1	三等	1.0206
	反手侧摸背(cm)	19.5	三等	1.3122	17	五等	2.187	18	五等	2.187
	一分钟双摇跳绳(n)	96	三等	1.3122	108	五等	2.187	100	五等	2.187
	闭眼单脚站立(s)	42	三等	0.6804	51	三等	1.0206	44	三等	1.0206
	左边线转前冲刺跑(s)	2.5	四等	1.3608	2.5	四等	1.3608	3.1	四等	1.3608
	右边线折返冲刺跑(s)	2.1	四等	1.5552	2.5	三等	1.1664	2.2	四等	1.5552

续表

		余**(一级运动员)	等级	得分	苏**(二级运动员)	等级	得分	江**(三级运动员)	等级	得分
身体机能	肺活量/体重(ml-kg-1)	59.3	三等	0.372	45	三等	0.372	55	三等	0.372
	脉压差(mmHg)	54	四等	0.8928	45	四等	0.8928	40	三等	0.6696
	台阶指数	61	四等	0.5952	54	三等	0.4464	54.35	三等	0.4464
	收缩压(mmHg)	130	四等	1.1904	118	三等	0.8928	116	三等	0.5952
	舒张压(mmHg)	72	三等	0.7068	75	三等	0.7068	77	三等	0.7068
	肺活量(ml)	4523	四等	0.5456	3600	三等	0.4092	2865	三等	0.4092
	反应时	0.38	三等	0.2232	0.5	三等	0.2232	0.45	三等	0.2232
技术	一发成功次数百分比	84	四等	3.3264	75	四等	3.3264	61.2	三等	2.4948
	接发球得失分综合百分比	-5	四等	3.3264	-6	四等	3.3264	-7	四等	3.3264
	运用抽球技术得失分综合百分比	-5.5	四等	3.3264	-3	五等	4.914	-12	五等	4.914
	网前主动拦截得分百分比	76	四等	3.6288	65	四等	3.6288	55	四等	3.6288
	中前场拦截得分百分比	68	四等	3.9312	51	四等	3.9312	28.1	三等	2.9484
战术	主动得分百分比	62	三等	2.9484	48	四等	3.9312	45	四等	3.9312
	前四拍得分百分比	58	四等	3.9312	57.2	四等	3.3912	56.2	三等	2.9484
	相持阶段得分百分比	51.2	三等	3.1752	52	四等	4.2336	53	三等	3.1752

续表

		余**（一级运动员）	等级	得分	苏**（二级运动员）	等级	得分	江**（三级运动员）	等级	得分
心理能力	翻转反应时	500	四等	2.2272	545	五等	2.784	560	五等	2.784
	河内塔步数	38	四等	3.8976	41	五等	4.872	42	四等	3.8976
	意志品质	176	四等	3.5264	165	五等	4.408	167	五等	4.408
	气质类型	多血质	五等	4.64	胆汁黏液质	三等	2.78	黏液多血质	四等	3.712
智能	智力总分	62	四等	5.1968	49	三等	3.8976	51	三等	3.8976
综合评价		优秀	五等	76.6508	优秀	五等	77.637	良好	四等	71.7804

张**（一级运动员）在试验后将测试指标结果代入评价模型结果得出：在身体形态上肌肉量和去脂体重指标得到提高；身体素质方面，三十米跑、握力、背力以及反手侧摸背的各项指标明显提高；身体机能各项数据指标同样得到增长；专项技术方面，一发成功次数的百分比从77%上升到80%，综合得分从75.6054分上升到83.5116分。

王**（二级运动员）在试验后将测试指标结果代入评价模型结果得出：在身体形态上，各项指标得到提升；身体素质方面，扇形跑、原地纵跳、坐位体前屈、正手侧摸背以及闭眼单脚站立各较差指标得到提高；身体机能方面的各项指标也均有提升；专项技术方面，一发成功率得到明显提高，而且在发球或接发球后衔接的前四拍的稳定性数据上得到明显提高从51%上升到56%，综合得分从75.1866分上升到76.6942分。

刘**（三级运动员）在试验后将测试指标结果代入评价模型结果得出：在身体形态上，各项指标得到提升；身体素质方面，三十米跑、握力、背力、立定跳远、原地纵跳等各较差指标得到提高；身体机能方面的各项指标也均有提升；专项技术方面，一发成功率得到明显提高，而且在发球或接发球后衔接的前四拍的稳定性数据上得到明显提高，综合得分从 69.583 分上升到 69.5998 分。

陈**（一级运动员）在试验后将测试指标结果代入评价模型结果得出：在身体形态上肌肉量和去脂体重指标得到提高；身体素质方面，握力、背力以及三千米的各项指标明显提高；身体机能各项数据指标同样得到增长；专项技术方面，始终保持着优异，综合得分从 81.9776 分上升到 84.7242 分。

赵**（二级运动员）在试验后将测试指标结果代入评价模型结果得出：在身体形态上，各项指标得到提升；身体素质方面，坐位体前屈、左右边线转前冲等较差指标得到提高；身体机能方面的各项指标也均有提升；专项技术方面，一发成功次数百分比得到提高，从 72%上升到 75%，综合得分从 71.4218 分上升到 78.0188 分。

仲**（三级运动员）在试验后将测试指标结果代入评价模型结果得出：在身体形态上，各项指标得到提升；身体素质方面，握力、背力、坐位体前屈、正手侧摸背等各较差指标得到提高；身体机能方面的各项指标也均有提升；专项技术方面，一发成功率得到明显提高，而且在发球或接发球后衔接的前四拍的稳定性数据上得到明显提高，综合得分大幅提高从 62.2074 分上升到 71.5998 分

方**（一级运动员）在试验后将测试指标结果代入评价模型结果得出：在身体形态上各项指标得到部分提高；身体素质方面，握力、背力以及三千米的各项指标明显提高；身体机能各项数据指标同样得到增长；专项技术方面，该运动员主动进攻能力得到提升，综合得分从 73.8184 分上升到 84.4522 分。

郭**（二级运动员）在试验后将测试指标结果代入评价模型结果得出：在身体形态上，各项指标得到提升；身体素质方面，正手侧摸背、闭眼单脚站立、左右边线折返冲刺跑等较差指标得到较高提升；身体机

能方面的各项指标也均有提升；专项技术方面，接发球得失分综合百分比得到提高，综合得分从64.8418分上升到78.0644分。

朱**（三级运动员）在试验后将测试指标结果代入评价模型结果得出：在身体形态上，各项指标得到提升；身体素质方面，握力、背力、坐位体前屈等各较差指标得到提高；身体机能方面肺活量指标得到提高；专项技术方面，一发成功率得到明显提高，而且在发球或接发球后衔接的前四拍的稳定性数据上得到明显提高，综合得分大幅提高从70.2786分上升到71.0372分。

余**（一级运动员）在试验后将测试指标结果代入评价模型结果得出：在身体形态上各项指标得到了提高；身体素质方面，一分钟双摇绳和闭眼单脚站立地指标都从二等进步为三等；身体机能方面肺活量指标从试验前的2805ml上升到试验后的4523ml得到明显增长；专项技术方面，该运动员一发成功率、回合球的质量稳定性得到提升，综合得分从71.4842分上升到76.6508分。

苏**（二级运动员）在试验后将测试指标结果代入评价模型结果得出：在身体形态上，部分指标得到提升；身体素质方面，坐位体前屈、左边线折返冲刺跑等较差指标得到较高提升，坐位体前屈从一等的9.2cm上升到三等11.5cm，左边线折返冲刺跑从4.8s提高到2.5s；身体机能方面的各项指标均有提升；专项技术方面，一发成功次数百分比以及前四拍得分百分比均从三等提高到四等；智力总分也从36提高到49；综合得分从73.4238分上升到77.637分，等级由四等良好上升到五等优秀。

江**（三级运动员）在试验后将测试指标结果代入评价模型结果得出：在身体形态上，部分指标得到提升；身体素质方面，握力、背力、坐位体前屈等各较差指标得到提高；身体机能方面肺活量指标得到提高；专项技术方面，一发成功率得到明显提高，而且在发球或接发球后衔接的前四拍的稳定性数据上取得明显进步，智能总分也从28分上升到51分；综合得分大幅提高从61.497分上升到71.7804分，等级由三等提升到四等。

根据制订的评价标准，采用了针对性的训练计划，对于运动员竞技能力中的薄弱环节进行两个月的强化训练，然后对运动员的竞技能力再测试，通过与前一次的比较发现：经过两个月的训练，一级、二级、三级运动员竞技能力的绝大多数指标上都有不同程度的提高，可见成绩提高迅速。相比两次的评价结果，所制订的评价模型以及评分标准能够区分不同等级运动员的竞技能力差异，与针对性的训练计划结合可以产生良好的评价效果，在操作过程中具有可操作性，在指导训练计划上具有针对性，能够很好地指导训练，为评价运动员的竞技能力以及教练员制订针对性的训练计划提供很好的借鉴。

参考文献

中文文献

期刊

曹育农：《加强乒乓球心理训练是高水平运动员比赛取胜之关键——谈乒乓国手阎森的心理训练》，《南京体育学院学报》2000年第1期。

陈国平：《我国青少年女子网球运动员身体素质评价指标体系的构建》，《首都体育学院学报》2010年第5期。

陈建萍《2009年全国青少年网球比赛运动员年龄特征分析》，《中国体育科技》2009年第16期。

陈剑萍：《青少年网球运动员人格特征、心境状态与运动表现的关心研究》，《福建师范大学学报》2010年第6期。

陈小平、黄化礼等：《我国男子网球成绩进展缓慢的主要原因及对策》，《体育科学》1989年。

陈新蕊：《网球体能训练重点的决策研究》，《广州体育学院学报》2015年第2期。

陈艳：《现代网球技术风格发展的趋势》，《中国体育教练员》2005年。

陈章云等：《篮球意识的几个问题的探讨》，《体育科学》1996年第

4 期。

程杰、樊六东：《对高校网球课采用分级教学的实验研究》，《南京体育学院学报》2005 年第 8 期。

陈正：《世界网球女双发展趋势及我国网球女双发展对策》，《北京体育大学学报》2005 年第 7 期。

程毅：《网球课程序教学法中两种形式与效果的研究》，《沈阳体育学院学报》2005 年第 3 期。

程云峰等：《乒乓球技术教学的 FUZZY 综合评判》，《哈尔滨体院学报》1995 年第 3 期。

郭立亚、邬孟君、严世刚、陈马强：《中外优秀女子网球运动员身体形态特征的对比分析》，《西南师范大学学报》2010 年第 6 期。

郭仲熙、张瑛秋：《中国优秀青少年乒乓球运动员身体素质训练水平综合评价研究》，《体育科学》2004 年第 5 期。

海涛：《运动技能学习和掌握的心理过程分析》，《内蒙古电大学刊》2002 第 6 期。

何辉：《优秀网球运动员正手击球肌肉用力表面肌电特征分析》，《北京体育大学学报》2011 年第 7 期。

黄刚强：《我国优秀青少年男子网球运动员身体素质训练水平综合评价的研究》，《西南科技大学学报：哲学社会科学版》2006 年第 3 期。

黄刚强：《我国优秀青少年男子网球运动员身体素质训练水平综合评价的研究》，《西南科技大学学报》2006 第 9 期。

黄丽芳：《程序教学法在体育教学中的应用》，《山东体育科技》1997 年第 2 期。

季敦山：《高校网球运动的发展现状与对策》，《体育成人教育学刊》2005 年第 5 期。

贾文伟：《平行递进式网球教学模式初探》，《渤海大学学报》2004 年第 6 期。

江明非：《网球双手反手击球技术分析及其训练方法》，《山东体育科技》2002 年第 9 期。

姜斌、白侠：《浅谈网球运动的体能训练》，《北京体育大学学报》2007 年第 1 期。

蒋伟皓：《现代网球运动技术模式研究》，《广州体育学院学报》2005 年。

蒋伟浩：《1994—2004 年我国网球运动的科研发展现状与分析》，《成都体育学院学报》2005 年第 3 期。

蒋中伟：《关于提高网球平击发球成功率的研究》，《体育科学》2000 年第 7 期。

骄莉华：《当代网球训练理念与方法思考》，《南京体育学院学报(自然科学版)》2010 年第 9 期。

金胜真：《第六届城市运动会男子网球运动员单打战术分析》，《体育成人教育学刊》2010 年第 2 期。

寇恒：《网球运动员体能训练方法及手段的研究》，《山西体育科技》2010 年第 3 期。

赖炳森：《1993—2000 年我国网球科研状况分析》，《辽宁体育科技》2003 年第 2 期。

蓝荣：《体育运动领域中“体适能”概念的产生及其影响》，《广州体育学院学报》2004 年第 24 期。

李唤春、和向东：《网球技术体系之构建研究》，《玉溪师范学院学报》2009 年第 8 期。

李靖：《少年女子网球运动员身体素质训练探索》，《湖北体育科技》2008 年第 1 期。

李可可：《湖北省备战 2008 奥运会实力与对策研究》，《武汉体育学院报》2003 年第 5 期。

李强、范洪彬：《浅析当前我国竞技运动项目体能训练中的几个热点问题》，《体育科技文献通报》2006 年第 18 期。

李庆友、俞继英、张忠秋：《网球接发球研究》，《中国体育科技》

2006 年第 5 期。

李庆有、俞继英、叶飞：《网球运动员体能训练若干理论问题的探讨》，《武汉体育学院学报》2006 年第 10 期。

李之文：《体能概念探讨》，《解放军体育学院学报》2001 第 3 期。

梁幼敬：《运动技能形成的心理特点》，《河北：河北理工学院学报》2003 年第 5 期。

林克明、张恒睿、胡奥森：《男子网球双打比赛中战术运用探析》，《体育世界(学术版)》2018 年第 11 期。

刘卉：《网球大力发球技术的运动生物力学原理》，《北京体育大学学报》2000 年第 23 期。

刘晋等：《FUZZY 综合评价在篮球战术评分中的应用》，《天津体院学报》1992 年第 4 期。

刘青、唐小林、王良佐等：《对 2004 年法国网球公开赛我国女子双打技、战术水平的分析》，《北京体育大学学报》2005 年第 1 期。

刘笑非：《如何提高双手反手击球能力》，《锦州师范学院学报》2002 年第 3 期。

刘颖：《试论网球进攻战术中的双手反拍》，《四川体育科学》1997 年第 1 期。

刘祖辉、刘同为：《递进加难创新法在武术套路难度动作创新中的运用研究》，《中国体育科技》2005 年第 3 期。

陆永江：《高校网球选项课的特点及教学探讨》，《安徽体育科技》2005 年第 6 期。

穆亮、张强：《中国轮椅冰壶队战术能力综合评价》，《体育文化导刊》2015 年第 4 期。

欧超、吴宁霜：《2006 年法网中外女子网球运动员比赛技术统计分析与评价》2007 年第 3 期。

庞庆军、李银萍：《现代网球技术分类体系的初步构建》，《吉林体育学院学报》2008 年。

彭志雄：《多元智能理论在网球教学中的运用》，《体育科技文献通报》2009 年第 1 期。

覃朝玲：《职业网球运动员与业余网球运动员心理能力研究分析》，《武汉体育学院学报》1996 年第 6 期。

任林峰：《新形势下对普通高校网球课教法的探讨》，《福建体育科技》2002 年第 4 期。

佘敏克：《女排二传队员分球战术判断能力测评方法的研究》，《体育科学》1990 年第 2 期。

申淳：《网球运动发球动作过程中肌肉电生理变化》，《中国组织工程研究与临床康复》2008 年第 7 期。

师长清：《对速度力量训练的基本方法与手段的探讨》，《西安体育学院学报》2002 年特刊第一期。

史为临：《关于中国青少年网球运动员训练的几点思考》，《山东体育学院学报》2000 年第 4 期。

孙平等：《体院排球专项一级运动员水平的测评》，《北京体育师范学院学报》1993 年第 1 期。

孙玉宁：《现代网球运动优秀选手必需具备的条件》，《南京体育学院学报》2001 年。

谭沃杰：《探讨网球教学与训练中的意识培养》，《体育与科学》1997 年第 5 期。

陶志翔：《对网球发球体系的研究》，《北京体育大学学报》2004 年。

陶志翔：《中国竞技网球运动现状及其发展对策的研究》，《北京体育大学学报》2005 年第 6 期。

田广、冉清泉、赵凯丰：《世界优秀女子网球运动员身体形态、年龄、球龄特征分析》，《北京体育大学学报》2011 年第 9 期。

田丰：《优秀网球运动员身体形态特征的研究》，《沈阳体育学院学报》2004 年第 2 期。

田麦久：《试论竞技能力决定因素之分析》，《北京体育科技》

1984 年。

田麦久：《运动员竞技能力结构》，《北京体育科技》1984 年。

田麦久：《我国运动训练学理论体系的新发展》，《北京体育大学学报》2005 年。

田野：《从耗散结构理论看竞技体育的发展方向》，《体育科学》1993 年。

汪康乐、邰崇禧：《体育技术动作教学方法创新的基本规律》，《南京体育学院学报》2003 年。

王保成、匡鲁彬、谭朕斌：《篮球运动员体能训练的评价指标与指标体系的研究》，《中国体育科技》2002 年第 2 期。

王海明：《网球双打运动员战术意识诊断指标体系的构建》，《武汉体育学院学报》2011 年第 3 期。

王君等：《我国 u-23 岁足球队技战术训练质量综合评价的研究》，《西安体院学报》1999 年第 1 期。

王社雄、刘锋、尹少丰：《网球运动员选材模糊评估系统的构建与探讨》，《北京体育大学学报》2007 年第 11 期。

王兴、蔡犁、司虎克等：《影响我国竞技体育发展的主要因素》，《上海体育学院学报》1999 年第 1 期。

王兴：《论体能类项目优秀运动员体能模型的理论架构》，《广州体育学院学报》2001 年第 5 期。

王兴通、郭培民：《论网球运动与体能训练》，《吉林体育学院学报》2008 年第 3 期。

王学华：《我国网球运动与世界水平的差距及其发展对策》，《山东体育学院学报》2000 年第 3 期。

王者礼：《对青少年网球运动力量素质训练的再认识》，《大连大学学报》1997 年第 3 期。

熊斗寅：《浅析体能概念》，《解放军体育学院学报》2000 年第 1 期。

严波涛、吴延禧：《网球发球技术的生物力学分析》，《体育科学》

2000 年第 7 期。

严波涛:《网球发球动作和基本技术模式》,《中国体育科技》2001 年第 10 期。

严进洪:《网球运动员反应判断与自信心的研究》,《中国体育科技》2008 年第 6 期。

杨京洲:《优秀网球运动员身高、体重和克托莱指数特征的研究》,《体育成人教育学刊》2005 年第 3 期。

杨靖:《运动训练网球教学方法论》,《南京体育学院学报》2004 年第 12 期。

杨骐玮:《对网球优秀男子选手技术指标的比较分析》,《体育成人教育学刊》2010 年第 6 期。

于辉:《网球运动员专项身体素质训练浅析》,《内蒙古体育科技》2006 年第 2 期。

虞力宏:《高校网球课教学改革与实践》,《浙江体育科学》1995 年第 4 期。

袁运平:《运动员体能与专项体能特征的研究》,《体育科学》2004 年第 24 期。

赵伟科:《网球运动员正手击球肌肉用力表面肌电特征研究》,《中国体育科技》2003 年第 5 期。

甄新喜、李竹青:《竞技网球运动项目体能训练特征研究》,《广州体育学院学报》2010 年第 1 期。

张青、安卓炯:《论"逆向教学法"的优势所在》,《广州体育学院学报》2003 年第 4 期。

张志华、周建梅、黄香伯:《我国青少年网球运动员身体素质特征研究》,《北京体育大学学报》2009 年第 12 期。

郑念军:《竞技能力新论》,《西安体育学院学报》2001 年第 1 期。

钟伯光:《运动员体能结构特征分析》,《南京体育学院学报》2007 年第 2 期。

周晨、朱杰：《青少年女子网球运动员体能训练的实践》，《南京体育学院学报(自然科学版)》2007 年第 2 期。

周启亭：《网球正反手击球的教学方法》，《体育函授》1994 年第 3 期。

周映春、陈贵奇、刘兴鹏：《高校高水平乒乓球运动员心理训练方法的研究》，《沈阳体育学院学报》2007 年第 5 期。

卓建南、尹少丰：《基于可拓评价方法的运动员竞技能力状态诊断——以羽毛球优秀运动员为例》，《体育学刊》2013 年第 6 期。

著作

陈及治等：《体育统计》，人民体育出版社 2002 年版。

冯连世、李开刚：《运动员机能评定常用生理生化指标测试方法及应用》，人民体育出版社 2002 年版。

冯连世、冯美云、冯炜权：《优秀运动员身体机能评定方法》，人民体育出版社 2003 年版。

根本勇、林栋译：《运动训练的基本原则》，1987 年版。

过家兴等：《运动训练学》，中国体育科学学会组编，1983 年版。

过家兴：《运动训练学》，人民体育出版社 1986 年版。

过家兴：《运动训练学》，北京体育大学出版社 1991 年版。

李俊、杜刘大庆：《运动员竞技能力结构特点与基础训练方法》，北京体育大学出版社 2006 年版。

利民编译：《美国青少年网球运动员的培养》，《羽毛球-网球》1991 年第 4 期。

刘巍：《东北高校排球运动员专项体能评价指标体系研究》，东北师范大学 2005 年版。

刘星亮：《体育测量与评价》，北京燕山出版社 2002 年版。

马冬梅：《运动训练学基础》，北京体育大学出版社 1983 年版。

陶志翔等：《学会打网球》，民主与建设出版社 1999 年版。

田麦久、武福权等：《运动训练科学化探索》，人民体育出版社1988年版。

田麦久：《项群训练理论》，人民体育出版社1998年版。

田麦久：《运动训练词解》，北京体育大学运动训练教研室，1999年。

田麦久：《运动训练学》，人民体育出版社2000年版，第295页。

王清：《我国优秀运动员竞技能力状态诊断和检测系统的研究与建立》，人民体育出版社2008年版。

王家正：《网球基本技战术》，人民体育出版社2003年版。

吴忠冠等译：《运动计量学》，人民体育出版社1988年版。

谢敏豪、张一民：《运动员基础训练指南》，北京体育大学出版社2006年版。

刑文华、李晋裕、马志德贺东、曾令嘉、高景麟：《体育测量与评价》，北京体育出版社1985年版。

刑文华：《体育测量与评价》，北京体育出版社1985年版。

徐本力：《运动训练学》，山东教育出版社1990年版。

张志军：《对中国网球现状和发展的几点意见》，网球天地1996年。

[苏]纳巴特尼科娃等：《少年运动员训练控制原理》，江苏体育科学学会1982年版。

普拉托若夫：《运动训练的理论与方法》，武汉体育学院编译，1986年。

学位论文

陈石：《网球正手击球动作下肢的生物力学特征分析》硕士毕业论文，北京体育大学，2010年。

胡启权：《我国优秀青年网球选手正手大力击上旋球动作的生物力学分析》，硕士毕业论文，北京体育大学，2007年。

刘卉：《我国优秀青年女子网球选手大力发球技术的生物力学分析》，硕士毕业论文，北京体育大学，1998年。

刘煜：《我国少年网球运动员心理控制能力指标构建与评价》，硕士毕业论文，吉林大学，2009 年。

马顺江：《网球发球速度力量练习方法的研究》，硕士学位论文，华中师范大学，2008 年。

宋礼栋：《山东省专业男子网球运动员冬训期间身体机能状况的分析研究》，硕士学位论文，山东体育学院，2014 年。

田建伟：《网球无下引拍发球技术特点的研究》硕士学位论文，苏州大学，2008 年。

宛春宁：《我国优秀青年女子网球运动员正手抽球技术的生物力学分析》硕士毕业论文，北京体育大学，1998 年。

王举涛：《中国优秀男子举重运动员核心竞技能力评价与诊断体系的研究》，博士学位论文，山西大学，2012 年。

余红亮：《对网球运动战术意识培养策略的探讨》硕士毕业论文，四川师范大学，2009 年。

张小军：《对我国优秀女子网球运动员力量训练的探讨》，硕士学位论文，北京体育大学，2006 年。

报纸

加德纳：《智能的结构》，光明日报出版社 1990 年版。

会议

方兴：《网球发球的三维录像分析》，第八届全国运动生物力学学术会议论文摘要，1996 年。

《网球发球的三维录像分析》，第八届全国运动生物力学学术会议论文摘要，1996 年。

外文文献

Advanced Coaches Manual，International Tennis Federation，ITF Ltd.

Ansatz, Hagedorn G, Karl H, Bos K. Handeln im Sport. Clausthal-Zellerfeld, Dt . Verein. Fur Sportwiss, No. 18, 1985, pp. 189-196.

Antonio Martinez Cascales. , "tactics for advanced clay court tennis" 10th year issue 27. August 2002.

Austin. D. A, "developing an winning singles strategy scholastic coach" February. pp. 96-101, 1980.

Bandura, "Systembeziehungen korperlicher Fahigkeiten und Fertigkeiten." Theorie und Praxis der Korperkult, No. 17, 1996: pp. 32-38.

Beerman J, Sher L, "Improve Tennis Serve Through Mathematics", Journal of Health, Physical Education And Recreation, No. 9, 1981, p. 55.

Blackwell. J. R, Cole. K. J, "wrist kinematics differ in expert and novice tennis players performing the backhandstroke: implication for tennis elbow", Journal of biomechanics. Vol 27, No. 55, 1994.

Blievernicht. J. G, "accuracy in the tennis forehand drive: cinematographic analysis.", Research Quarterly.

BOS K, "Handbuch sportmotorischer Tests", Gottingen, 1987.

BOS K, MECHLING H, "Dimensionen sportmotorischer Leistungen als Grundlage fur einen fahigkeitsorientierten Ansatz", Hagedorn G, Karl H, Bos K. Handeln im Sport. Clausthal-Zellerfeld, Dt. Verein. Fur Sportwiss, No. 18, 1985, pp. 189-196.

Craig Tiley. a winning game plan for all-court players. 10th year issue 27. August 2002.

Cunha J, Ú Martins, Gomes D, et al, "Characteristics of Energy Metabolism in Modern Tennis Matches : case report" British Journal of Sports Medicine, Vol 5 No. 1, 2016, pp. 56-57.

Darrem Cabill, Tactics of the baseline player. coaching & sport science review. 10thyear issue 27. August 2002.

Elliott B & Marsh T, "A Three Dimensional Cinematographic Analysis of The Tennis Serve "International Journal of Sport Biomechanics, No. 2, 1986, pp. 260-271.

Elliott. B. C. Marsh. A. P. & Overheu. P. R, "the mechanics of the lendl and conventional tennis forehands: a coach's perspective. sport coach.", October-December. 4-8, 1987.

Elliott B, Wood GA, "The Biomechanics of the Foot-up and Foot-back Tennis Serve Techniques" Australian Journal of Sports Science, No. 2, 1983.

Elllot, Grabiner, Missavage. " Sportwissenschaftliches Lexikon. 5 ", neu bearbeitete Auflage. Schorndorf, 1982.

FISCHER G H, "Einfuhrung in die Theorie psychologischer Tests." Ben, 1974.

FLEISHMAN E A, "The Structure and Measurement of Physical Fitness", 1964.

FREY G, "Zur Terminologie und Struktur physischer Leistungsfaktoren und motorischer Fahigkeiten", Leistungssport, No. 15, 1977, pp. 339-362.

Gillet B, Begon M, Sevrez V, et al, "Research on energy supply system of high level tennis players" Journal of Athletic Training, Vol 52, No. 2, 2018, pp. 62-65.

HARRE D, "Trainingslehre", Berlin, 1976.

Hartmarm, "the return of serve" ITF coaching & sport science review, 9th year issue 24. July 1996.

HEYWARD V H, "Advanced Fitness Assessment and Exercise Prescription", Illinois, 1991.

Hughes. M. & Clarke. S, surface effect on elite tennis strategy, 1995.

Ivo Van Aken., "tactics specific to the female game", 10th year issue. 27 August 2002.

Jack Groppel, ITF coaching & sport science review. 9thyear issue 24, July 2001

LETZELTER M, “Trainingsgrundlagen”, Reinbek: Rowohlt, 1978.

LTA, “Cutoff criteria for fit indexes in covariance structure analysis: Conventional crlterla versus new alternatives Structural Equation Modeling” 1995.

MARTIN D, CARL K, LEHNERTZ K, “Handbuch Trainingslehre”, Schorndorf, 1991.

MARTIN D, “Grundlagen der Trainingslehre”, Schorndorf, 1977.

MATWEJEW L P. Grundlagen ges sportlichen Trainings. Berlin, 1981.

MECHLING H, BOS K, “Ein fahigkeitsorientierter Ansatz zur Erklarung sportmotorischer”, Leistungen Sportwissenschaft, No. 14, 1984, pp. 32-49.

MEINEL K, SCHNABEL G, “Bewegungslehre”, Berlin, 1976.

RAPP G, SCHODER G, “Motorische Testverfahren”, Stuttgart, 1977.

Rich R L, Struminger A H, Tucker W S, et al, “Research on energy metabolic system ın Tennis Players”, Journal of Athletic Training, Vol 51, No. 1, 2017, pp. 47-49.

ROTHIG P, “Sportwissenschaftliches Lexikon” 6 vollig neu bearbeitete, Auflage, Schorndorf, 1992.

SCHURR M, “Leistungssport-Herausforderung”, fur die Sportwissenschaft. S, chorndorf, 1991.

Sven Groeneveld, the net rusher and serve volleyer-a dying breed of big point opportunists. 10th year issue 27.

THIESS G, SCHNABEL G, BAUMANN R, “Training von A bis Z”, Berlin, 1980.

Van Ghelywe, B, Hebbelinck, M, “Die Bewegungseigenschaften und ihre Komplexitat.”Theor. Prax. Korperkult, No. 14, 1986, pp. 481-495.

Vescovi J D, "Acute: chronic training loads in tennis: which metrics should we monitor", British Journal of Sports Medicine, Vol 51, No. 18, 2007, pp. 45-48.

WEINECK J, "Optimales Training", Erlangen, 1983.

WERSCHOSHANSKIJ J W, "Effektiv trainieren", Berlin, 1988.

ZACIORSKIJ V M, "Die korperlichen Eigenschaften des Sportlers", Berlin, 1972.

附件1　青少年男子网球运动员竞技能力综合指标的问卷调查表

尊敬的专家：您好！

本课题是针对“青少年男子网球运动员竞技能力特征及评价体系”进行的研究，您是我国网球教学训练或者运动训练理论方面的专家，恳切希望您在百忙中抽空填写该问卷，您的见解将对本课题的研究具有重要作用。衷心感谢您的支持和帮助！

本次调查将尊重您的个人隐私，您的回答将严格保密，所有回答只用于统计分析。

课题主持人：

联系方式：

联系电话：

★ 填表要求：1 请您在符合的选项序号或空格内打“✓”。

● 专家基本情况

您的姓名____________　性别：　① 男　② 女

学历：① 博士　② 硕士　③ 本科　④ 专科

专家职称：① 教授　② 副教授　③ 讲师

(或)教练员等级：① 国家级　②高级　③ 中级

工作单位：________________ 执教专项：________________

联系电话：________________ E-mail：________________

1. 网球运动员竞技能力方面：

您认为在网球运动员选材中，下列指标的重要程度如何，请选择(在入选栏内打“✓”)

一级指标	非常重要	重要	比较重要	一般	不重要
(1)身体形态					
(2)身体机能					
(3)身体素质					
(4)运动技术					
(5)心理特征					
(6)战术素养					
(7)恢复能力					
(8)运动员文化水平					
(9)负荷承受能力					
(10)其他					

如果您认为还有没提及的指标请填写在下面横线上，并将所选指标按重要程度排序：________________________________

2. 运动员身体形态方面：

您认为在网球运动员选材中，下列形态指标的重要程度如何，请选择(在入选栏内打“✓”)

	身体形态	非常重要	重要	比较重要	一般	不重要
长度指标	身高					
	指间距					
	坐高					
	上肢长					
	前臂加手长					
	下肢长					
	跟腱长					
	足长					
	上肢长/身高×100					
	指间距/身高×100					
	下肢长/身高×100					
	小腿长+足高/身高×100					
	坐高/身高×100					
	(身高-坐高)/坐高×100					
	手长/身高×100					
宽度指标	胸围					
	腰围					
	臀围					
	足踝围					
	胸围/身高×100					
	小腿围/身高×100					
	大腿围/身高×100					
	上臂围松紧差/身高×100					
	胸围-1/2 身高					
	肩宽					
	髋宽					
	肩宽/身高×100					
	手宽/手长×100					
	足宽/足长×100					

续表

	身体形态	非常重要	重要	比较重要	一般	不重要
充实度指标	体重					
	体重/身高×1000					
	(体重+胸围)/身高×100					
体型指标	(肩宽-髋宽)/髋宽×身高					
体成分指标	上臂部皮褶厚度					
	腹部皮褶厚度					
	肩胛下角皮褶厚度					
	身体水分含量					
	体脂肪含量					
	肌肉量推测值					
	去脂体重					
	体脂百分数					
	WHR					
	BMR					
	BMI					

如果您认为还有没提及的指标请填写在下面横线上，并将所选指标按重要程度排序：________________________________

3. 运动员身体机能方面：

您认为在网球运动员选材中，下列身体机能指标的重要程度如何，请选择(在入选栏内打“✓”)

	身体机能	非常重要	重要	比较重要	一般	不重要
循环机能	心功能指数					
呼吸机能	肺活量比					
	脉压差					
	台阶指数					
	安静脉搏					
	收缩压					
	舒张压					
	肺活量					
神经机能	反应时					

如果您认为还有没提及的指标请填写在下面横线上，并将所选指标按重要程度排序：________________________

4. 运动员身体素质方面：

您认为在网球运动员选材中，下列身体素质指标的重要程度如何，请选择(在入选栏内打“√”)。

	身体素质	非常重要	重要	比较重要	一般	不重要
速度素质	30 米跑					
	扇形跑					
力量素质	握力					
	背力					
	立定跳远					
	原地纵跳					
	五级蛙跳					

续表

	身体素质	非常重要	重要	比较重要	一般	不重要
耐力素质	800 米跑					
	3000 米					
柔韧素质	坐位体前屈					
	正手侧摸背					
	反手侧摸背					
灵敏素质	左边线折返冲刺跑					
	右边线折返冲刺跑					
协调素质	一分钟双摇跳绳					
	闭眼单脚站立					

如果您认为还有没提及的指标请填写在下面横线上，并将所选指标按重要程度排序：________________________________

5. 运动员运动技术方面：

您认为在网球运动员选材中，下列运动技术指标的重要程度如何，请选择(在入选栏内打“✓”)

运动员网球技术	非常重要	重要	比较重要	一般	不重要
发球技术					
接发球技术					
底线击球技术					
上网和或者网前技术					
对方在网前或是上网的穿越技术					
其他技术					

您认为还有其他一些没有列出又比较重要的技术的请在下面横线中写出，并注明重要程度：________________________________

请根据上表您的选择对应下表，您认为哪些评估指标能够反应网球运动员的单项技术，在相应的指标上打"✓"。

发球技术	一发次数；一发成功百分比；一发得分；二发；双误
接发球技术	直接得分；失分；破发成功；接发球得失分综合百分比
底线击球技术	主动得分；非受迫性失误(失分)；运用抽球技术得失分综合百分比
上网和或者网前技术	平均每盘使用次数；成功次数；失败次数；网前主动拦截得分百分比
对方在网前或是上网的穿越技术	平均每盘使用次数；成功次数；失败次数；中前场拦截得分百分比
其他技术	

6. 运动员运动战术方面：

您认为在网球运动员选材中，下列运动战术指标的重要程度如何，请选择(在入选栏内打"✓")

运动员网球技术	非常重要	重要	比较重要	一般	不重要
主动得分					
前四拍和相持阶段得失分					
其他战术					

您认为还有其他一些没有列出又比较重要的技术的请在下面横线中写出，并注明重要程度：________________________________

请根据上表您的选择对应下表，您认为哪些评估指标能够反应网球运动员的单项战术，在相应的指标上打“✓”。

主动得分	平均每盘本方得失分；主动得分百分比；主被动失分百分比
前四拍和相持阶段得失分	平均每盘本方得失分；前四拍得分百分比；相持阶段得分百分比

您认为还有其他一些没有列出又比较重要的战术指标的请在下面横线中写出，并注明重要程度：______________________________

7. 运动员运动心理方面：

您认为在网球运动员选材中，下列心理特征指标的重要程度如何，请选择(在入选栏内打“✓”)

心理特征	非常重要	重要	比较重要	一般	不重要
(1)对网球运动的强烈兴趣(高)					
(2)竞赛所需的意志力(强)					
(3)运动神经类型(稳定、灵活)					
(4)运动员的注意力					
(5)运动员的人格特征(优秀)					
(6)运动员的智商(高)					
(7)运动员的赛前情绪(稳定)					
(8)运动员对运动成绩的态度					
(9)运动员自我表现力(强)					
(10)自信水平					
(11)气质类型					
(12)运动员自我描述					
(13)其他					

如果您认为还有没提及的指标请填写在下面横线上，并将所选指标按重要程度排序：________________________________

请根据上表您的选择对应下表，您认为哪些评估指标能够反映网球运动员的单项心理，在相应的指标上打“✓”。

神经类型	简单反应；辨别反应；复杂反应二；复杂反应四；翻转反应时
操作思维	河内塔步数；时间
意志	意志总分
气质	气质类型

您认为还有其他一些没有列出又比较重要的心理指标的请在下面横线中写出，并注明重要程度：________________________________

8. 运动员运动智能方面：

您认为在网球运动员选材中，采用智力总分对运动员的运动智能进行评价，您的观点是________________________________

① 非常赞成；② 比较赞成；③ 一般 ；④ 不太赞成；⑤ 不赞成 。

您认为还有其他一些没有列出又比较重要的评定运动智能指标的请在下面横线中写出，并注明重要程度：______________________

9. 您对本问卷以及评价指标的筛选还有哪些意见?

____

____

____

____

再次衷心地感谢您的支持与帮助!!

附件2 《青少年男子网球运动员竞技能力综合指标问卷》效度检验表

尊敬的专家：您好！

本课题是针对“青少年男子网球运动员竞技能力特征及评价体系”进行的研究，您是我国网球教学训练或者运动训练理论方面的专家，恳切希望您在百忙中抽空填写该问卷，您的见解将对本课题的研究具有重要作用。衷心感谢您的支持和帮助！

本次调查将尊重您的个人隐私，您的回答将严格保密，所有回答只用于统计分析

课题主持人：

联系方式：　　　　联系电话：

★注：不回答问卷的具体问题，只对问题的有效性进行判别

- 专家基本情况

1. 您的姓名
2. 性别：　①男　②女
3. 学历：①博士　②硕士　③本科　④专科
4. 专家职称：①教授　②副教授　③讲师

(或)教练员等级：①国家级 ②高级 ③中级

5. 工作单位：______________ 6. 执教专项：______________

7. 联系电话：______________ 8. E-mail：______________

对调查者的基本情况的设计是否充分

效果 内容	很充分	充分	一般	不太充分	不充分
1—8					

1. 网球运动员竞技能力方面：

您认为在网球运动员选材中，下列指标的重要程度如何，请选择(在入选栏内打“✓”)

一级指标	非常重要	重要	比较重要	一般	不重要
(1)身体形态					
(2)身体机能					
(3)身体素质					
(4)运动技术					
(5)心理特征					
(6)战术素养					
(7)恢复能力					
(8)运动员文化水平					
(9)负荷承受能力					
(10)其他					

如果您认为还有没提及的指标请填写在下面横线上，并将所选指标按重要程度排序：______________________________

对网球运动员竞技能力指标的选取及评定是否有效

效果 内容	很有效	有效	一般	不太有效	无效
(1)—(10)					

您的补充意见是：______________________

2. 运动员身体形态方面：

您认为在网球运动员选材中，下列形态指标的重要程度如何，请选择(在入选栏内打“✓”)

	身体形态	非常重要	重要	比较重要	一般	不重要
长度指标	身高					
	指间距					
	坐高					
	上肢长					
	前臂加手长					
	下肢长					
	跟腱长					
	足长					
	上肢长/身高×100					
	指间距/身高×100					
	下肢长/身高×100					
	小腿长+足高/身高×100					
	坐高/身高×100					
	(身高-坐高)/坐高×100					
	手长/身高×100					

续表

	身体形态	非常重要	重要	比较重要	一般	不重要
宽度指标	胸围					
	腰围					
	臀围					
	足踝围					
	胸围/身高×100					
	小腿围/身高×100					
	大腿围/身高×100					
	上臂围松紧差/身高×100					
	胸围-1/2 身高					
	肩宽					
	髋宽					
	肩宽/身高×100					
	手宽/手长×100					
	足宽/足长×100					
充实度指标	体重					
	体重/身高×1000					
	(体重+胸围)/身高×100					
体型指标	(肩宽-髋宽)/髋宽×身高					
体成分指标	上臂部皮褶厚度					
	腹部皮褶厚度					
	肩胛下角皮褶厚度					
	身体水分含量					
	体脂肪含量					
	肌肉量推测值					
	去脂体重					
	体脂百分数					
	WHR					
	BMR					
	BMI					

如果您认为还有没提及的指标请填写在下面横线上，并将所选指标按重要程度排序：______________________________

对网球运动员竞技能力形态指标的选取及评定是否有效

内容＼效果	很有效	有效	一 般	不太有效	无效
形态指标					

您的补充意见是：____

3. 运动员身体机能方面：

您认为在网球运动员选材中，下列身体机能指标的重要程度如何，请选择(在入选栏内打“✓”)

	身体机能	非常重要	重要	比较重要	一般	不重要
循环机能	心功能指数					
呼吸机能	肺活量比					
	脉压差					
	台阶指数					
	安静脉搏					
	收缩压					
	舒张压					
	肺活量					
神经机能	反应时					

如果您认为还有没提及的指标请填写在下面横线上，并将所选指标按重要程度排序：______________________________

对网球运动员竞技能力机能指标的选取及评定是否有效

内容＼效果	很有效	有效	一 般	不太有效	无效
机能指标					

您的补充意见是：________________________________

4. 运动员身体素质方面：

您认为在网球运动员选材中，下列身体素质指标的重要程度如何，请选择(在入选栏内打“ √ ”)

	身体素质	非常重要	重要	比较重要	一般	不重要
速度素质	30 米跑					
	扇形跑					
力量素质	握力					
	背力					
	立定跳远					
	原地纵跳					
	五级蛙跳					
耐力素质	800 米跑					
	3000 米					
柔韧素质	坐位体前屈					
	正手侧摸背					
	反手侧摸背					
灵敏素质	左边线折返冲刺跑					
	右边线折返冲刺跑					
协调素质	一分钟双摇跳绳					
	闭眼单脚站立					

如果您认为还有没提及的指标请填写在下面横线上，并将所选指标按重要程度排序：______________________________

对网球运动员竞技能力素质指标的选取及评定是否有效

内容＼效果	很有效	有效	一般	不太有效	无效
素质指标					

您的补充意见是：____

5. 运动员运动技术方面：

您认为在网球运动员选材中，下列运动技术指标的重要程度如何，请选择(在入选栏内打“√”)

运动员网球技术	非常重要	重要	比较重要	一般	不重要
发球技术					
接发球技术					
底线击球技术					
上网和或者网前技术					
对方在网前或是上网的穿越技术					
其他技术					

您认为还有其他一些没有列出又比较重要的技术的请在下面横线中写出，并注明重要程度：______________________________

对网球运动员竞技能力技术指标的选取及评定是否有效

效果 内容	很有效	有效	一 般	不太有效	无效
技术指标					

您的补充意见是：______________________________

请根据上表您的选择对应下表，您认为哪些评估指标能够反应网球运动员的单项技术，在相应的指标上打“✓”。

发球技术	一发次数；一发成功百分比；一发得分；二发；双误
接发球技术	直接得分；失分；破发成功；接发球得失分综合百分比
底线击球技术	主动得分；非受迫性失误(失分)；运用抽球技术得失分综合百分比
上网和或者网前技术	平均每盘使用次数；成功次数；失败次数；网前主动拦截得分百分比
对方在网前或是上网的穿越技术	平均每盘使用次数；成功次数；失败次数；中前场拦截得分百分比
其他技术	

对网球运动员竞技能力技术评价指标的选取及评定是否有效

效果 内容	很有效	有效	一 般	不太有效	无效
技术评价指标					

您的补充意见是：______________________________

6. 运动员运动战术方面：

您认为在网球运动员选材中，下列运动战术指标的重要程度如何，请选择（在入选栏内打“√”）

运动员网球技术	非常重要	重要	比较重要	一般	不重要
主动得分					
前四拍和相持阶段得失分					
其他战术					

您认为还有其他一些没有列出又比较重要的技术的请在下面横线中写出，并注明重要程度：________________________

对网球运动员竞技能力战术指标的选取及评定是否有效

效果 内容	很有效	有效	一般	不太有效	无效
战术指标					

您的补充意见是：________________________________

请根据上表您的选择对应下表，您认为哪些评估指标能够反应网球运动员的单项战术，在相应的指标上打“√”。

主动得分	平均每盘本方得失分；主动得分百分比；主被动失分百分比
前四拍和相持阶段得失分	平均每盘本方得失分；前四拍得分百分比；相持阶段得分百分比

您认为还有其他一些没有列出又比较重要的战术指标的请在下面横线中写出，并注明重要程度：______________________________

对网球运动员竞技能力机能指标的选取及评定是否有效

内容＼效果	很有效	有效	一般	不太有效	无效
战术评定指标					

您的补充意见是：______________________________

7. 运动员运动心理方面：

您认为在网球运动员选材中，下列心理特征指标的重要程度如何，请选择（在入选栏内打“✓”）

心理特征	非常重要	重要	比较重要	一般	不重要
(1)对网球运动的强烈兴趣(高)					
(2)竞赛所需的意志力(强)					
(3)运动神经类型(稳定、灵活)					
(4)运动员的注意力					
(5)运动员的人格特征(优秀)					
(6)运动员的智商(高)					
(7)运动员的赛前情绪(稳定)					
(8)运动员对运动成绩的态度					
(9)运动员自我表现力(强)					
(10)自信水平					
(11)气质类型					
(12)运动员自我描述					
(13)其他					

如果您认为还有没提及的指标请填写在下面横线上，并将所选指标按重要程度排序：________________________________

对网球运动员竞技能力心理指标的选取及评定是否有效

效果／内容	很有效	有效	一般	不太有效	无效
心理指标					

您的补充意见是：____

请根据上表您的选择对应下表，您认为哪些评估指标能够反映网球运动员的单项心理，在相应的指标上打“✓”。

神经类型	简单反应；辨别反应；复杂反应二；复杂反应四；翻转反应时
操作思维	河内塔步数；时间
意志	意志总分
气质	气质类型

您认为还有其他一些没有列出又比较重要的心理指标的请在下面横线中写出，并注明重要程度：________________________________

对网球运动员竞技能力心理评价指标的选取及评定是否有效

效果／内容	很有效	有效	一般	不太有效	无效
心理评价指标					

您的补充意见是：____

8. 运动员运动智能方面：

您认为在网球运动员选材中，采用智力总分对运动员的运动智能进行评价，您的观点是＿＿＿＿＿＿

① 非常赞成；② 比较赞成；③ 一般；④ 不太赞成；⑤ 不赞成。

您认为还有其他一些没有列出又比较重要的评定运动智能指标的请在下面横线中写出，并注明重要程度：＿＿＿＿＿＿＿＿

对网球运动员竞技能力智能的选取及评定是否有效

效果 内容	很有效	有效	一般	不太有效	无效
智能指标					

您的补充意见是：＿＿＿＿＿＿＿＿＿＿＿＿＿＿＿＿＿＿＿＿

9. 您对本问卷以及评价指标的筛选还有哪些意见？

＿＿＿＿＿＿＿＿＿＿＿＿＿＿＿＿＿＿＿＿＿＿＿＿＿＿＿＿＿＿

＿＿＿＿＿＿＿＿＿＿＿＿＿＿＿＿＿＿＿＿＿＿＿＿＿＿＿＿＿＿

＿＿＿＿＿＿＿＿＿＿＿＿＿＿＿＿＿＿＿＿＿＿＿＿＿＿＿＿＿＿

＿＿＿＿＿＿＿＿＿＿＿＿＿＿＿＿＿＿＿＿＿＿＿＿＿＿＿＿＿＿

★ 您对本问卷的总体看法是：

问卷的内容：很充分（　）；充分（　）；一般（　）；不充分（　）；很不充分（　）。

问卷的结构：很合理（　）；合理（　）；一般（　）；不合理（　）；很不合理（　）。

再次衷心地感谢您的支持与帮助!!!

附件3　网球运动员竞技能力指标权重调查问卷

尊敬的教练员、专家：

您好！我国竞技体育若要在奥运会上取得成功，则必须从选材入手做好精心准备。您是网球运动方面的专家，对本项目的选材与训练有着丰富的经验。

本问卷主要想了解您对网球运动员竞技能力指标及权重的观点和意见。对于您的帮助和支持表示真诚的谢意！

(1)对有备选答案的问题，请您在答案编号上画"∨'：

(2)如果没有备选答案，请在问题后的横线上写上简单的文字或数字。

表1　**一级指标及其权重**

一级指标	参考权重	同意	不同意	修改意见
身体形态	0.10			
运动素质	0.20			
身体机能	0.15			
技能	0.15			
体能	0.20			
心理能力	0.10			
智能	0.10			

附件4　结构访谈提纲

1. 您认为网球运动员青少年的年龄区间是多少？

2. 面向中国网球后备力量选择的理想年龄区间？

3. 中国网球运动员一般始训年龄、成材年限和一般退役年龄？

4. 你认为网球项目对运动员能力有哪些要求？

5. 您认为哪些素质指标可作为选材的指标体系？

6. 您认为网球运动对运动员的心理有哪些要求？

7. 请您描述网球运动员的理想形态？

8. 您认为哪些机能指标可作为选材的指标体系？

9. 请您描述网球运动的合理技术、哪些是关键的技术？目前我国优秀运动员的技术主要的弱点是什么？青少年运动员应如何训练和发展技术？如何对运动员的技术进行评价？

10. 您认为网球运动员在比赛中有哪些常用战术？如何培养和提高运动员的战术水平？如何评价运动员的战术能力？

11. 哪些负荷承受能力在拳击训练中最重要？

12. 如何评价运动员承受负荷的能力？

附件5　14~18岁青少年网球运动员竞技能力指标专家咨询表

	一级指标		二级指标
竞技能力	体能	形态	身高、上肢长、指间距、足长、大腿围指数、肩宽、体重、体型指数、身体水分含量、去脂体重、肌肉量推测值
		素质	三十米跑、扇形跑、3000米、握力、背力、立定跳远、原地纵跳、坐位体前屈、正手侧摸背、反手侧摸背、一分钟双摇跳绳、闭眼单脚站立、左边线转前冲刺跑、右边线折返冲刺跑
		机能	肺活量/体重、脉压差、收缩压、台阶指数、舒张压、肺活量、反应时
	技能	技术	一发成功次数百分比、接发球得失分综合百分比、运用抽球技术得失分综合百分比、网前主动拦截得分百分比、中前场拦截得分百分比
	战术能力	战术	主动得分百分比、前四拍得分百分比、相持阶段得分百分比
	心理能力	神经类型	翻转反应时
		操作思维	河内塔步数
		意志品质	意志品质
	智能	气质类型	气质类型
		智力评定	智力总分

附件 6　BTL—YZ—Ⅰ测试问卷

以下是运动员生活、训练和比赛情况的一些描述。每一题目右边提供七个选项(见下表)，请你仔细阅读每一题，然后根据自己的实际情况，尽可能准确地选择一个，并在相应的选项上画“√”(请参看例题)。题目没有对错之分，请在 15 分钟之内做完。谢谢合作!

例题:

我今天的心情非常好。① ② ③ ④ ⑤ ⑥ ⑦

如果你认为非常符合就在⑥上打“√”(见右例)

如果你认为不太符合就在③上打“√”。

姓名:________　性别:____　年龄:____　运动专项:________

运动级别:测试日期:

①完全不符　②很不符合　③不太符合　④说不清楚　⑤比较符合　⑥非常符合　⑦完全符合

1. 凡已制订的目标，一般我都能达到。

　① ② ③ ④ ⑤ ⑥ ⑦

2. 训练场地设施不好，我的积极性就会受影响。

　① ② ③ ④ ⑤ ⑥ ⑦

3. 我自知有明显缺点，但却很难彻底纠正。

　① ② ③ ④ ⑤ ⑥ ⑦

4. 不管多大的烦心事，一到训练场上我就不再想它。

　① ② ③ ④ ⑤ ⑥ ⑦

5. 经常比赛失利，我会怀疑自己是否适合当职业运动员。

① ② ③ ④ ⑤ ⑥ ⑦

6. 训练中，我经常感到时间过得很慢。

① ② ③ ④ ⑤ ⑥ ⑦

7. 生活中规章制度太多，都要遵守怕是困难的。

① ② ③ ④ ⑤ ⑥ ⑦

8. 教练严厉，反使我对他心生敬意。

① ② ③ ④ ⑤ ⑥ ⑦

9. 每临重大比赛，我常想“豁出去了”。

① ② ③ ④ ⑤ ⑥ ⑦

10. 异地参赛，我难以保持情绪稳定，作息自如。

① ② ③ ④ ⑤ ⑥ ⑦

11. 每临重大比赛，我常常心绪不宁。

① ② ③ ④ ⑤ ⑥ ⑦

12. 凡事我喜欢计划安排。

① ② ③ ④ ⑤ ⑥ ⑦

13. 发生严重伤病时，我常想到退役。

① ② ③ ④ ⑤ ⑥ ⑦

14. 最难战胜的是凶狠的对手而不是自己。

① ② ③ ④ ⑤ ⑥ ⑦

15. 每当比赛不顺，我想改变战术，可又不能痛下决心。

① ② ③ ④ ⑤ ⑥ ⑦

16. 我的日常生活很随意，常常改变。

① ② ③ ④ ⑤ ⑥ ⑦

17. 天生我材必有用。

① ② ③ ④ ⑤ ⑥ ⑦

18. 我不知道自己将来能否成为世界冠军。

① ② ③ ④ ⑤ ⑥ ⑦

19. 枯燥、单调的训练，令人易生厌倦。

① ② ③ ④ ⑤ ⑥ ⑦

20. 比赛就要争先，认拼不认命。

① ② ③ ④ ⑤ ⑥ ⑦

21. 比赛到了关键时刻，我敢用绝招，即使输了也不怕。

① ② ③ ④ ⑤ ⑥ ⑦

22. 训练、比赛出现意外情况，我都能沉着应对。

① ② ③ ④ ⑤ ⑥ ⑦

23. 我认为，比赛是运动员的节日。

① ② ③ ④ ⑤ ⑥ ⑦

24. 每个训练阶段，我都有具体目标。

① ② ③ ④ ⑤ ⑥ ⑦

25. 最累的时候，我常想：算了，别再坚持了。

① ② ③ ④ ⑤ ⑥ ⑦

26. 比赛越是白热化，我越能奋起咬住不放松。

① ② ③ ④ ⑤ ⑥ ⑦

27. 赛后总结，我常因错过机会而后悔。

① ② ③ ④ ⑤ ⑥ ⑦

28. 遇到裁判不公，我都能保持头脑清醒。

① ② ③ ④ ⑤ ⑥ ⑦

29. 没有困难的日子，将是不精彩的生活。

① ② ③ ④ ⑤ ⑥ ⑦

30. 在取胜渺茫的情况下，我可能放弃比赛。

① ② ③ ④ ⑤ ⑥ ⑦

31. 在集体生活中，我敢于承担责任。

① ② ③ ④ ⑤ ⑥ ⑦

32. 训练时间长了，我免不了会走神。

① ② ③ ④ ⑤ ⑥ ⑦

33. 比赛失败时我常想，人生总会有挫折的。

① ② ③ ④ ⑤ ⑥ ⑦

34. 竞技体育是残酷的，我很难相信绝对公平。

① ② ③ ④ ⑤ ⑥ ⑦

35. 为了完成任务，我能忍受极度疲劳。

① ② ③ ④ ⑤ ⑥ ⑦

36. 我相信，困难对自己是最好的考验。

① ② ③ ④ ⑤ ⑥ ⑦

37. 我能发现强手的弱点，坚持并发挥自己的优势。

① ② ③ ④ ⑤ ⑥ ⑦

38. 一旦决定的事，我一般不会改变。

① ② ③ ④ ⑤ ⑥ ⑦

附件 7　意志品质量表

意志品质维度

① 坚韧性：坚持的、长期的、心理强度不大(内部困难不大)、克服厌倦。

② 顽 强：紧张状态、强度大、短时的(关键时刻)、外部困难为主(目标清晰)

③ 果断性：瞬时(正确决策)、内心冲突高、(不确定信息)、高度内部困难。

④ 自控力：自我意识清晰、长时的、强度不一定大、克服内外部困难。

⑤ 目标清晰度：

⑥ 自信心：

A：高水平 B：中等水平 C：一般水平

维度条目、内容、计分方向、等级

坚韧性

1. 凡已制订的目标，一般我都能达到。(+) …………………… B

7. 生活中规章制度太多，都要遵守怕是困难的。(-) ………… C

13. 发生严重伤病时，我常想到退役。(-) ………………………… B

19. 枯燥、单调的训练，令人生易厌倦 (-)………………………… B

25. 最累的时候，我常想：算了，别再坚持了。(-) …………… C
29. 没有困难的日子将是不精彩的生活。(+) ……………………… A
33. 比赛失败时，我常想人生总会有挫折的。(+) ……………… A
35. 为了完成任务，我能忍受极度疲劳。(+) ……………………… A

顽强性

2. 训练场地设施不好，我的积极性就会受影响。(-) ………… C
8. 教练严厉，反使我对他心生敬意。(+) ………………………… C
14. 最难战胜的是凶狠的对手而不是自己。(-) ………………… B
20. 比赛就要争先，认拼不认命。(+) ……………………………… B
26. 比赛越是白热化，我越能奋起咬住不放松。(+) …………… B
30. 在取胜渺茫的情况下，我可能放弃比赛。(-) ……………… B
34. 竞技体育是残酷的，我很难相信绝对公平。(-) …………… A
36. 我相信，困难对自己是最好的考验。(+) ……………………… A

果断性

3. 我自知有明显缺点，但却很难彻底纠正。(-) ……………… C
9. 每临重大比赛，我常想“豁出去了”。(+) ……………………… C
15. 每当比赛不顺，我想改变战术，可又不能痛下决心。(-)…………………………………………………………………………… B
21. 比赛到了关键时刻，我敢用绝招，即使输了也不怕。(+)…………………………………………………………………………… A
27. 赛后总结，我常因错过机会而后悔。(-) ……………………… B
31. 在集体生活中，我敢于承担责任。(+) ………………………… A

自控力

4. 不管多大的烦心事，一到训练场上我就不再想他。(+) …… C
10. 异地参赛，我难以保持情绪稳定，作息自如。(-) ………… B

16. 我的日常生活很随意，常常改变。(−) ………………………… C
22. 训练比赛出现意外情况，我都能镇静、沉着。(+) ………… A
28. 遇到裁判不公，我都能保持头脑清醒。(+) …………………… A
32. 训练时间长了，我免不了会走神。(−) ………………………… B

自信心

5. 经常比赛失利，我会怀疑自己是否适合当职业运动员。(−) …… C
11. 每临重大比赛，我常常心绪不宁。(−) ………………………… B
17. 天生我材必有用。(+) ……………………………………………… B
23. 我认为比赛是运动员的节日。(+) ……………………………… A
37. 我能发现强手的弱点，坚持并发挥自己的优势。(+)

目标清晰度

6. 训练中，我经常感到时间过得很慢。(−) …………………… C
12. 凡事我喜欢计划安排。(+) ………………………………………… B
18. 我不知道自己将来能否成为世界冠军。(−) ………………… B
24. 每个训练阶段，我都有具体目标。(+) ………………………… A
38. 一旦决定的事，我一般不会改变。(+)

注：(+)为正向计分(1、2、3、4、5、6、7)
(−)为反向计分(7、6、5、4、3、2、1)
30、28、24 的满分。

附件 8　心理问卷量表

气质类型测试量表

1. 做事力求稳重，不做无把握的事。

2. 遇到可气的事就怒不可遏，想把心里的话全说出来才痛快。

3. 宁肯一个人干事，不愿很多人在一起。

4. 到一个新环境很快就能适应。

5. 厌恶那些强烈的刺激，如尖叫、噪声、危险镜头。

6. 和人争吵时，总是先发制人，喜欢挑衅。

7. 喜欢安静的环境。

8. 善于和人交往。

9. 羡慕那种善于克制自己感情的人。

10. 生活有规律、很少违反作息制度。

11. 在多数的情况下情绪是乐观的。

12. 碰到陌生人觉得很拘束。

13. 遇到令人气愤的事，能很好地自我克制。

14. 做事总是有旺盛的精力。

15. 遇到问题常常举棋不定，优柔寡断。

16. 在人群中不觉得过分拘束。

17. 情绪高昂时，觉得干什么都有趣；情绪低落时，又觉得什么都没有意思。

18. 当注意力集中于一事物时，别的事很难使你分心。

19. 理解问题总比别人快。

20. 碰到危险情景，常产生一种极度恐惧感。

21. 对学习、工作、事业怀有很高的热情。

22. 能长时间做枯燥、单调的工作。

23. 符合兴趣的事情，一干起来劲头十足，否则就不想干。

24. 一点小事就能引起情绪波动。

25. 讨厌做那种需要耐心、细致的工作。

26. 与人交往不卑不亢。

27. 喜好参加热烈的活动。

28. 爱看感情细腻、描写人物内心活动的文学作品。

29. 工作学习时间长了，常感到厌倦。

30. 不喜欢长时间谈论一个问题，愿意实际动手干。

31. 宁愿侃侃而谈，不愿窃窃私语。

32. 别人说你总是闷闷不乐。

33. 理解问题常比别人慢些。

34. 疲倦时只要短暂的休息就能精神抖擞，重新投入工作。

35. 心里有话宁愿自己想，不愿说出来。

36. 认准一个目标就希望尽快实现，不达目的，誓不罢休。

37. 学习、工作同样一段时间后，常比别人更加疲倦。

38. 做事有些莽撞，常常不考虑后果。

39. 老师或师傅讲授新知识、技术时，总希望他讲慢些，多重复几遍。

40. 能够很快地忘记那些不愉快的事情。

41. 做作业或完成一件工作总比别人花的时间多。

42. 喜欢运动量大的剧烈运动或参加各种文艺活动。

43. 不能很快地把注意力从一件事转移到另一件事上。

44. 接受一个任务之后，就希望把它迅速解决。

45. 认为墨守成规比冒风险强些。
46. 能够同时注意几件事物。
47. 当我烦闷的时候，别人很难使我高兴起来。
48. 爱看情节起伏跌宕、激动人心的小说。
49. 对工作抱认真严谨，始终一致的态度。
50. 和周围人们的关系总是相处不好。
51. 喜欢复习学过的知识，重复做以往掌握的工作。
52. 希望做花样多、变化大的工作。
53. 小时候背的诗歌，我似乎比别人记得清楚。
54. 别人说我“出口伤人”，但是我并不觉得这样。
55. 在体育活动中，常因反应慢而落后。
56. 反应敏捷，头脑机智。
57. 喜欢有条理而不甚麻烦的工作。
58. 兴奋的事常使我失眠。
59. 老师讲新概念，常常听不懂，但是弄懂后就很难忘记。
60. 假如工作枯燥乏味，马上就会情绪低落。

气质类型的评分标准

胆汁质	2	6	9	14	17	21	27	31	36	38	42	48	50	54	58
多血质	4	8	11	16	19	23	25	29	34	40	44	46	52	56	60
黏液质	1	7	10	13	18	22	26	30	33	39	43	45	49	55	57
抑郁质	3	5	12	15	20	24	28	32	35	37	41	47	51	53	59

附件9　部分指标测试细则

一、形态指标

（一）身高

测量意义：身高作为人体形态特征的一项基本指标，不仅反映了人体骨骼生长发育的基本特点，而且可以较为准确地反映人体骨骼纵向生长发育水平。

测量仪器：标准身高坐高计。使用前应校对0点，以钢尺测量基准板平面至立柱一前面红色刻线的高是否为10.0厘米，误差不得大于0.1厘米。同时应检查立柱是否垂直，连接处是否紧密，有无晃动，零件有无松脱等情况并及时加以纠正。

测试方法：受试者赤足，立正姿势站在身高计的底板上（上肢自然下垂，足跟并拢，足尖分开成60°）。足跟、骼骨部及两肩脚间区与立柱相接触，躯干自然挺直，头部正直，两眼平视，使其耳屏上缘与两眼眶下缘最低点呈水平位。测试人员站在受试者右侧，将水平压板轻轻沿立柱下滑，轻压于受试者头顶。测试人员读数时双眼应与压板平面等高进行读数。一记录员复诵后记录之。以厘米为单位，精确到小数点后一位，填入方格内。测试误差不得超过0.5厘米。

注意事项：

（1）身高坐高计应选择平坦靠墙的地方放置，立柱的刻度尺应面向光源。

(2)严格掌握“三点靠立柱”、“两点呈水平”的测量姿势要求，测试人员读数时两眼一定与压板等高，两眼高于压板时要下蹲，低于压板时应垫高。

(3)水平压板与头部接触时，松紧要适度，头发蓬松者要压实，头顶的发辫、发结要放开，饰物要取下。

(4)读数完毕，立即将水平压板轻轻推向安全高度，以防碰坏。

(5)测量身高前，受试者不应进行体育活动和体力劳动。

(二)体重

测量意义：体重是身体的重量，是反映人体横向发育的基本指标，在一定程度上反映人体骨骼、肌肉、皮下脂肪及内脏器官的发育状况和人体充实度，可通过身高标准体重等方法以间接反映人体营养状况。

测量仪器：杠杆秤或指定的电子体重计。使用前需检验其准确度和灵敏度。准确度要求误差不超过0.1%，即每百千克误差小于0.1千克。检验方法是：以备用的10、20、30千克标准砝码(或用等重标定重物代替)分别进行称量，检查指示读数与标准砝码误差是否在允许范围。灵敏度检验方法是：置100克重砝码观察刻度尺抬高了3毫米或游标向远移动0.1千克时，刻度尺在维持水平时是否达到要求。电子体重计的显示应精确到0.1千克。

测试方法：测试时，杠杆秤或电子体重计应放在平坦地面上。调整0点。男生身着短裤，女生身着短裤和短袖衫(背心)，站立于秤台中央。用杠杆秤时，测试人员放置适当砝码并移动游码至刻度尺平衡。读数以千克为单位，精确到小数点后一位。电子体重计读显示数值即可。记录员复诵后将读数填入方格内，检测误差不超过0.1千克。

注意事项：

(1)受试者站在秤台中央，上、下体重秤时动作要轻。

(2)每天使用杠杆秤时均需校正。测试人员每次读数前都应校对砝码重量避免差错。

(3)测量体重前，受试者不得进行剧烈的体育活动和体力劳动。

(三)胸围

测量意义：胸围是胸廓的最大围度，可以表示胸廓大小和肌肉发育状况，使人体宽度和厚度方面最有代表性的指标，在一定程度上反映身体形态和呼吸器官的发育状况，同时也是评价儿童、青少年生长发育水平的重要指标。

测量仪器：衬有尼龙丝的塑料带尺。使用前经钢卷尺校对，每米误差不超过 0.2 厘米。

测试方法：受试者自然站立，两足分开与肩同宽，双肩放松两臂自然下垂，平静呼吸。测试人员立于受试者前面。将带尺上缘经背部肩脚下角下缘向胸前围绕一周。男生及未发育女生，带尺下缘在胸前沿乳头上缘；以发育女生，带尺在乳头上方与第四肋骨平齐。带尺围绕胸部的松紧度应适宜，以对皮肤不产生明显压迫为度。应在受试者呼气未结束时读取数值。带尺上与 0 点相交的数值即为胸围值。以厘米为单位，精确到小数点后一位。读数添入方格内，测量误差不超过 1 厘米。

注意事项：

(1)测试人员应站在受试者前面进行测量，并准确寻找受试者背部测量标准点，并注意受试者姿势是否正确，有无低头、耸肩、挺胸、驼背等，及时予以纠正。

(2)令测试人员应严格掌握带尺的松紧度，并做到检测全过程的一致性，以求减小误差。

(3)肩脚下角如摸不着，可令受试者挺胸，摸清后受试者应恢复正确测量姿势。

(3)两肩脚下角高低不一时，以低侧为准，若两肩脚下角高低相差过大时，视为非正常人员予以剔除。

（四）上臂围（紧张围和放松围）

测试意义：上臂围是反映人体肌肉发达程度。在一定程度上也能反映肌肉弹性和收缩力量的大小。

测试仪器：尼龙带尺。测量前应对带尺进行校正，可用钢尺与之比较，每米误差不超过 0. 2 厘米。

测试方法：受试者自然站立，两腿分开与肩同宽，双肩放松，两臂自然下垂。测量上臂紧张围：令受试者右臂斜平举，紧握拳，用力屈肘，使上臂与前臂夹角小于 90 度。测试人员面对受试者，将带尺放在肱二头肌突出部，测量最粗处。然后，受试者上臂不动，前臂伸直，手指放松再测量上臂放松围。

注意事项：带尺松紧度要适度，量放松围时，带尺的位置不要移动。

（五）肩宽

测量意义：肩宽是反映人体体型特点和横向发育水平的重要指标。是指左右两肩峰之间的直线距离。

测量仪器：测径器。使用前应进行校正，测径器两触角相接触时，其刻度应为 0。刻度尺应用标准尺校准，误差不得超过 0. 1 厘米。

测量方法：受试者两腿分开与肩同宽，自然站立，两肩放松。测试人员站在受试者背面，先用两食指沿肩脚冈向外摸到肩峰外侧缘中点，即肩峰点，再用测径规测量两肩峰点间的距离读数，记录员记录。测量误差不得超过 0. 5 厘米。

注意事项：受试者两肩必须自然放松，不应该紧张或耸肩。

（六）髋宽

测量意义：是描述人体体型特点的重要指标。是指两骼峙点间直线距离。

测量仪器：测径规测量方法：受试者取站立姿势，测试人员的位置同肩宽。测试人员先用食指摸到受试者两髂靖外缘最宽处的髂峭点，再目测径规测量左右两髂靖点间的直线距离并读数。测量误差不得超过0.5厘米。

（七）指间距

测量意义：是指两中指指尖间的最大距离，指距大有利于加大运动员摆动幅度和力量，增加比赛时的攻击范围，减少进攻时相对危险性，指距大对进攻有利。

使用仪器：软尺。

测量方法：受试者沿墙壁或长条桌边缘尽力展开双臂，测试人员分别在运动员两手中指指尖处做以标记，用软尺测量两标记点间的直线距离。测量误差不得超过0.5厘米。

注意事项：手要自然伸直，手指不能翘起。指甲不得超过指尖端；手臂要尽力展开。

（八）身体成分

测量意义：体脂百分比是指身体内的脂肪占全身重量的百分比，体脂百分比可以用来判定运动员适宜级别的一项重要指标，同时可以作为监控体重的指标。

测量仪器：BIOSPACE 人体成分分析仪

测量方法：严格按照随仪器提供的使用说明书以及操作手册进行测量。打开仪器，开机等待5分钟。运动员脱去鞋袜，使用电极棉纸，尽量擦干手和脚，光脚站立在仪器上，左右脚前脚掌和脚后部接触电极点，双手握把手，左右手掌心、拇指接触电极点。双手放于身体两侧。输入日期、年龄、高度、性别后，按开始键，仪器开始进行分析。

二、素质指标

(一)1分钟双摇

测试意义：通过测量，了解被测者的下肢弹跳能力及上下肢的协调配合能力。

测试仪器：秒表、绳。

测试方法：运动员两手分别握住绳的一端，将绳放至身后。测试人员说“开始”即开表，运动员开始做。要求跳起时双腿并拢，脚尖绷直，绳不打地即可。记录1分钟运动员双摇跳绳的次数。记录以次为单位，取整数。注意事项：跳起时要求两腿伸直，绷脚面并禁止收髓。

(二)握力

测试意义：反映人体前前臂和手部肌肉力量。

测量仪器：电子握力计

测量方法：双手伸直上举过头，上臂夹紧头部，肘关节伸直，双手以入水姿势相握，将握力计握距调整合适，掌心在上的手握握力计，双手带着上臂同时用力，全力紧握，读取读数，左右手各测三次，取最大值。

注意事项：用力时，禁止摆臂、下蹲或将握力计接触身体

(三)纵跳

测试意义：反映人体爆发力。

测量仪器：电子纵跳计

测量方法：双脚站立在电子纵跳计的垫子中间，做预摆下蹲后全力向上跳起，落地后双脚仍落在垫子中间。读取读数，连续测三次，取最大值。

注意事项：

(1)起跳时，双脚不能移动或有垫步动作。

(2)落地时，禁止有意收腹屈膝。

(四)坐位体前屈

测试意义：反映人体柔韧性

测量仪器：使用坐位体前屈测试仪测试

测量方法：测试时，受试者坐在垫上，双腿伸直，脚跟并拢，脚尖自然分开，全脚掌蹬在测试仪平板上；然后掌心向下，双臂并拢平伸，上体前屈，用双手中指尖推动游标平滑前移，直至不能移动为止。测试两次，取最大值，记录以厘米为单位，保留小数点后一位。

注意事项：

(1)测试前，受试者应做准备活动，以防肌肉拉伤；

(2)测试时，膝关节不得屈伸，不得有突然前振的动作。

(五)30米跑

测量意义：30米跑测试主要反映机体快速运动的能力，对反映和评价儿童、青少年的速度素质具有重要意义。

场地器材：30米跑直线跑道若干条，地面平坦，地质不限，跑道线要清楚。发令旗一面，口哨一个，秒表若干块。秒表使用前应用标准秒表校正，每分钟误差不得超过0.2秒。标准秒表的选定应以中央台标准北京时间为准，每小时误差不超过±0.3秒。

测试方法：受试者至少两人一组测试。站立起跑，当受试者听到“跑”的口令后开始起跑。发令员在发出口令同时要摆动发令旗。计时员视旗动开秒表计时。至受试者挺胸部到达终点线的垂直面停表。记录以秒为单位，精确到小数点后一位。

注意事项：

(1)受试者测试最好穿运动鞋或平底布鞋，赤脚亦可。但不得穿钉鞋、皮鞋、塑料凉鞋。

(2)在测试中如发现有抢跑的受试者，要当即召回重跑。

(3)测试当天如预风时一律顺风跑。

(六)立定跳远

测试意义：反映人体爆发力。

场地器材：使用沙坑或软地面、卷尺和三角板测试。

测试方法：测试时，受试者双脚自然分开，站立在起跳线后，然后摆动双臂，双脚蹬地尽可能前跳，测量起跳线距最近脚跟之间的直线距离。测试两次，取最大值，记录以厘米为单位，不计小数。

注意事项：受试者起跳时，不能有垫跳动作。

(七)800米

测试意义：反映运动员乳酸供能能力。

场地器材：使用标准400米田径场，计时用电子秒表或机械秒表，使用前校准。

测验方法：受试者穿合适的运动鞋，每组不少于2人，采用站立式起跑。计时员见受试者起动即开表计时，待受试者的躯干的任何部分到达终点线内沿的垂直平面时停表。其他按田径规则执行，每名受试者应有一人计时。记录以秒为单位，精确到一位小数。

注意事项：

(1)测试前，测试人员应用钢尺或皮尺丈量跑道距离，并按规则要求，用颜色比较鲜明的笔或白灰画好起跑线、终点线；

(2)秒表应事先进行检查、校对。

(八)五级蛙跳

测试仪器：长卷尺

测试方法：站姿，双脚开立，与肩同宽，摆臂助力起跳后连续五次蛙跳。要求运动员落地后立即起跳。共重复3次取最大值，每次之间的间隙时间要充分，以保证肌肉得到充分恢复。

(九)左边线转前冲刺跑

测试仪器：秒表

测试方法：运动员看手势起动，先从底线左端点(单打线)侧滑步至底线中点，再正向冲刺到发球线中点。连续全力冲刺跑三次，完成一次后运动员慢走回位休息，间歇时间10秒。取最佳成绩。

(十)右边线折返冲刺跑

测试仪器：秒表

测试方法：运动员看手势起动，先由底线中点侧滑步至底线右侧端点(单打线)，再转身跑回底线中点。记录运动时间。连续全力冲刺跑三次，完成一次后运动员慢走回位休息，间歇时间10秒。取最佳成绩。

(十一)摸背测试

测试仪器：皮尺、铁棒或木棒(长约0.5米)

测试方法：运动员双手持木棒放于背后，一手用手背紧贴后背部由下后方尽量向上，另一手由手心紧贴后背部由上后方尽量向下，测两拇指的间距。间距越小，肩关节活动幅度越大，柔韧性越好。

三、机能指标

(一)肺活量

测试目的：测试学生的肺通气功能。它是指人体尽全力深吸气后，再尽全力呼出的气体总量，即一次深呼吸的气量，是呼吸动态过程中的一部分。

被测者肺活量实测数值除以当天测得的公斤体重值，其商为肺活量指数。

场地器材：用电子肺活量计测试。

测试方法：干燥的一次性口嘴(非一次性口嘴，则每换测试对象需消毒一次。每测一人时将口嘴向下倒出唾液并注意消毒后必须使其干燥)。肺活量计主机放置平稳桌面上，检查电源线及接口是否牢固，按工作键液晶屏显示0即表示机器进入工作状态，预热5分钟后测试为好。令被测者面对仪器站立，手持吹气口嘴；面对肺活量计站立试吹1至2次，首先看仪表有无反应，还要试口嘴或鼻处是否漏气，调整口嘴和用鼻夹(或自己捏鼻孔)；学会深吸气(避免耸肩提气，应该像闻花式的慢吸气)；学会吸气后屏住气再对准口嘴吹气，防止此时从口嘴处吸气；测试中不得二次吸气。

被测试者进行一两次较平日深一些的呼吸动作后，更深的吸一口气，向口嘴处慢慢呼出至不能再呼为止；吹气完毕后，液晶屏上最终显示的数字即为肺活量毫升值。每位受试者测三次，每次间隔15秒，记录三次数值，选取最大值作为测试结果。以毫升为单位，精确到个位数。

注意事项：以中等速度和力度吹气效果最好。

(1)电子肺活量计的计量关键部位在口嘴前方的气筒内，被测者吹出的气体直通大气，未进入显示数字的仪器部分。计量部位的通畅和干燥是仪器准确的关键，吹气筒的导管必须在上方，以免口水或杂物堵住气道。

(2)每测试10人及测试完毕后用干棉球及时清理和擦干气筒内部。严禁用水、酒精等任何液体冲洗气筒内部。

(3)导气管存放时不能打折。

(4)定期校对仪器。

(二)台阶指数

测试仪器：台阶实验评定指数测试仪

测试方法：受试人员在测试开始前可做轻度准备活动，主要是活动下肢关节。通过键盘输入受试者编号。测试人员目测受试者完成上述动作要领后，按动“确认”键。受试人员随音乐节拍开始踏台。上下踏台的频率是每分钟30次，MP3音乐的节律为每分钟120次(每上下一次是四拍)，受试者按节拍伴奏的节律完成试验。

受试者做完踏台动作后立刻静坐在椅子上，将其中一只手的食指或中指夹入指脉夹。

测试时间届满，测试成绩液晶显示、同步语音提示，测试完毕。

五、心理指标

(一)翻转反应时

测量意义：反映运动员处理复杂信息的速度能力，这种能力越强，越有利于做出快速反应，对提高击球速度有利。

测量仪器：采用自主开发的“BTL-QZ-1气质测试”软件中的反应时测试。

测试方法：首先进行复杂四刺激反应时测验。反应信号为随机出现的不同颜色，对应键为：红色—F，绿色—J，黄色—D，蓝色—K，当圆点出现时，尽快按下对应键，电脑自动记录反应时，共做十二组；随后进行翻转反应测试，对应键为：红色—J，绿色—F，黄色—K，蓝色—D，当圆点出现时，尽快按下对应键，电脑自动记录反应时，共做十二组。

注意事项：不能在圆点出现前做反应，否则成绩无效。成绩精确到0.001秒。测试过程中，必须保证测试环境安静、舒适，除主试外，不允许其他人(包括队友和教练员)旁观，否则结果无效。

(二)操作思维

测量意义：操作思维测试是考查运动员在实际操作过程中快速解决问题的能力，而不是测试运动员的逻辑思维过程。在测试过程中要求被试始终处于“操作”状态。测量仪器：自主开发的“BTL-SW-1思维”测

试软件

测试方法：

(1)开始测试前，主试首先讲解测试目的和要求。

(2)进入练习界面后，主试结合测试指导语讲解测试要求和操作方法。具体操作方法讲解如下："移动盘子时，请在相应盘子上点按鼠标左键，不要松开，拖动鼠标将盘子从所在柱子上方搬出，然后移动盘子到目标柱子的上方，将盘子中心对正目标柱子向下拖动，然后松开鼠标左键，盘子会自动落下。"

(3)讲解后，观察被试练习过程。被试应至少练习3遍以上(多则不限)，直到已熟练掌握鼠标操作方法为止。

(4)点击正式测试按钮开始正式测试。正式测试指导语播放后，主试要再次强调测试要求："请明确任务并尽量快地搬完盘子，不要停顿，放下一个盘子后要立刻搬起另一盘子。"

(5)注意检查测试结果。如果被试在5盘3柱的初级测试中，成绩较好(30~50步)。

要询问其是否进行过类似操作，如果是，要求其进行4柱4盘的对搬测试。如果否，则结束测试。

(6)结束测试后，要进行简要的访谈，了解被试测试过程中的感受。

注意事项：

(1)测试开始前，要求被试情绪稳定、精神饱满、身体状况良好。当被试者大负荷运动后，不允许其进行此测试。

(2)主试只依据测试程序进行必要的解释说明，不可擅自增删指导语。

(3)测试结束后，告诉被试不要把测试内容及整个操作过程与其他人交流；也不要与他人进行成绩的比较。

(4)如果在测试过程中被试想放弃，主试要鼓励其坚持完成整个测试。

(三)意志品质

测量意义：意志品质是运动员成才的最基本条件，本研究采用问卷方式测试运动员的意志力。

测量仪器：自主编制的“BTL—YZ—Ⅰ意志”测试问卷

测试方法：问卷是运动员生活、训练和比赛情况的一些描述。每一题目右边提供七个选项，请你仔细阅读每一题，然后根据自己的实际情况，尽可能准确地选择一个，并在相应的选项上画“√”。题目没有对错之分，请在15分钟之内做完。测试评价见附件。

注意事项：填写问卷时，必须保证环境安静、舒适，除主试外，不允许其他人(包括队友和教练员)旁观，否则结果无效。

(四)气质类型

测量意义：气质测试是通过系列反应时测试来反映运动员的神经类型，并以此为依据诊断和分析运动员的气质特征。

测量仪器：“BTL-QZ-1气质测试”软件。

测试方法：测试内容包括简单反应时、复杂反应时、辨别反应时和翻转反应时4部分。

标准测试程序为：①简单反应时→②复杂反应时二刺激→③辨别反应时二刺激→④复杂反应时四刺激→⑤翻转反应时四刺激。正式测试前必须进行练习，以使被试明确测试要求，熟悉测试环境和熟练掌握操作方法。具体程序如下：

(1)开始测试前，主试首先讲解测试目的和要求。

(2)进入测试界面后，点击“新增”按钮，填写完个人信息后，点击“确定”。然后，按标准测试程序选择测试种类。点击“开始实验”按钮，选择复杂度。然后，进入“预备实验”进行练习。练习3组后可查看练习结果，在被试测试结果较稳定的前提下，可以进入正式测试。

(3)前4种测试必须在练习后方可正式测试，但翻转反应时四刺激测试不能进行练习，要求被试在明确指导语后直接进入正式测试。

（4）严格控制休息时间：①②之间休息1分钟；②③之间休息1分钟；③④之间休息3分钟；④⑤之间休息1分钟。评价方法见附件。

注意事项：

（1）测试开始前，要求被试情绪稳定、精神饱满、身体状况良好。当被试者大负荷运动后，不允许其进行此项测试。

（2）测试过程中，必须保证测试环境安静、舒适，除主试外，不允许其他人（包括队友和教练员）旁观，否则结果无效。

后　记

本书是在我2013年博士论文《我国青少年男子网球运动员竞技能力综合评价体系研究》的基础上进一步扩充、完善、修改而成。该论文当年也被评为湖北省优秀博士毕业论文。在这里首先需要感谢我的恩师，武汉体育学院周贤江教授。若没有导师的耐心指导，博士论文无法顺利完成。从题目的拟定到研究思路的梳理再到主体内容的写作，导师给予了我很大的帮助。在论文写作过程中，从研究方法的改进到统计数据的计算再到论文框架的完善修改，导师竭尽全力注入了很多心血。周贤江老师科学严谨的态度，渊博的专业学识，敬业的工作精神都是激励我完成博士论文的重要力量。在生活方面，导师一直教导着我先做人再做事，总将自己的人生思考和处世之道倾囊相授，真心感谢您的帮助，您将是我今后人生道路上永远的指明灯！

感谢华中师范大学王健教授，在读博士后期间对于该论文延申及后续研究提出了很多宝贵的建议。在学术研究上，鞭策我不畏艰难、不断前行，培养我勤奋、自强和严谨的治学态度。

感谢武汉体育学院网球学院的各位老师和同事，他们在我博士与博后在读期间给予的支持和鼓励，使我能够顺利完成工作与读博的双重挑战。感谢武汉大学出版社对此书出版给予的帮助。

感谢国家队与各省市队教练员和相关专家科研工作者，为论文解决网球运动员竞技能力理论体系的相关问题、构建网球运动员竞技能力各要素评价指标体系提供了依据。

感谢第六届城运会各省市的一线青少年网球运动员，是他们的积极配合使得论文的研究工作能够顺利进行。

感谢我的学生石勇，多次牺牲自己的休息时间。他任劳任怨、加班加点的陪伴，为我论文的撰写免去了琐事的干扰，他积极的态度以及对工作的耐心，使我拥有了一段宝贵的回忆。

感谢岳父、岳母，读博期间小儿刚出生未能陪伴在旁，感谢二老对我儿柯铁中悉心的照顾与培养，使我没有了后顾之忧，全身心投入学习工作中。二老的两鬓斑白、舐犊情深我历历在目。

感谢我的爱人潘文晋女士，在我长期伏案工作的过程中，她既要悉心照顾我和家人的生活，又要在工作上协助我整理和翻译外文文献，给予我极大支持和帮助！最后，我要感谢自己。2019 年，即将步入不惑之年的我对人生有了全新的看法和思考。人生道路上仍存在很多坎坷，但只要不忘初心，牢记自己心中的使命，敢于面对工作生活和学术道路上的挑战，就一定会实现自己的梦想。

柯勇

2019 年 11 月 4 日韩国访学笔